GB/T 19001–2016/ISO 9001：2015
体系文件实战手册

赵成杰　编著

企业管理出版社

图书在版编目（CIP）数据

GB/T19001-2016/ISO9001：2015 体系文件实战手册 / 赵成杰编著 . -- 北京：企业管理出版社，2017.7

ISBN 978-7-5164-1525-2

Ⅰ . ① G… Ⅱ . ①赵… Ⅲ . ①质量管理体系—手册 Ⅳ . ① F273.2-62

中国版本图书馆 CIP 数据核字 (2017) 第 120057 号

书　　名：GB/T 19001-2016/ISO 9001：2015 体系文件实战手册

作　　者：赵成杰

责任编辑：徐金凤　李　蕊

书　　号：ISBN 978-7-5164-1525-2

出版发行：企业管理出版社

地　　址：北京市海淀区紫竹院南路 17 号　　邮编：100048

网　　址：http://www.emph.cn

电　　话：编辑部（010）68701638　发行部（010）68701816

电子信箱：qyglcbs@emph.cn

印　　刷：北京宝昌彩色印刷有限公司

经　　销：新华书店

规　　格：185 毫米 ×260 毫米　16 开本　18 印张　310 千字

版　　次：2017 年 7 月第 1 版　2017 年 7 月第 1 次印刷

定　　价：55.00 元

序 言

2016 年 12 月 30 日，中国国家标准化管理委员会颁布了最新 GB/T 19001-2016 IDT ISO 9001：2015 质量管理体系标准，于 2017 年 7 月 1 日正式实施。新版标准与以往任何版本的标准结构、内容、理念完全不一样，是一种全新的质量管理模式。这对体系文件编写（创建）人员提出了考验，需要编写（创建）者具备丰富的实践管理经验、足够的质量管理专业知识和较强的标准理解及应用能力。体系文件编写（创建）人员该从何处下手？企业的质量管理人员、咨询公司的咨询师、认证公司的审核员面临的都是全新课题。

本人从事质量管理体系咨询工作 17 年，有为 370 多家各种类型企业认证咨询的经验，经历 ISO 9001：1994 版、ISO 9001：2000 版、ISO 9001：2008 版的变化。结合 ISO 9001：2015 版，本人经过 3 年时间精心编制，独创了一套实用并有特色的质量体系文件（书中的第 2 篇质量管理体系手册、第 3 篇质量管理体系支持文件）。采取“以顾客为导向的过程方法”建立的质量管理体系，让质量管理工作主次分明、结构清晰；利用“乌龟图”描述形成质量手册，直观方便、一目了然；采用“流程图”方式编写体系文件，工作流程清晰、职责分工明确、工作要求简明扼要、文件表达直观、通俗易懂、执行方法一目了然。这套质量体系文件历时一年多，在不同行业、不同企业中实践运行，接受多家知名认证公司审核，均一次性顺利通过并取得证书。

本书总共 3 篇，从实战角度只讲重点，不对标准条款进行理论分析，妄加评论。本人通过实际行动提供可行案例，指引读者参考本书，切合实际自行建立 ISO 9001:2015 版质量管理体系，目的是提升企业质量管理、通过各方审核、取得认证证书。

第 1 篇，质量管理体系文件编制指引。本章详细介绍了新版本质量管理体系文件如何编写（创建），回顾了 ISO 9001 四个历史版本三十年来的应用情况，解释了新版标准对质量管理成文信息的要求，再深入讲解新版标准对建立质量管理体系文件的要求，提出采取过程方法来建立质量管理体系文件，详细地描述了质量体系文件编写流程。

第 2 篇，质量管理体系手册（简称质量手册）。本章利用“乌龟图”进行描述形成质量手册，直接把标准条款放在“乌龟图”中间，再从“输入、输出、用何资源、由谁来做、如何去做、绩效指标”六个方面进行描述，体现出标准要求、输入输出要求、资源要求、所需建立的支持文件要求、运行所需证据（如记录表单）要求、质量目标/绩效考核要求等一体化的成文信息系统，直观方便、阐述内容全面，让体系文件编写人员更容易上手。

第3篇，质量管理体系支持文件。本篇采取“流程图”方式编写质量管理体系支持文件，并通过图表方式体现。“流程图”作为企业质量管理体系的重要文件，能让参与企业管理的员工真正理解，文件实施时才能达到良好效果。“流程图”把各部门的工作关系、工作方法，按从左到右的结构排列，分别为“过程流程”“内容描述”“采用表单”，工作流程清晰、职责分工明确、工作要求简明扼要、文件表达直观、通俗易懂、执行方法一目了然。

本书适用于以下读者对象：质量管理专业类教材读者、质量管理专业人员、企业最高管理者、职业经理人、经理、部门主管、品质经理、品管组长、质量管理咨询师及其他质量管理相关人士。

赵成杰

2017年5月28日

目 录
CONTENTS

第 1 篇
质量管理体系文件编制指引

第2篇 质量管理体系手册

第3篇 质量管理体系支持文件

第 1 篇

质量管理体系文件编制指引

第 1 章　质量管理体系文件历史背景

1.1　以前版本文件结构

回顾质量管理体系标准 ISO 9001:1987 版、1994 版、2000 版、2008 版四个历史版本，质量管理体系标准对文件要求基本没有变化，接触过质量管理体系的人，对质量管理体系文件“金字塔结构”应该有很深的印象，如图 1–1–1 所示。

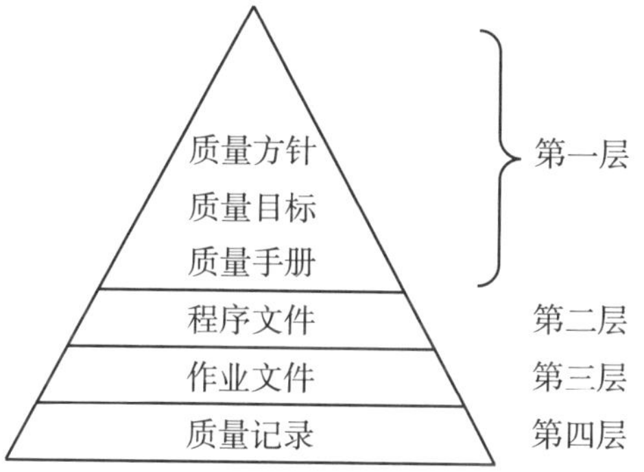

图 1–1–1　金字塔结构

1.2　金字塔结构文件的特点

1. 文件自成系统，结构层次清晰，文件之间关系明确。

2. 企业初步建立质量管理体系时编制，套用方便。

3. 国内外企业之间，质量管理体系文件平台一致，接口方便。

4. 第二方、第三方审核时，有了固定结构，免除了了解企业文件结构的时间，审核工作效率高。

5. 虽然不是唯一的质量管理体系标准，但却是一套使用范围最广、普及型的标准。

6. 直接提升企业质量管理，间接地提升产品和服务质量。

1.3 近三十年标准应用情况

1. 中国的文化有自己的特色，中西方文化差异导致西方的 ISO 9001 标准在中国“水土不服”。

2. 不同行业的大、中、小企业，特别是服务类企业，在发展过程中自然形成一套自有的管理运行模式，而 ISO 9001 标准虽然改版多次，还是解决不了普遍的适用性问题。

3. 标准要求指派“管理者代表”，并确定了职责。从表面上看是有专人负责，但在企业日常管理工作中，一件事有专人去做，其他员工参与的积极性就不大了，以免越职夺权之嫌疑。何况“管理者代表”大多是兼职的，只是在认证需要时，才把工作重心转移到质量管理体系工作上，事后重新回到主职岗位，实际成了由兼职“管理者代表”带领的“ISO 9001 认证运动”，造成了“两层皮”现象。ISO 9001 标准很难真正纳入企业日常经营管理活动中。

4. 有些中小企业为认证而建立的质量管理体系，平时没有运行，审核前加派人手补充资料，反而成了负担。

5.ISO 9001 标准要求建立的体系文件结构基本固定，企业做认证建立质量管理体系文件时，必须建立质量手册、程序文件这两种类型文件，留给企业编制文件的自由空间不大。

6. 标准对书面的文件化要求高，而大多数企业员工文件化意识不强，习惯于按以前规矩做事，听从领导指示或见机行事。企业员工大多一边做事，一边看情况是否需要调整，而标准要求形成文件再执行，也就是说前者“边做边想”，后者“想好再做”，导致体系运行成了高层管理人员的事，不能真正地做到全员参与。

7. 标准对书面的记录要求高，而大多企业员工习惯于做事，不愿意手写，导致质量管理体系要求的记录平时不填写，或断断续续填写，最后记录、数据、信息不全，无法做统计分析，或分析不准确。

第 2 章　新版标准对体系文件的要求

2.1　新版标准对文件方面的定义

GB/T19000–2016/ISO9000:2015 的条款：

3.8.5 文件 document
信息及其载体

理解：

1. 文件范围广，包括记录、规范、程序文件、图样、报告、标准、作业指导书、工艺卡、管理流程、检验指导书等。

2. 文件的样式多：媒介可以是纸张，磁性的、电子的、光学的计算机盘片，照片或标准样品，或它们的组合，可通过语言、图表、软件等方式表现。

3. 可以是单个文件，也可以是一组文件，如：一份管理制度，包括几张记录表格。

4. 不同类型文件可以有不同要求，如：对规范（如修订受控的要求）和记录（如可检索的要求）可以有不同的要求。

GB/T19000–2016/ISO9000:2015 的条款：

3.8.6 成文信息 documented information
组织需要控制和保持的信息及其载体

理解：

1. 成文信息可以以任何格式和载体存在，并可以是任何来源， 如：由摄像头实时录制的语音、图像，贮存在主机硬盘上，或用 U 盘从监控器主机上拷贝出的影像。

2. 成文信息可包括：

（1）管理体系，包括相关过程，如：质量管理体系、环境管理体系。

（2）为企业运行产生的信息，可以是一组文件，如：特殊过程有产量记录，工艺参数监控记录，确认记录，检验记录等。

（3）结果实现的证据，即通常说的记录、表单、表格。

GB/T19000-2016/ISO9000:2015 的条款：

3.8.7 规范 specification
阐明要求的文件

理解：

1. 规范包括质量手册、质量计划、技术图纸、程序文件、作业指导书等。没有了文件之间的上下级关系，也没有文件之间的包含、属于关系。

2. 规范可能与活动有关或与产品有关，适用范围更大。

3. 规范可以陈述要求，也可以陈述设计和开发实现的结果。因此，在某些情况下，规范也可以作为记录使用。表明了文件与记录之间有着不可分割的关系，有时就用不着分清“什么是文件，什么是记录”。

GB/T19000-2016/ISO9000:2015 的条款：

3.8.10 记录 record
阐明所取得的结果或提供所完成活动的证据的文件

理解：

1. 记录可用于正式的可追溯性活动，并为验证、预防措施和纠正措施提供证据。

2. 通常记录不需要控制版本。

3. 在 GB/T 19001-2016/ISO 9001:2015 标准中已经没有“记录”这个词，采用“保留成文信息”代替了。

4. 可以看出新版标准改变之大。

2.2 新版标准对质量管理体系成文信息的要求

GB/T 19001-2016/ISO 9001:2015 的条款：

7.5 成文信息

7.5.1 总则

组织的质量管理体系应包括：

a) 本标准要求的成文信息；

b) 组织确定的为确保质量管理体系的有效性所需的成文信息。

注：对于不同组织，质量管理体系成文信息的多少与详略程度可以不同，取决于：

—— 组织的规模及其活动、过程、产品和服务的类型；

—— 过程及其相互作用的复杂程度；

—— 人员的能力。

从标准条款可看出：

1. 对所需的成文信息要求不多。也就是说企业需要建立的文件分成两类：一类是标准要求，另一类是企业自己确定的。除此再也没有别的具体要求，不再提及质量手册、程序文件字样，充分尊重编制者的权利，真正地把文件构思、写作、命名、格式等交给编制者。采用的是“成文信息 (Documented information)”，其定义为“组织需要控制和保持的信息及其载体”。这个词涵盖范围大，不管你采用什么样的方式，只要能把事情表达（说、写、示范、录像等）清楚，能正确有效地执行，实施后有结果的证据，都是可以的。

2. 形成文件化信息的多少和详略程度要求不高。取决于以下方面：企业规模及其活动、过程及其相互作用、产品和服务类型、人员能力。以前版本虽然有这方面的要求，但对质量管理体系文件“金字塔结构”的要求摆在那里，编制者自由活动空间不大，文件一编出来就是一大堆。特别是新标准中的“人员能力要求”十分灵活，更能让中小企业放心大胆地去编写属于企业自己的文件，不必要把文件编制得面面俱到、语句考究、咬文嚼字，最后文件一大堆，没人去执行，也没有能力去理解、执行。应该针对不同文件信息的使用者，照顾理解能力差别，采取不同的表达方式。比如在编制《生产作业指导书》时，充分考虑到语言通俗易懂，操作步骤及细节清晰，能用图示表达的，尽量不用文字进行描述。

3. 标准对书面的记录没有具体要求，只要求有“结果实现的证据”。“证据”的形式很多，如文字、影像、声音、痕迹、外部信息、数据分析。表明标准在证据方面，更强调行动产生的结果，而并非事情本身经历，着重于“你有没有做好，而不是你有没有做”，体现出更务实的态度，而大多企业员工习惯于做事，不愿意手写，这种要求更接地气。

4. 文件的结构和命名没有限制。按照开放式思维理念，没有规定的就可以充分发挥主观能动性。就目前国内企业的情况，不同产品、不同规模、不同性质的企业，对文件结构的需求是不同的。大型企业需将文件结构层次细化，有利于把工作分工分细，防止不同单位、部门之间工作混淆；而目前国内大多数中小企业，人员配置精简，生产的产品品种多，且变化大，企业讲究的是效率，文件结构简化更利于操作。比如修改文件时，因关联的文件少，改起来就快。本书对新版的质量管理体系文件进行优化、整合，形成一套合订本，先是结合企业实际情况利用“乌龟图”对标准条款分析，再列出相关支持文件信息，包括管理流程、表格、记录、管理规定、作业指导书、检验指导书、制度等。

第 3 章　新版标准对建立质量管理体系文件的要求

GB/T 19001–2016/ISO 9001:2015 的条款：

0.2 质量管理原则
本标准是在 ISO9000 所阐述的质量管理原则基础上制定的。每项原则的介绍均包含其概述、该原则对组织的重要性的依据，应用该原则的主要益处示例以及应用该原则提高组织绩效的典型措施示例。
质量管理原则是：
—— 以顾客为关注焦点；
—— 领导作用；
—— 全员积极参与；
—— 过程方法；
—— 改进；
—— 循证决策；
—— 关系管理。

GB/T 19001–2016/ISO 9001:2015 的条款：

0.3 过程方法
0.3.1 总则
本标准倡导在建立、实施质量管理体系以及提高其有效性时采用过程方法，通过满足顾客要求增强顾客满意。采用过程方法所需满足的具体要求见 4.4。

GB/T 19001–2016/ISO 9001:2015 的条款：

4.4 质量管理体系及其过程
4.4.1 组织应按本标准的要求，建立、实施、保持和持续改进质量管理体系，包括所需的过程及其相互作用。

组织应确定质量管理体系所需的过程及其在整个组织中的应用，且应：

a）确定这些过程所需的输入和所期望的输出；

b）确定这些过程的顺序和相互作用；

c）确定和应用所需的准则和方法（包括监视、测量和相关绩效指标），以确保这些过程的有效运行和控制；

d）确定这些过程所需的资源并确保其可获得；

e) 分配这些过程的职责和权限；

f）应依 6.1 的要求应对风险和机遇；

g）评价这些过程，实施所需的变更，以确保实现这些过程的预期结果；

h）改进过程和质量管理体系。

理解：

1. “0.2 质量管理原则”七大原则就有一条是“过程方法”，说明这个方法的重要性。

2. “0.3 过程方法”明确指出：“本标准倡导在建立、实施质量管理体系以及提高其有效性时采用过程方法”，这也为企业建立质量管理体系指明了方法。

3. “4.4 质量管理体系及其过程”是建立质量管理体系的总指导条款，明确了采用过程方法建立、实施、保持和持续改进质量管理体系的步骤。

第 4 章　过程方法的应用

4.1　过程的定义

GB/T19000–2016/ISO9000:2015 的条款：

> 3.4.1 过程 process
> 利用输入实现预期结果的相互关联或相互作用的一组活动
> 注 1：过程的“预期结果”称为输出，还是称为产品或服务，随相关语境而定。
> 注 2：一个过程的输入通常是其他过程的输出，而一个过程的输出又通常是其他过程的输入。
> 注 3：两个或两个以上相互关联和相互作用的连续过程也可作为一个过程。
> 注 4：组织通常对过程进行策划，并使其在受控条件下运行，以增加价值。
> 注 5：不易或不能经济地验证其输出是否合格的过程，通常称之为“特殊过程”。
> 注 6：这是 ISO/IEC 导则，第 1 部分 ISO 补充规定的附录 SL 中给出的 ISO 管理体系标准中的通用术语及核心定义之一，最初的定义已经被改写，以避免过程和输出之间循环解释，并增加了注 1 至注 5。

单一过程要素示意图，如图 1–4–1 所示。

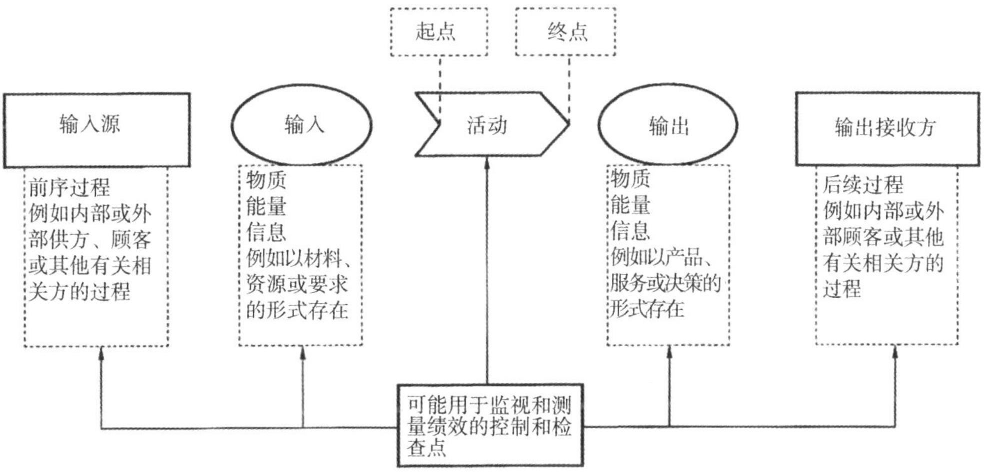

图 1–4–1　单一过程要素示意图

单一过程结构示意图，如图 1-4-2 所示。

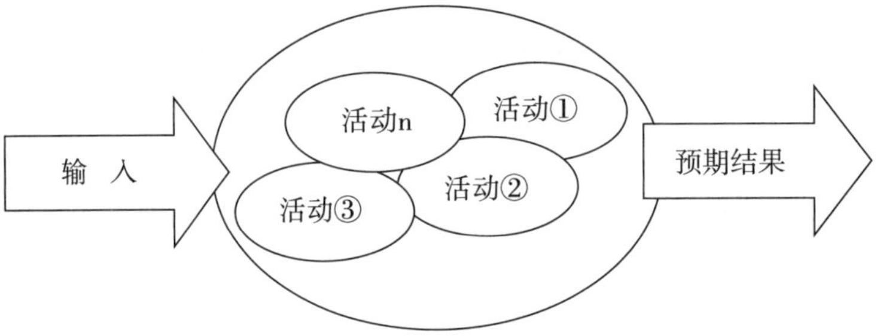

图 1-4-2 单一过程结构示意图

多个过程结构示意图，如图 1-4-3 所示。

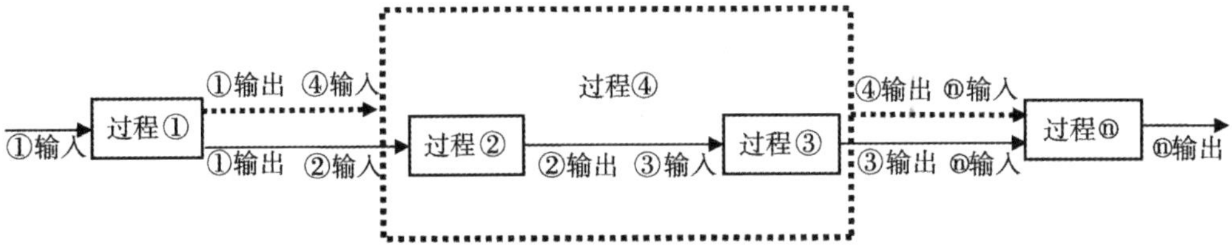

图 1-4-3 多个过程结构示意图

4.2 建立质量管理体系的三个常用过程

顾客导向过程 COP（Customer Oriented Processes）。通过输入和输出直接和外部顾客联系的过程，直接对顾客产生影响，是给公司直接带来效益的过程。

支持过程 SP（Support Processes）。提供主要资源或能力，为了实现公司的经营目标，支持顾客导向过程实现预计质量目标的过程，支持过程是实现顾客导向过程功能的必要过程。

管理过程 MP（Management Processes）。用来衡量和评价顾客导向过程和支持过程的有效性和效率，组织策划将顾客要求转化为组织衡量的目标和指标，确定公司组织结构，产生公司决策和目标及更改等过程。

4.3　顾客导向过程、支持过程、管理过程间的相互关系

顾客导向过程、支持过程、管理过程间相互关系，如图 1–4–4 所示。

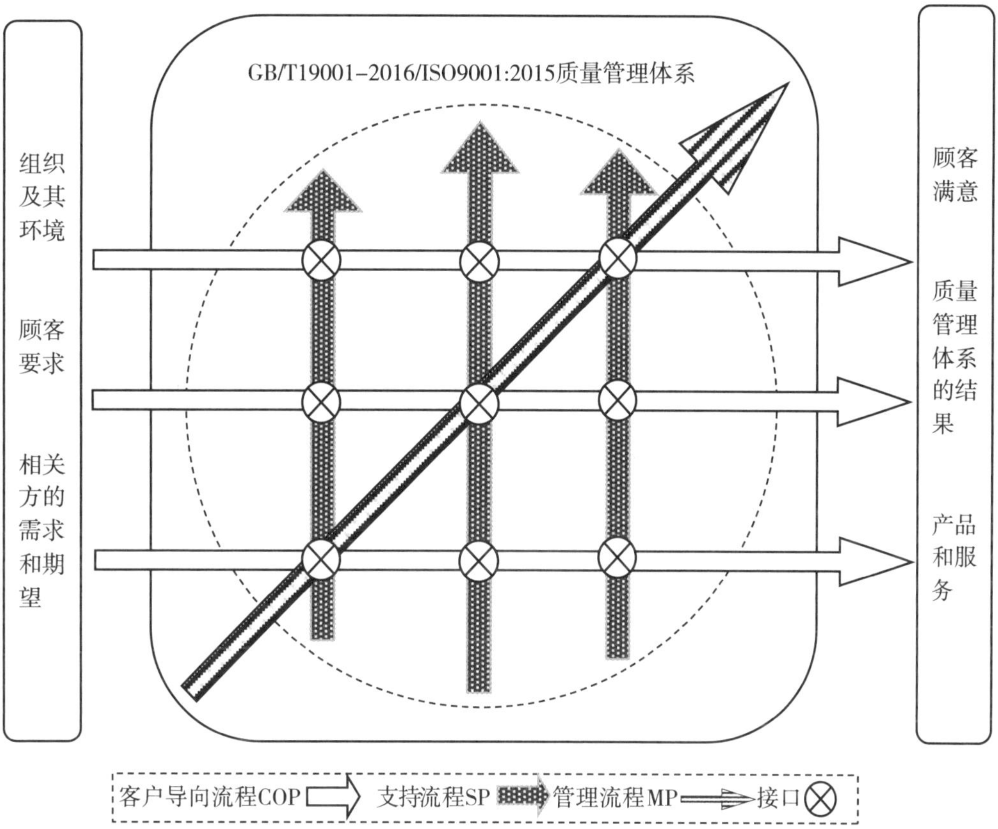

图 1–4–4　顾客导向的过程、支持过程、管理过程间相互关系图

4.4　质量管理体系 PDCA 及过程关系图

质量管理体系 PDCA 及过程关系，如图 1–4–5 所示。

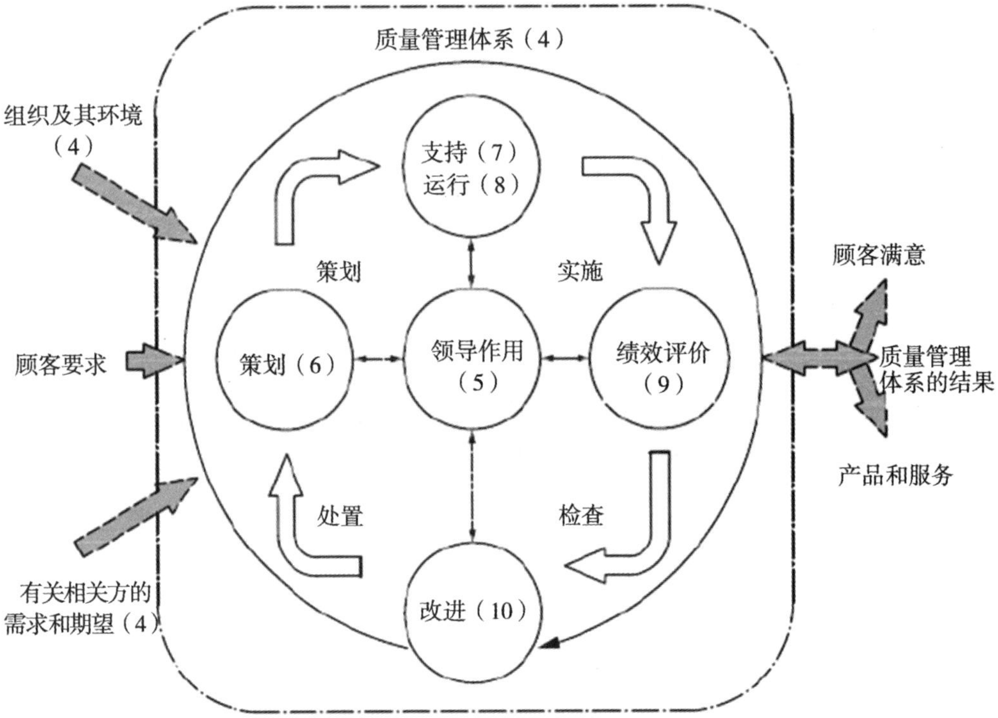

图 1-4-5　质量管理体系 PDCA 及过程关系图

注：括号中的数字表示 GB/T 19001-2016/ISO 9001:2015 的相关章节。

4.5　如何识别过程

1. 体系推行小组可先识别出 COP 过程，可按企业与顾客发生业务的时间先后顺序。常见的 COP 过程如：C1 产品和服务的要求→ C2 产品和服务的设计与开发→ C3 生产和服务提供的控制→ C4 产品防护……绘制成流程图形式，也可参照下面的“质量管理体系过程路径图”，如图 1-4-6 所示。

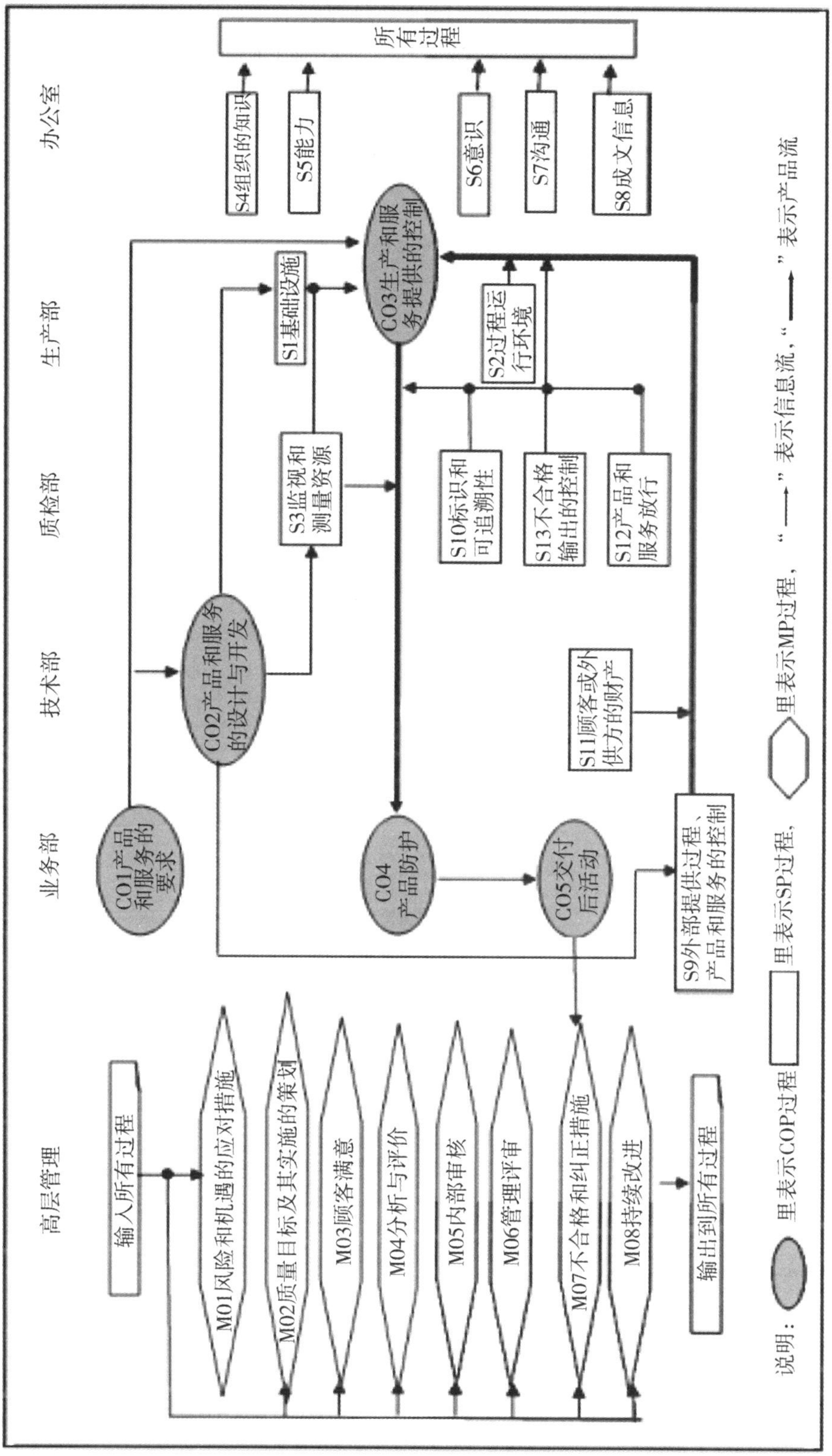

图1-4-6　质量管理体系过程路径图

2. 根据识别出的 COP 过程，找出 SP 过程，绘制到上面流程图的适当位置。

3. 根据识别出的 COP 过程，找出 MP 过程，绘制到上面流程图的适当位置。

4. 分清“产品流”“信息流”，可用不同箭头表示。

5. 对整体顺序、逻辑关系进行调整，最后成图，并列出“识别过程清单”，如表 1-4-1 所示：

表 1-4-1　识别过程清单（例）

顾客导向过程 COP		支持过程 SP		管理过程 MP	
过程编号	过程名称	过程编号	过程名称	过程编号	过程名称
C1	产品和服务的要求	S1	基础设施	M1	应对风险和机遇的措施
C2	产品和服务的设计与开发	S2	过程运行环境	M2	质量目标及其实现的策划
C3	生产和服务提供的控制	S3	监视和测量资源	M3	顾客满意
C4	产品防护	S4	组织的知识	M4	分析与评价
C5	交付后活动	S5	能力	M5	内部审核
		S6	意识	M6	管理评审
		S7	沟通	M7	不合格和纠正措施
		S8	成文信息	M8	持续改进
		S9	外部提供的过程、产品和服务的控制		
		S10	标识和可追溯性		
		S11	顾客或外供方的财产		
		S12	产品和服务放行		
		S13	不合格输出的控制		

4.6　利用“乌龟图”对过程进行分析

1. 乌龟图概要：乌龟图是用来分析过程的一种工具。从过程的六个关键方面进行分析，包括输入、输出、如何去做、用何资源、由谁来做、绩效指标。六个关键方面的主体分别放在单独的方框中，组合的图形像乌龟。主体方框成了乌龟的背壳，六个关键方面的方框图分别成了乌龟的头部、尾巴、四支脚，是一种形象直观的表现方式。

2. 乌龟图的部位说明

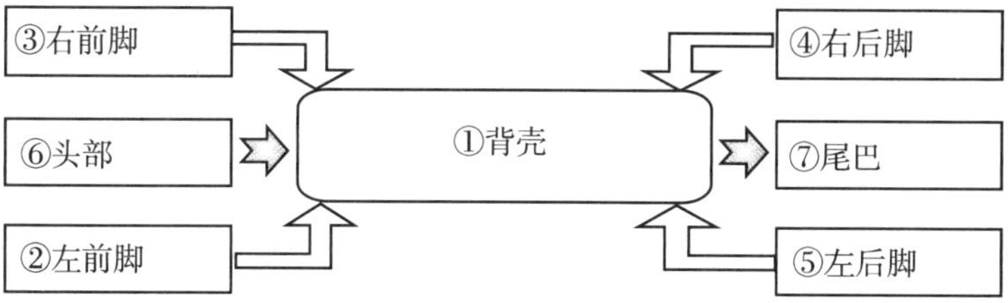

图 1-4-7　乌龟图的部位说明

3. 乌龟图的内容结构

图 1-4-8　乌龟图的内容结构

4. 乌龟图的创建

（1）方框①：是乌龟的背壳，主要填写过程名称、过程主体、过程特征等，如分析标准时把标准条款直接放在此方框。创建时应先了解现有过程是否已经存在类似过程，如管理流程、程序文件、作业指导书、操作说明、检验标准等，如有相关类似过程则考虑是否重新分析，如没有则重新开始，进行过程识别，先后找出 COP 过程、SP 过程 / 子过程、MP 过程，将识别的过程名称填入此框。

（2）方框②：是乌龟的左前脚，“如何去做？”从“准则 / 方法 / 技术” 方面进行考虑。操作方法简单的，在此框中进行描述；复杂的应创建相应支持此过程的成文信息，并在框中引用文件名称及文件编号。一般管理体系文件之间有一定的关联，仔细查找相关支持此过程的成文信息，有则直接引用，省去重复劳动，避免多个文件重复规定。

（3）方框③：是乌龟的右前脚，“用何资源？”从“材料 / 设备 / 环境”方面进行考虑。涉及过程实现所需的相关的资源，在此框中填写本过程使用的材料、设备（包括监视和测量设备）、计算机系统、过程中所使用的软件、过程运行环境等。

（4）方框④：是乌龟的右后脚，“由谁来做？”从“知识 / 能力 / 意识” 方面进行考虑。在此框中填写岗位职责要求与职责分配，特别考虑企业执行人员的教育、培训、经验等。

（5）方框⑤：是乌龟的左后脚，“绩效指标？”从“测量 / 监视 / 评估”方面进行考虑。在此框中填写过程最终运行结果的目标、指标，包括期望的目标、指标。尽量考虑目标、指标的量化、可测量，最好能形成数学计算方式。比如环境指标、质量目标、产品合格率、满意度得分等。

（6）方框⑥：是乌龟的头部，“输入”从“要求是什么？”方面进行考虑。在此框中填写过程输入的信息。包括内外部顾客、相关方、法律法规的要求，以前类似成功、失败的经验教训，以及产品技术、生产工艺、检验方面信息。应考虑输入是从哪里来、有多少、与其他过程的关系，特别是与其他过程的输出关系。表现形式可能是成文信息、图像、材料、样件、数模、工具、语音等。

（7）方框⑦：是乌龟的尾巴，“输出”从“预期结果是什么？”方面进行考虑。在此框中填写过程输出的信息，输出包括产品、服务、软件、硬件等方面，可能是产品、文件、记录、报告等。输出应满足输入要求，充分体现过程结果，输出是过程运行结果的证据表现，考虑可溯性。

5. 乌龟图分析举例，如图 1-4-9 所示。

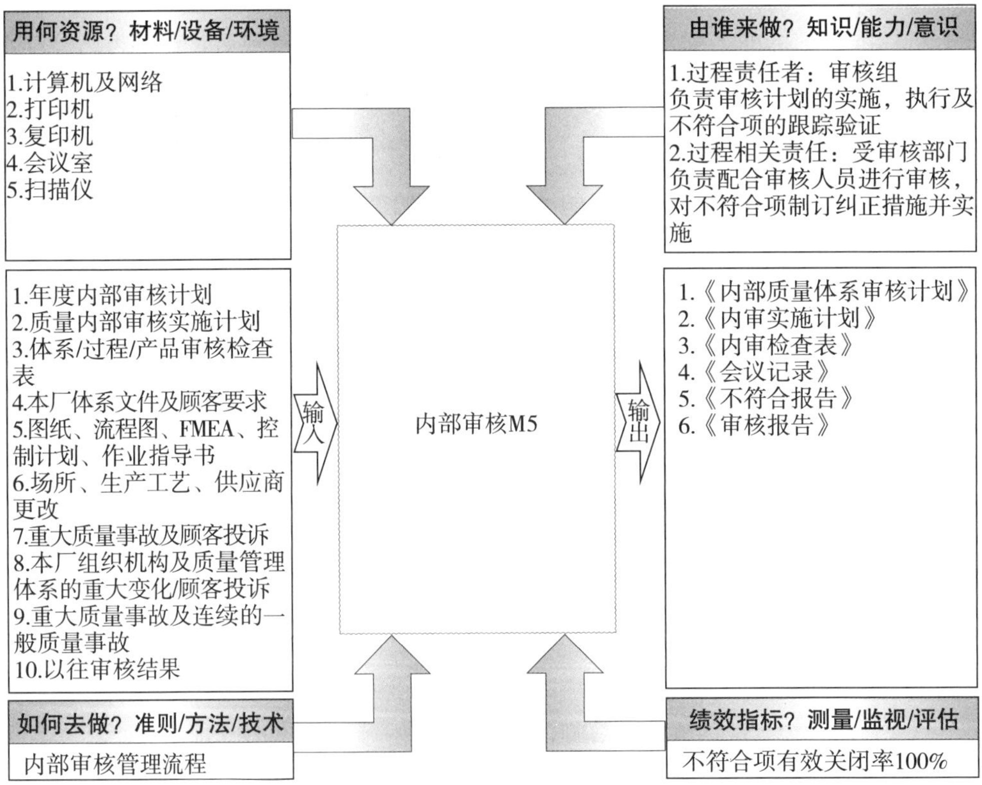

图 1-4-9　过程分析乌龟图

第 5 章　新版标准对成文信息的要求

以下表格列举了标准对“成文信息”的具体要求（见表 1-5-1）。在体系文件编制过程中需要采取合理的方式表达，可以是形成书面文件、表格、记录、图片、录像、录音、宣传标语等，由企业自定。这些要求将是第二方、第三方审核的直接证据，是质量管理体系运行符合标准要求、顾客要求、法规要求的直接证据。

表 1-5-1　新版标准对成文信息的要求

序号	条款	内容	文件化信息
1	4.3 确定质量管理体系的范围	组织的质量管理体系范围应作为成文信息，可获得并得到保持。该范围应描述所覆盖的产品和服务类型，如果组织确定本标准的某些要求不适用于其质量管理体系范围，应说明理由。	质量管理体系范围的描述
2	4.4 质量管理体系及其过程	4.4.2 在必要的范围和程度上，组织应： a）保持成文信息以支持过程运行。 b）保留成文信息以确保其过程按策划进行。	质量管理体系支持文件，以及过程实施结果的证据
3	5.2.2 沟通质量方针	质量方针应： a）可获取并保持成文信息。 b）在组织内得到沟通、理解和应用。 c）适宜时，可为有关相关方所获取。	公司制定的质量方针
4	6.2 质量目标及其实现的策划	组织应保留有关质量目标的成文信息。	公司的质量目标，以及各部门的质量目标
5	7.1.5.1 总则	组织应保留适当的成文信息，作为监视和测量资源适合其用途的证据。	监视和测量资源配备、登记，以及使用、维护记录
6	7.1.5.2 测量溯源	当要求测量溯源时，或组织认为测量溯源是信任测量结果有效的基础时，则测量设备应： a）对照能溯源到国际或国家标准的测量标准，按照规定的时间间隔或在使用前进行校准和（或）检定，当不存在上述标准时，应保留作为校准或验证依据的成文信息。	测量设备校准记录、验证依据，如校准报告，检测设备校准规程等

续表

序号	条款	内容	文件化信息
7	7.2 能力	d）保留适当的成文信息，作为人员能力的证据。	能证明人员满足能力要求的记录，包括任职要求、员工档案、培训记录、考核记录等
8	7.5 成文信息组织的质量管理体系应包括：	a) 本标准要求的成文信息； b) 组织所确定的、为确保质量管理体系有效性所需的成文信息。注：对于不同组织，质量管理体系成文信息的多少与详略程度可以不同，取决于： ——组织的规模，以及活动、过程、产品和服务的类型； ——过程及其相互作用的复杂程度； ——人员的能力。 7.5.2 创建和更新 在创建和更新成文信息时，组织应确保适当的： 7.5.3 成文信息的控制 7.5.3.1 应控制质量管理体系和本标准所要求的成文信息，以确保： 7.5.3.2 为控制成文信息，适用时，组织应进行下列活动： a）分发、访问、检索和使用； b）存储和防护，包括保持可读性； c）更改控制（如版本控制）； d）保留和处置。 对于组织确定的策划和运行质量管理体系所必需的来自外部的成文信息，组织应进行适当识别，并予以控制。 对所保留的、作为符合性证据的成文信息应予以保护，防止非预期的更改。 注：对成文信息的“访问”可能意味着仅允许查阅，或者意味着允许查阅并授权修改。	ISO 9001:2015 标准要求的文件、记录等，质量管理体系有效运行所需的其他必要文件、记录、外来文件等
9	8.1 运行的策划和控制	e）在必要的范围和程度上，确定并保持、保留成文信息，以： 1）确保过程已经按策划进行； 2）证明产品和服务符合要求。	过程有效进行策划的文件，如作业指导书、检验指导书、技术工艺等；产品和服务的符合性记录，如生产日报、生产统计表、检验记录等

续表

序号	条款	内容	文件化信息
10	8.2.3 产品和服务要求的评审	8.2.3.2 适用时，组织应保留与下列方面有关的成文信息： a）评审结果； b）针对产品和服务的新要求。	合同 / 订单评审记录，新产品和服务要求记录
11	8.2.4 产品和服务要求的更改	若产品和服务要求发生更改，组织应确保相关的成文信息得到修改，并确保相关人员知道已更改的要求。	产品和服务更改记录，以及更改后产生的再评审记录，更改后的文件收发记录
12	8.3.2 设计和开发策划	j）证实已经满足设计和开发要求所需的成文信息。	在设计和开发策划时，需考虑到设计和开发的要求得到满足的相关证明资料
13	8.3.3 设计和开发输入	组织应保留有关设计和开发输入的成文信息。	设计和开发输入的资料
14	8.3.4 设计和开发控制	f）保留这些活动的成文信息。	设计和开发评审记录、验证记录和确认记录
15	8.3.5 设计和开发输出	组织应保留有关设计和开发输出的成文信息。	设计和开发输出的资料
16	8.3.6 设计和开发更改	组织应保留下列方面的成文信息： a）设计和开发变更； b）评审的结果； c）变更的授权； d）为防止不利影响而采取的措施。	设计和开发的变更的技术资料，变更申请表，评审记录，授权书，预防措施
17	8.4.1 总则	组织应基于外部供方按照要求提供过程、产品或服务的能力，确定并实施对外部供方的评价、选择、绩效监视以及再评价的准则。对于这些活动和由评价引发的任何必要的措施，组织应保留成文信息。	外供方进行评价表、绩效考核记录、重新评价报告、不合格纠正措施报告
18	8.5.1 生产和服务提供的控制	a）可获得成文信息，以规定以下内容： 1）拟生产的产品、提供的服务或进行的活动的特征； 2）拟获得的结果。	产品和服务的作业文件，及相应的作业记录

续表

序号	条款	内容	文件化信息
19	8.5.2 标识和可追溯性	当有可追溯要求时，组织应控制输出的唯一性标识，并应保留所需的成文信息以实现可追溯。	产品唯一性标识的记录，如标识卡、流程卡、刻在产品上的识别号、批次号等
20	8.5.3 顾客或外供方的财产	若顾客或外部供方的财产发生丢失、损坏或发现不适用情况，组织应向顾客或外部供方报告，并保留发生情况的成文信息。	顾客或外部供方的财产登记、收发、验收、保存、丢失、损坏或发现不适用的相关记录
21	8.5.6 更改控制	组织应保留成文信息，包括有关更改评审结果、授权进行更改的人员，以及根据评审所采取的必要措施。	产品生产和服务的变更的评价、批准和采取的措施相关记录
22	8.6 产品和服务的放行	组织应保留有关产品和服务放行的成文信息。成文信息应包括： a）符合接收准则的证据； b）可追溯到授权放行人员的信息。	成品出厂检验记录、报告、放行人员授权书、签名、印章等
23	8.7 不合格输出的控制	8.7.2 组织应保留下列成文信息： a）描述不合格； b）描述所采取的措施； c）描述获得的让步； d）识别处置不合格的授权。	发现不合格的生产记录、发现不合格的检验记录、不合格品处置记录、让步接收报告、不合格决定人员的授权书等
24	9.1.1 总则	组织应评价质量管理体系的绩效和有效性。 组织应保留适当的成文信息，以作为结果的证据。	质量管理体系测量、分析、评价的相关资料，如质量统计表、目标考核记录等
25	9.2 内部审核	f）保留成文信息，作为实施审核方案以及审核结果的证据。	内审计划、检查表、内审报告、不符合报告等
26	9.3.3 管理评审输出	组织应保留成文信息，作为管理评审结果的证据。	管理评审报告，及相关纠正措施记录
27	10.2 不合格和纠正措施	10.2.2 组织应保留成文信息，作为下列事项的证据： a）不合格的性质，以及随后所采取的措施； b）纠正措施的结果。	不合格和纠正措施报告，以及采取相关纠正措施的记录

第 6 章　质量体系文件编制流程

6.1　成立质量体系推行小组

其成员由各部门主管、领导组成。任命组长，选择质量体系推行小组成员名单。小组成员采取兼职的方式，或专职、兼职结合的方式，或全部专职方式。

举例：

中国浙江省 ××× 有限公司文件

ISO（2017）1 号

关于决定成立 ISO 9001 质量管理体系

推行小组的通知

各部门：

为了确保 ISO 9001 质量管理体系推行工作顺利进行，达到预期计划目标，本公司成立质量管理体系推行小组，具体负责公司质量管理体系的策划、组织、编写和审批，以及运行时的监督、指导、协调和评审工作。

组　长：__________________

副组长：__________________

组　员：__________________

中国浙江省 ××× 有限公司

20×× 年 ×× 月 ×× 日

编制：张三　　　审核：李四　　　批准：王五

抄送：董事长、总经理、副总经理、各部门、各车间

6.2 学习和培训

质量体系推行小组编写人员名单确定后，组织相关人员进行学习和培训，包括以下内容：

1. ISO9000 系列标准。

对于该系列标准应进行全面系统的学习，对于标准理解的偏差将直接影响质量管理体系文件的编写质量，不对标准进行系统的学习就生编硬造的质量管理体系文件不仅毫无使用价值，还会带来负面影响，让员工感觉标准不适用。培训方式可自行组织，或聘请质量咨询机构、质量认证机构协助进行，也可选派人员参加有关专业学习班，如内审员培训班。企业根据具体情况决定采取相应的培训方式，确保培训效果。

2. 与质量管理及建立质量管理体系有关的国家质量法规、法令、政策、条例等，国内外有关质量审核认证的大纲等文件。

3. 最近质量管理的新理论、新概念、新方法。

4. 国内外同行质量管理体系运行良好的案例。

5. 质量管理体系标准要求的相关知识，如 SWOT 分析方法、FMEA、波特五力模型等。

6.3 企业现状调查

经过系统培训学习，相关人员掌握了有关质量管理体系编写的基本知识之后，下一步就要充分调查、了解企业目前现状。内容包括：

1. 企业业务、人员、生产规模，企业产品和服务性质。

2. 企业现有质量水平、生产水平。

3. 企业的内、外环境，包括外部的相关法律、技术、竞争、市场、文化、社会和经济环境等方面，企业内部的价值观、文化知识和相关绩效等。

4. 企业质量管理发展的历史，吸取的经验教训。

5. 企业原有管理规范、质量管理文件的收集、归纳和整理。

6.4　对标准条款的删减

GB/T 19001–2016/ISO 9001：2015 标准的“4.3 确定质量管理体系的范围”规定：“组织的质量管理体系范围应作为成文信息，可获得并得到保持。该范围应描述所覆盖的产品和服务类型，如果组织确定本标准的某些要求不适用于其质量管理体系范围，应说明理由。”

原则上标准的任何条款都可以不采用，但这是有条件的，应以不会影响产品和服务的符合性，以及增强顾客满意的能力和责任为准。所以要把握好尺度，删减理由要充分。当然有些企业在安全、环境方面有特殊要求，虽然标准中没有该项内容，也可适当地增加上去，这也是企业系统化管理的需要。

6.5　体系文件编制计划

按照 GB/T 19001–2016/ISO 9001：2015 标准条款展开，结合 COP、SP、MP 识别的过程，列举出体系文件清单，分解成为一项项具体的质量活动和质量工作，再对各项活动和工作确定负责部门和配合部门，对体系文件编制进行分工。一般来说，责任部门就是该项活动相关文件的编写部门。规定完成时间，最后形成《体系文件编制计划》。按计划规定的时间进度要求，各部门的兼职编写人员分头编写本部门承担的文件内容。对于综合性的条款要求，一般由质量管理部门（专职编写人员）编写。

表 1–6–1　体系文件编写计划（例）

序号	对应 GB/T 19001–2016/ISO 9001:2015 标准内容	对应标准条款	过程编号	负责部门	体系小组负责人	文件编号 / 名称	草稿完成时间	统稿完成时间	评审定稿时间
1	应对风险和机遇的措施	6.1	MP1	高层管理	总经理	QM/WI01 应对风险和机遇管理流程	20XX/03/10	20XX/05/05	20XX/06/25
2	质量目标及其实现的策划	6.2	MP2	高层管理	总经理	QM/WI02 质量目标管理方案	20XX/03/10	20XX/05/05	20XX/06/25

续表

序号	对应 GB/T 19001-2016/ISO 9001:2015 标准内容	对应标准条款	过程编号	负责部门	体系小组负责人	文件编号 / 名称	草稿完成时间	统稿完成时间	评审定稿时间
3	人员	7.1.2	SP1	办公室	部门经理	QM/WI03 人员管理流程	20XX/03/10	20XX/05/05	20XX/06/25
4	基础设施	7.1.3	SP2	生产部	部门经理	QM/WI04 设施管理流程 QM/WI05 设备维护保养规定	20XX/03/10	20XX/05/05	20XX/06/25
5	过程运行环境	7.1.4	SP3	生产部	部门经理	QM/WI06 工作环境管理规定	20XX/03/10	20XX/05/05	20XX/06/25
6	监视和测量资源	7.1.5	SP4	质检部	部门经理	QM/WI07 监视和测量资源管理流程	20XX/03/10	20XX/05/05	20XX/06/25
7	能力	7.2	SP5	办公室	部门经理	QM/WI08 能力管理流程	20XX/03/10	20XX/05/05	20XX/06/25
8	沟通	7.4	SP6	办公室	部门经理	QM/WI09 信息沟通管理流程	20XX/03/10	20XX/05/05	20XX/06/25
9	成文信息	7.5	SP7	办公室	部门经理	QM/WI10 成文信息管理流程	20XX/03/10	20XX/05/05	20XX/06/25
10	运行的策划和控制	8.1	SP8	生产部	部门经理	QM/WI11 运行的策划和控制管理流程	20XX/03/10	20XX/05/05	20XX/06/25
11	产品和服务的要求	8.2	COP1	业务部	部门经理	QM/WI12 产品和服务要求管理流程	20XX/03/10	20XX/05/05	20XX/06/25
12	产品和服务的设计和开发	8.3	COP2	技术部	部门经理	QM/WI13 设计开发管理流程	20XX/03/10	20XX/05/05	20XX/06/25
13	外部提供过程、产品和服务的控制	8.4	SP9	采购部	部门经理	QM/WI14 外供方管理流程 QM/WI15 物资采购管理流程	20XX/03/10	20XX/05/05	20XX/06/25
14	生产和服务提供的控制	8.5.1	SP10	生产部	部门经理	QM/WI16 生产提供管理流程 QM/WI17 生产计划管理流程	20XX/03/10	20XX/05/05	20XX/06/25

续表

序号	对应 GB/T 19001–2016/ISO 9001:2015 标准内容	对应标准条款	过程编号	负责部门	体系小组负责人	文件编号 / 名称	草稿完成时间	统稿完成时间	评审定稿时间
15	标识和可追溯性	8.5.2	SP11	质检部	部门经理	QM/WI18 标识和可追溯性管理流程	20XX/03/10	20XX/05/05	20XX/06/25
16	防护	8.5.4	COP3	生产部	部门经理	QM/WI19 产品防护管理流程	20XX/03/10	20XX/05/05	20XX/06/25
17	交付后活动	8.5.5	COP4	业务部	部门经理	QM/WI20 产品交付后管理流程	20XX/03/10	20XX/05/05	20XX/06/25
18	更改控制	8.5.6	SP12	技术部	部门经理	QM/WI21 产品变更管理流程	20XX/03/10	20XX/05/05	20XX/06/25
19	不合格输出的控制	8.7	SP13	质检部	部门经理	QM/WI22 不合格输出管理流程	20XX/03/10	20XX/05/05	20XX/06/25
20	顾客满意	9.1.2	MP3	业务部	部门经理	QM/WI23 顾客满意管理流程	20XX/03/10	20XX/05/05	20XX/06/25
21	内部审核	9.2	MP4	高层管理	总经理	QM/WI24 内部审核管理流程	20XX/03/10	20XX/05/05	20XX/06/25
22	管理评审	9.3	MP5	高层管理	总经理	QM/WI25 管理评审管理流程	20XX/03/10	20XX/05/05	20XX/06/25
……	……	……	……	……	……	……	……	……	……

6.6　文件编制的原则

质量管理体系文件在编制时，应遵循以下方面的原则：

1. 符合性。

（1）符合标准的要求；

（2）符合法律法规的要求；

（3）符合组织的质量方针和质量目标；

（4）满足过程、产品和服务要求。

2. 确定性。

在描述任何质量活动过程时，必须具有确定性，即何时、何地、做什么、由谁（部门）来做、依据什么文件、使用什么资源、怎么做、怎么记录等，必须加以明确规定。排除人为的随意性，保证过程的一致性，确保过程质量的稳定性。

3. 相容性。

质量管理体系文件之间应保持良好的相容性，即不仅要协调一致，不相互矛盾，而且要各自为实现总目标承担相应的任务。

4. 可操作性。

要符合组织的客观实际，使其具有可操作性。这是文件得以贯彻执行的重要前提。

5. 系统性。

质量管理体系本是一个由质量方针、目标、相关过程和资源构成的有机整体。因此，要站在系统的高度，注意管理的系统方法、过程方法的有效结合，使过程输入、输出、过程之间的接口和相互关系，以及文件的层次（支持性）关系，得到有效的控制，使质量管理体系文件形成一个有机的整体。

6. 精简。

（1）节省资源。

（2）减少差错。

（3）易识别、理解，降低培训成本。

7. 优化。

（1）每个过程都应权衡风险、利益和成本，寻求最佳的平衡。

（2）明确优化目标，识别约束条件（包括可能的各种负面效应），寻找可能的解决办法，实施最佳的方案。

8. 预防。

预防是质量保证的精髓。在体系文件编写过程中，要预先对可能的各种不良影响因素做出有效控制安排，并加以预防控制。新版质量体系标准中已经没有预防措施条款，因此策划体系文件时，必须考虑工作中易出现的问题，防止发生，才体现出文件价值。如果一项工作进行得井井有条、不出问题、绩效突出，那就没必要制定文件。

9. 区别。

各种管理活动要反对一刀切，实行区别对待、分类处理，从问题的重要性和实际情况出发决定对策，如产品重要程度、质量特性、重要供方或客户的分级、内审的策划安排、生产工艺等，更能体现区别对待，分清轻重缓急，在文件编制时就应予以充分考虑，对人员、过程、时间、方法等做出合理的安排。

10. 闭环。

任何管理活动的安排均应善始善终，并按照 PDCA 循环力求不断改进。开环意味着管理中断，检查是否闭环也是检查质量管理体系是否正常运行的一个有效方法。在闭环管理中，要不断检查和评价管理的效果是否达到了预期的要求，如订单评审，应从订单接收前的评审，生产中的控制与协调，直至能按质、按期交付，实施全过程的闭环管理。接口控制不良是造成开环的常见问题。所以在体系策划及文件编制时就应体现这种闭环管理思想。

11. 动态控制。

实施动态控制，要求不断跟踪文件运行实施的效果，及时准确地反馈信息，适时调整控制方法和力度，从而保证质量管理体系具有健壮性，能不断适应质量管理体系环境条件的变化，持续有效运行。

12. 规范性。

为保持文件的规范性，应用统一的格式来编写，而不能各式各样。

13. 逻辑性。

在内容安排及说明文字中，要符合逻辑规律，不能前后矛盾或说法不一。

14. 异常流的控制。

即“非正常的少数”，指质量活动失控所造成的那一部分，异常流下的产品易失控而造成品质问题，如紧急放行、设备漏检、标示丢失等。在体系文件中应对异常流有充分的控制措施，来预防失控。

15. 文字表达准确、顺畅、简练。

（1）要注意文字表达的规范性。“准确”就是要表达清楚，避免歧义。“顺畅”就是要语句通顺，流畅。“简练”就是要简洁、明了。

（2）质量管理体系文件要用词准确，例如：“必须……”“应该……”“应……”“允许……”“注意……”表示要求严格程度是不同的；不能用“是否……”“请……”“希望……”等词语。

6.7 文件样式确定

GB/T 19001-2016/ISO 9001：2015 的条款：

7.5.2 创建和更新
在创建和更新成文信息时，组织应确保适当的：
a. 标识和说明（如标题、日期、作者、索引编号）；
b. 形式（如语言、软件版本、图表）和载体（如纸质的、电子的）；
c. 评审和批准，以保持适宜性和充分性。

理解：

1. 标准对文件标识做了要求，要有标题、日期、作者或编号，标准后面还有“更改的控制（如：版本控制）”要求。

2. 格式可以是语言、软件版本、图表。

3. 媒介可以是纸质、电子格式等。

4. 对文件的适宜性和充分性方面，标准要求进行评审和批准，这也就是我们编写文件时有“审核、批准”。

5. 可看出文件编写空间是自由的，企业可采用文字描述、流程图、图片、语音或其相互组合。质量体系推行小组可以根据企业实际情况确定一种或多种文件样式。

6.8 文件统稿

在分头编写过程中，专职编写人员应给予指导。按照计划时间，质量体系推行组组长按期收集各编写人员的草稿后，进行统稿。统稿时发现的问题，应与编写者协调解决，直到达到预期目标。

6.9 初次评审试运行

最后完成的质量管理体系文件草案，交由质量体系推行小组，召开会议进行讨论评审。针对小组提出的意见，责任人进行修改。无异议后，由最高管理者签发试运行指令进行试运行。为了慎重起见，也可先在小范围内试点，或者部分文件先试运行，总结试点经验后，再全面试行。

6.10　再次评审正式运行

质量体系推行小组组长跟踪试运行结果，总结经验教训，进行相应修改。将完成的正式文件，再次由质量体系推行小组召开会议，进行讨论评审。无异议后，由最高管理者签发正式运行指令。

第 2 篇

质量管理体系手册

0.1　质量管理体系手册颁布令

为建立和完善我公司的质量管理体系，提高企业的竞争能力，实现公司的质量方针和目标，依据 GB/T 19001-2016/ISO 9001：2015《质量管理体系要求》标准，结合本公司的实际情况及顾客需求和期望，编制了《质量管理体系手册》，此手册是全公司质量工作的法规性、纲领性文件，用于统一、协调全公司的质量管理体系运行的各个过程，是公司开展各项质量活动的行为准则，全公司员工必须严格贯彻执行。

现批准发布，并于批准之日开始实施。

总经理：张三

20×× 年 ×× 月 ×× 日

0.2　任命书

为贯彻执行 GB/T 19001-2016/ISO 9001：2015《质量管理体系要求》，确保质量管理体系的建立、保持、实施、改进，特任命以下部门主管，任命之日起正式上岗，并按《岗位职责》执行：

质检部	技术部	业务部	生产部	办公室	采购部	财务部

总经理：张三

20×× 年 ×× 月 ×× 日

0.3　公司简介

公司位于我国浙江省 ×× 市，是我国沿海最有经济活力的城市之一，海、陆、空交通十分便利。

本公司始建于2000年，现已发展为集研发、制造、销售于一体的民营股份制企业。历年来都被工商、金融系统评为“重合同，守信用”的企业，“AAA 级”资信企业。公司 2001 已通过 ISO 9001 质量体系认证，一直以来都致力于为国内外主机厂提供优质的汽车塑料件的各种塑料模具及产品。公司现有员工 800 多人，各类高级管理与技术人员 110 余人。公司年产值达到 10 亿元。

公司引进国外高精密技术设备，包括：数控铣床、高速铣床、双头电脉冲、数控深孔加工设备、五轴加工设备、高速镗铣加工设备、高精密磨床等，先进的加工设备确保产品的品质。公司的模具 60% 出口到美国、德国、日本、意大利、法国、澳大利亚、巴西等国家，企业生产的汽车塑件等零部件已为国内外多家汽车主机厂提供 OEM 配套。

公司本着“技术先导、追求卓越、创造精品、顾客满意”的企业方针，以强有力的工作执行力和优良的工作质量，铸就优质的产品和服务。全体员工把成为全球一流的模具和零部件 OEM 供应商，为中国的汽车工业做贡献作为企业永恒的追求。

公司地址：

公司网站：

联系方式：

联系人：

第 1 章　范围

1. 本公司采用 GB/T 19001–2016/ISO 9001:2015 标准，规定了质量管理体系要求，建立、实施、保持和持续改进质量管理体系。

2. 质量管理体系手册阐述了本公司质量方针、目标，通过贯彻质量标准，将本公司的质量管理体系文件化、标准化。

3. 本公司建立质量管理体系的目的是：

（1）证实公司具有稳定地提供满足顾客要求和适用法律法规要求的产品和服务的能力；

（2）通过质量体系的有效应用，包括对体系过程的改进，以及保证符合顾客和相关方适用的法律法规要求，旨在增强顾客、相关方满意度；

（3）持续提升质量绩效，实现质量目标；

（4）证实符合 GB/T 19001–2016/ISO 9001:2015 标准的自我评价和自我声明；

（5）寻求企业相关方（如顾客）对本公司符合性进行确认；

（6）寻求外部组织（如认证公司）对本公司质量管理体系进行认证或注册。

第 2 章　规范性引用文件

2.1　质量管理体系标准

2.1.1　GB/T19000-2016/ISO9000：2015 质量管理体系　基础和术语

2.1.2　GB/T 19001-2016/ISO 9001：2015 质量管理体系　要求

2.2　适用的法律法规

表 2-2-1　适用的法律法规

编号	法律法规名称	发布单位	最近修订生效日期	涉及范围
1	中华人民共和国宪法修正案	全国人大常委会	2004/03/14	公民权利与义务
2	中华人民共和国质量法	全国人大常委会	2015/09/01	产品质量
3	中华人民共和国合同法	全国人大常委会	1999/10/01	合同签订
4	中华人民共和国价格法	全国人大常委会	1998/05/01	价格制订
5	中华人民共和国票据法	全国人大常委会	2004/08/28	票据活动
6	中华人民共和国档案法	全国人大常委会	1996/07/05	档案管理
7	中华人民共和国劳动法	全国人大常委会	1995/01/01	劳动制度
8	中华人民共和国计量法	全国人大常委会	2015/04/24	计量管理
9	中华人民共和国环境保护法	全国人大常委会	2015/01/01	环境保护
10	中华人民共和国消费者权益保护法	全国人大常委会	2014/03/15	售后服务
11	中华人民共和国对外贸易法	全国人大常委会	2016/11/07	对外贸易
12	中华人民共和国公司法	全国人大常委会	2014/03/01	公司设立及监管
13	中华人民共和国消防法	全国人大常委会	2009/05/01	消防管理

续表

编号	法律法规名称	发布单位	最近修订 生效日期	涉及范围
14	中华人民共和国 未成年人保护法	全国人大常委会	2007/06/01	未成年人保护
15	中华人民共和国行政许可法	全国人大常委会	2004/07/01	经营许可
16	中华人民共和国 清洁生产促进法	全国人大常委会	2012/02/29	生产活动
17	中华人民共和国 特种设备安全法	全国人民代表大会 主席令第四号	2014/01/01	特种设备管理
18	中华人民共和国职业病防治法	全国人大常委会	2011/12/31	职业病防范
19	中华人民共和国安全生产法	中华人民共和国主 席令第 13 号	2014/12/01	安全生产
20	中华人民共和国工会法	第七届全国人民代 表大会第五次会议 通过	2009/08/27	工会管理
……	……	……	……	……

注：当以上法律法规修订或换版时，公司应及时按最新版本执行，修改相关管理体系成文信息。

2.3　适用的技术标准

表 2-2-2　适用的技术标准

序号	标准号	最近修订 发布年份	标准名称
1	GB1589	2016	汽车、挂车及汽车系列外廓尺寸、轴荷及质量限值
2	GB/T18410	2001	车辆识别代号条码标签
3	GB/T15089	2001	机动车辆及挂车分类
4	GB7258	2012	机动车运行安全技术条件

续表

序号	标准号	最近修订发布年份	标准名称
5	GB13094	2007	客车结构安全要求
6	GB18986	2003	轻型客车结构安全要求
7	GB4599	2007	汽车用灯丝灯泡前照灯
8	GB4660	2007	汽车用灯丝灯泡前雾灯
9	GB4785	2007	汽车及挂车外部照明和光信号装置的安装规定
10	GB5920	2008	汽车及挂车前位灯、后位灯、示廓灯和制动灯配光性能
11	GB7063	2011	汽车护轮板
12	GB11554	2008	机动车和挂车用后雾灯配光性能
13	GB11564	2008	机动车回复反射器
14	GB17509	2008	汽车及挂车转向信号灯配光性能
15	GB18099	2013	机动车及挂车侧标志灯配光性能
16	GB18408	2015	汽车及挂车后牌照板照明装置配光性能续表
17	GB18409	2013	汽车驻车灯配光性能
18	GB19151	2003	机动车用三角警告牌
19	GB15084	2013	机动车辆间接视野装置性能和安装要求
20	GB15741	1995	汽车和挂车号牌板（架）及其位置
21	GB16897	2010	制动软管的结构、性能要求及试验方法
22	GB17675	1999	汽车转向系基本要求
23	GB5763	2008	汽车用制动器衬片
24	GB7063	2011	汽车护轮板
25	GB11552	2009	乘用车内部凸出物
26	GB11566	2009	乘用车外部凸出物
27	GB11567.1	2001	汽车和挂车侧面防护要求
28	GB11557.2	2001	汽车和挂车后下部防护要求
29	GB14166	2013	机动车乘员用安全带、约束系统、儿童约束系统 ISOFIX 儿童约束系统

续表

序号	标准号	最近修订发布年份	标准名称
30	GB14167	2013	汽车安全带安装固定点、ISOFIX 固定点系统及上拉带固定点
31	GB15083	2006	汽车座椅、座椅固定装置及头枕强度要求和试验方法
32	GB11550	2009	汽车座椅头枕强度要求和试验方法
33	GB15086	2013	汽车门锁及车门保持件的性能要求和试验方法
34	GB11568	2011	汽车罩（盖）锁系统
35	GB15743	1995	轿车侧门强度
36	GB17354	1998	汽车前、后端保护装置
……	……	……	……

注：当以上标准修订或换版时，公司应及时按最新版本执行，修改相关管理体系成文信息。

第 3 章　术语和定义

3.1　标准采用

公司质量管理体系规范采用 GB/T19000-2016 idt ISO9000：2015《质量管理体系 基础和术语》所确立的术语和定义。

3.2　常用品质专业术语

- 8D（8 Disciplines Problem Solving）解决问题的 8 个步骤（团队导向问题解决方法）
- ACC（Acceptable）允收
- AOQ（Average Output Quality）平均出厂品质
- AQL（Acceptable Quality Level）品质允收水准
- APQP（Advanced Product Quality Plan）产品先期策划
- BOM（Bill of Material）材料清单
- CR（Critical）极严重的（缺点）
- CA（Corrective Action）纠正措施
- CAR（Corrective Action Request/Report) 改正行动要求 / 报告
- CCC（China Compulsory certificate）中国强制认证（安规）
- CE（Communate Europpene）欧盟
- COP（Customer Oriented Processes）顾客导向过程
- CP（Control Plan）控制计划
- CQE（Customer Quality Engineer）客户品质工程师
- CPK（Index of Process Capability）制程能力指数
- CMK（Machine Capability Index）设备能力指数
- CQC（China Quality Certification Center）中国质量认证中心

- CR（Control Run）控制运行
- DPPM（Defect Parts Per Million）百万分之不良率
- ECN（Engineering Change Notice）工程变更通知
- EVT（Engineering Verification Test）工程测试验证
- FA（Failure Analysis）不良分析
- FAA（First Article Assurance）首件确认
- FAI（First Article Inspection）首件检验
- FIFO（First In First Out）先进先出
- FPYR（First Pass Yield Rate）直通率
- FMEA（Failure Mode Effect Analysis）失效模式影响分析
- FQA（Final Quality Assurance）最终品质保证
- FQC（Final Quality Control）最终品质管制
- IPQC（In Process Quality Control）制程品质管制
- IQC（Incoming Quality Control）进料品质管制
- KPI（Key Performance Indication）关键业绩指标
- LRR（Lot Reject Rate）批退率
- LCL（Lower Central Limit）管制下限
- LSL（Low Specification Limit）规格下限
- MAJ（Major）主要的（缺点）
- Max（Maximum）最大值
- MIN（Minor）轻微的（缺点）
- Min（Minimum）最小值
- MIL-STD Military-Standard 军用标准
- MP（Management Processes）管理过程
- MQE（Material Quality Engineer）材料质量工程师
- MSA（Measurement System Analysis）测量系统分析
- ME（Manufacturing Engineering）制造工程
- N/A（None Available）不适用
- NG（No Good）不良品
- ORT（On Reliability Test）可靠性测试

- OQC（Outgoing Quality Control）出货品质管制
- OEM（Original Equipment Manufacturer）原设备制造者
- ODM（Original Design Manufacturer）原设计制造
- OBA（Out of Box Audit）开箱检查
- PPAP（Production Part Approval Process）生产件批准程序
- PPM（Parts Per Million）百万分之
- PPK（Index of Process Performance）初始过程能力指数
- PDCA（Plan Do Check Action）计划 执行 检查 总结
- PQA（Process Quality Assurance）制程品质保证
- PQE（Product Quality Engineer）产品质量工程师
- QA（Quality Assurance）品质保证
- QC（Quality Control）品质管制
- QCC（Quality Control Cycle）品管圈
- QE（Quality Engineer）品质工程师
- QFD（Quality Function Deployment）品质功能展开
- QI（Quality Improvement）品质改善
- QIT（Quality Improvement Team）品质改善小组
- QO（Quality Objective）品质目标
- QS（Quality System）品质系统
- RE（Reject）拒收
- RPN（Risk Priority Number）风险优先数
- SQE（Supplier Quality Engineer）供应商品质工程师
- S/S（Sample size）抽样检验样本大小
- SP（Support Process）支持过程
- SPC（Statistical Process Control）统计制程控制
- SIP（Standard Inspection Procedure）检验标准指导书
- SOP（Standard Operation Procedure）作业标准指导书
- TQM（Total Quality Management）全面品质管理
- USL（Upper Specification Limit）规格上限
- UCL（Upper Control Limit）管制上限

- UL（Underwriters Lab）美国保险商实验室（安规）
- VQA（Vendor Quality Assurance）供应商品质保证
- ZD（Zero Defect）零缺陷

第 4 章　组织环境

4.1　理解组织及其环境

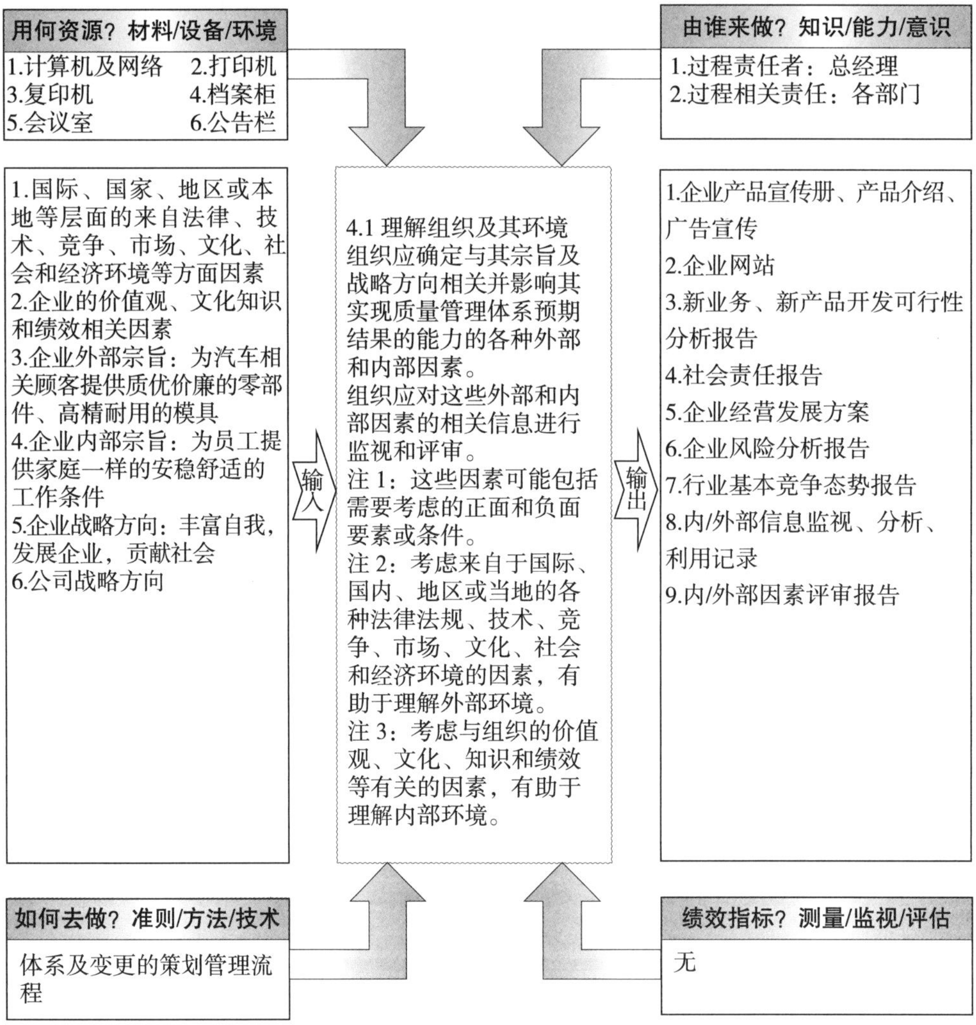

图 2-4-1　理解组织及其环境—过程分析乌龟图

内外部因素评审报告

QR4.1–01　　　　　　　　　　　　　　　　　　　　　No：

1. 公司主要产品和服务

（1）产品质量水平

主要技术 / 服务指标	本企业水平	同行业水平	国内先进水平	国际先进水平

（2）前三年产品质量第三方检验、抽查情况

日期	报告编号	产品名称	产品型号	检验、抽查单位	结论

（3）前三年主要经济效益、安全、环境指标

序号	项目	单位	前三年（　　年）	前二年（　　年）	前一年（　　年）

（4）前三年企业获奖情况

获奖名称	获奖时间	颁奖部门	获奖意义

2. 主要市场与顾客

（1）主要顾客

产品分类	应用领域	产品型号 / 规格	主要技术参数	客户名称	分布区域

（2）前三年主要市场指标

项目	前三年（　　年）		前二年（　　年）		前一年（　　年）	
	国内	国际	国内	国际	国内	国际
市场占有份额						
顾客忠诚程度						

（3）同行业主要竞争伙伴情况

编号	单位名称	单位地址	品牌	产品名称	年产量	市场占有份额	
						国内	国际

3. 企业文化、愿景、使命及核心价值观

序号	项目	内容	说明
1	企业文化		
2	发展愿景		
3	企业使命		
4	核心价值观		

4. 企业人力资源状况

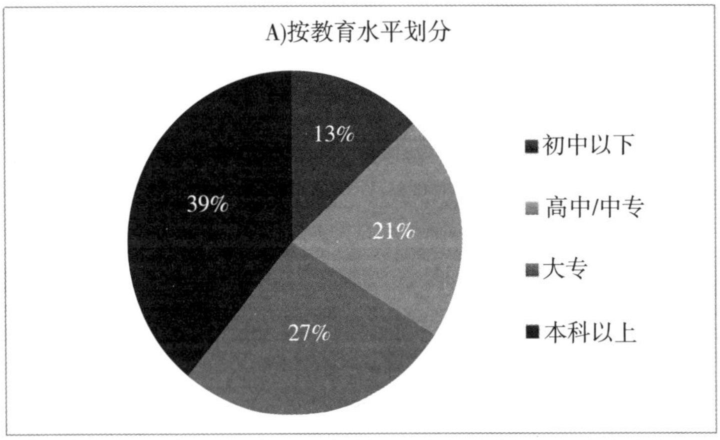

图 2-4-2　按教育水平划分

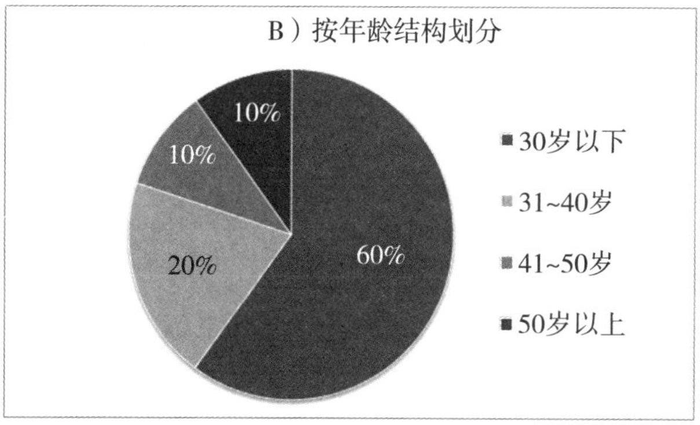

图 2-4-3　按年龄结构划分

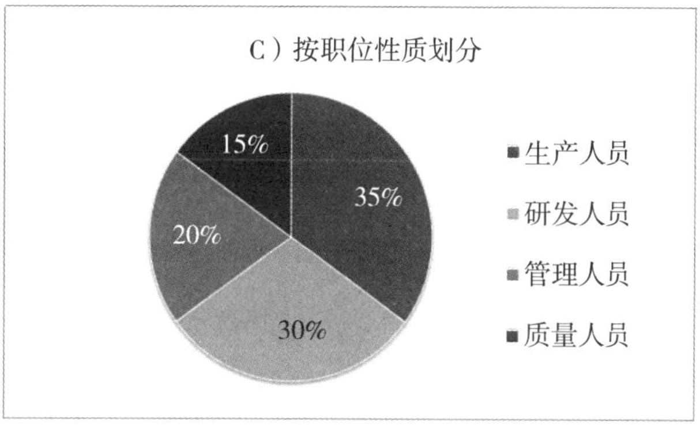

图 2-4-4　按职位性质划分

5. 企业主要的技术与知识

序号	项目名称	内容介绍	主要特点	水平等级		
				行业	国内	国际

6. 主要设备及设施

（1）主要生产设备

序号	设备名称	设备型号	数量	加工精度	等级水平		
					行业	国内	国际

（2）关键检测设备

序号	设备名称	型号	精度	特点	检测项目	技术水平		
						行业	国内	国际

7. 法规和政策环境

分类 / 类别	法规和政策名称	发布单位	最近修订生效日期	涉及企业业务范围

8. 社会环境

名称	环境因素	相关单位	影响程度	涉及企业业务范围

9. 经济环境

名称	环境因素	相关单位	影响程度	涉及企业业务范围

10. 总经理负责评审报告编制、发布、再评审与更新，对评审报告涉及内容进行监视，同时作为体系变更与改进的输入

总经理：__________ 日期：__________

4.2　理解相关方的需求和期望

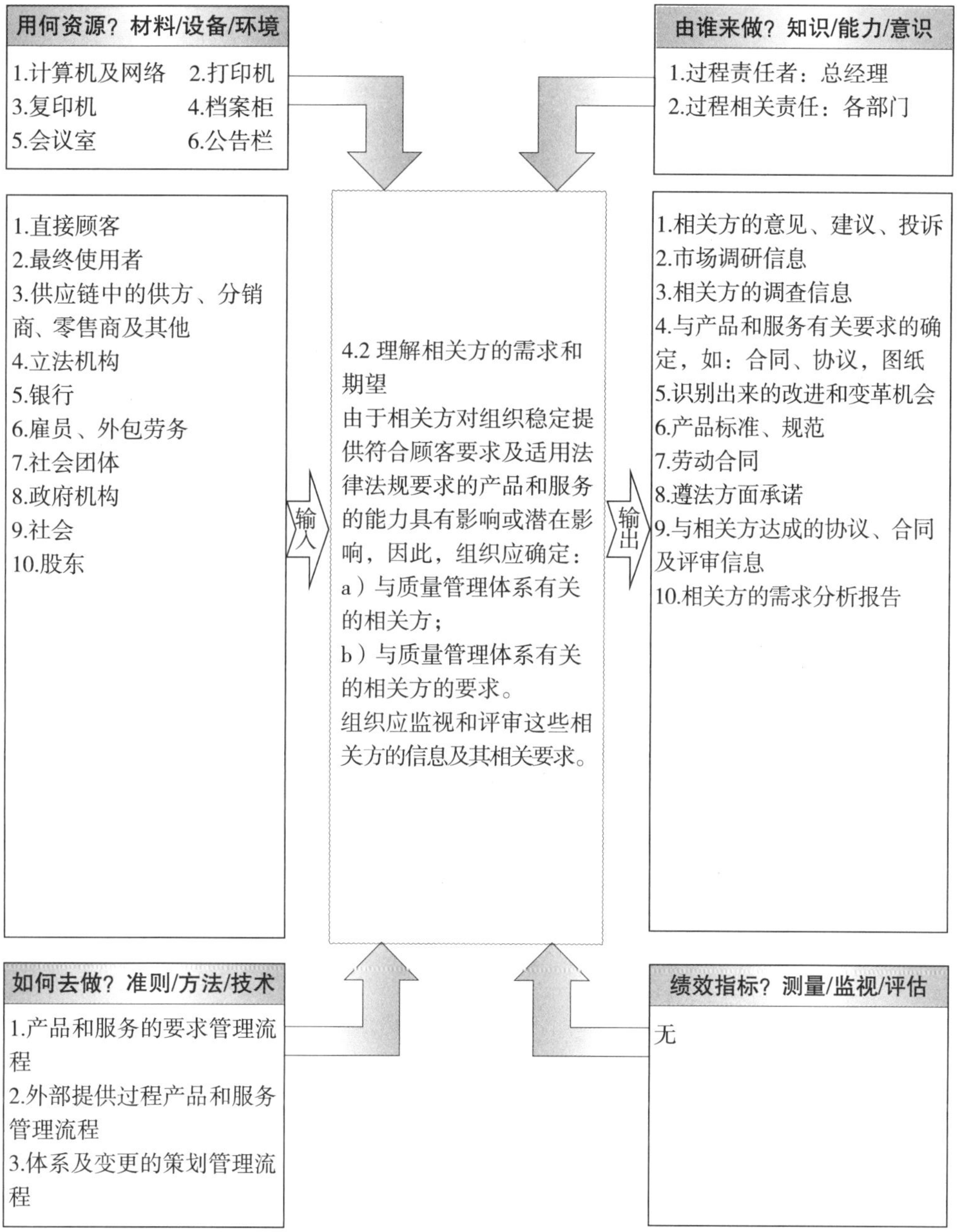

图 2-4-5　理解相关方的需求和期望—过程分析乌龟图

4.3 确定质量管理体系的范围

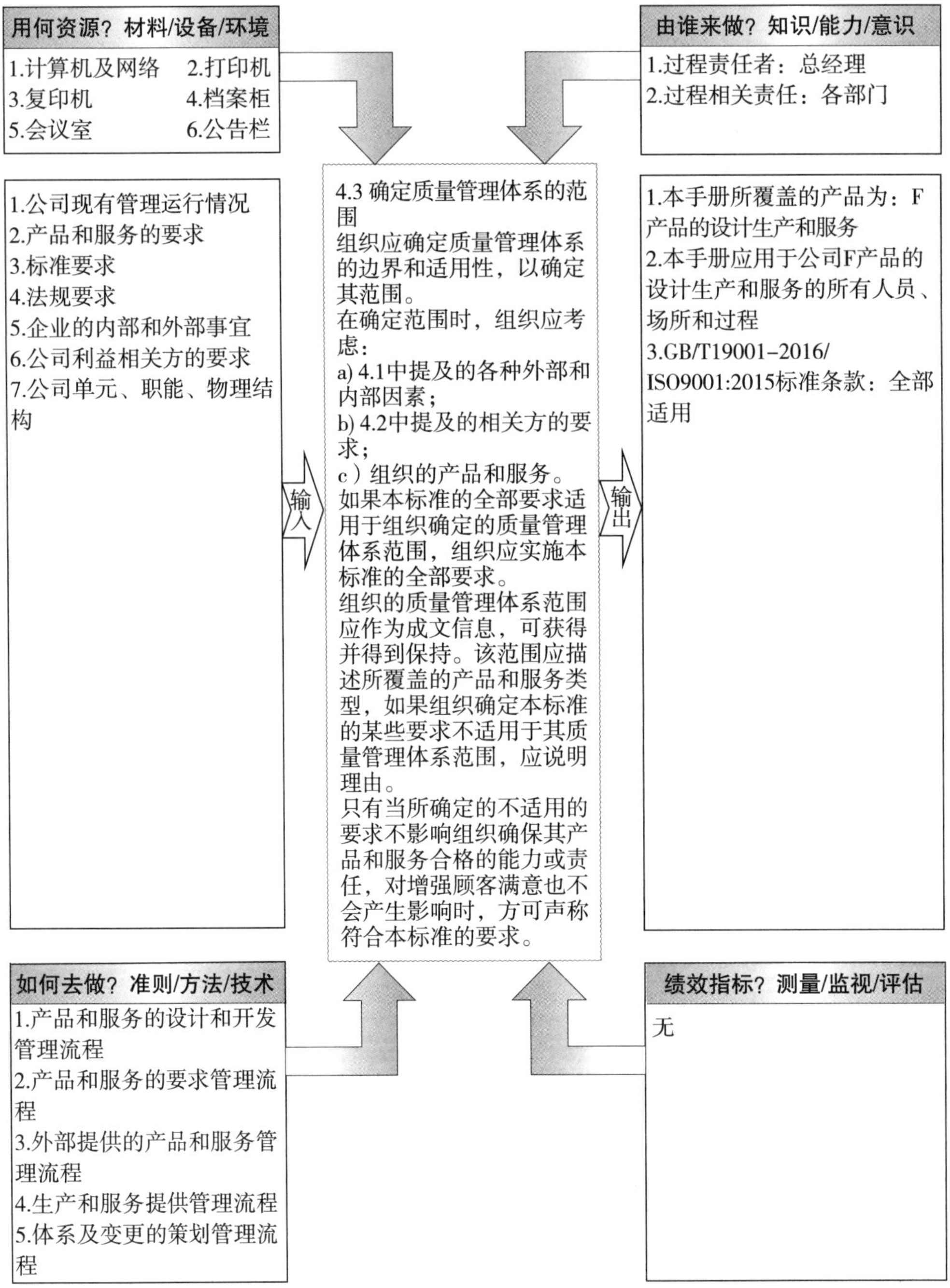

图 2-4-6 确定质量管理体系的范围—过程分析乌龟图

4.4　质量管理体系及其过程

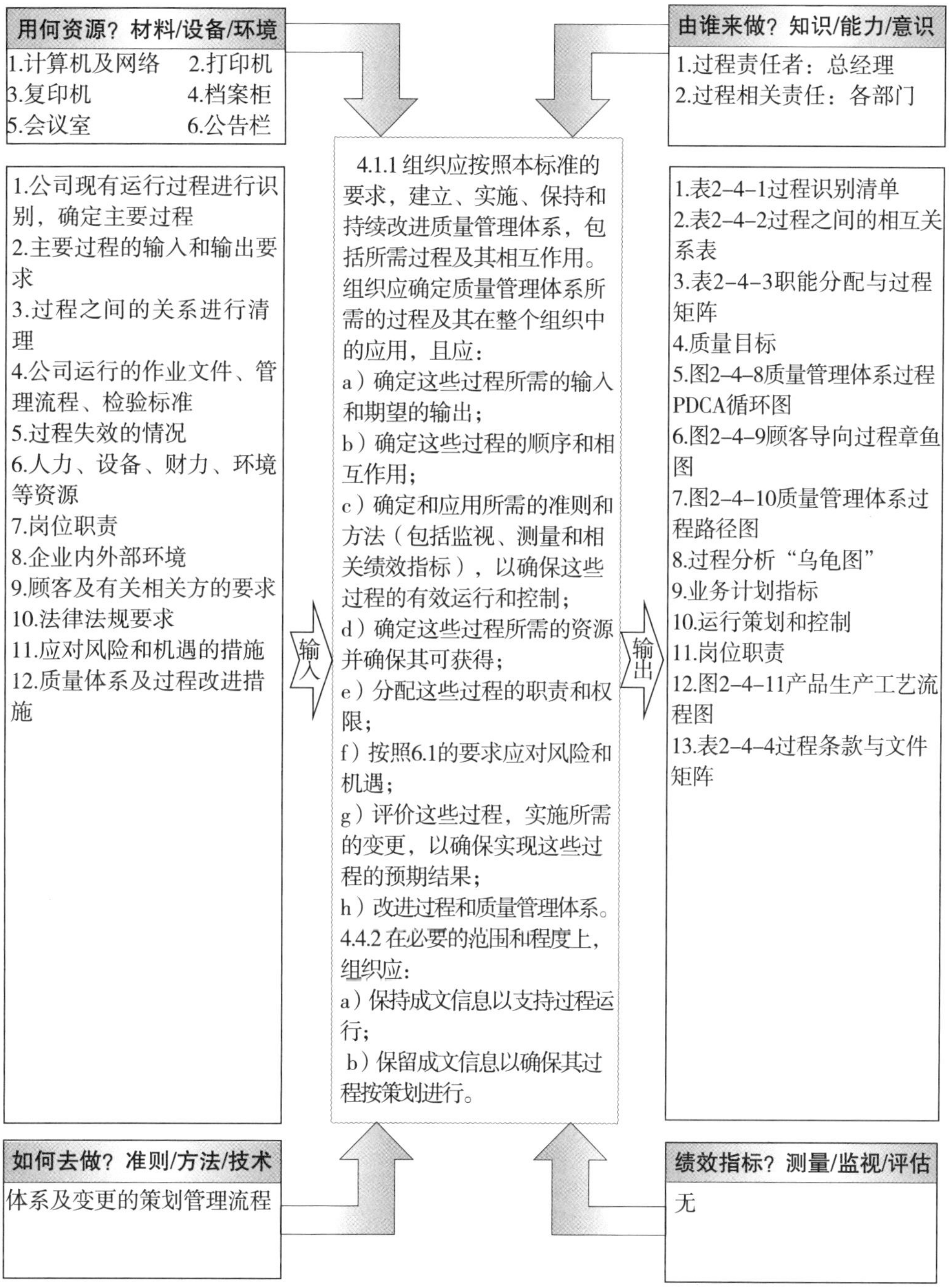

图 2–4–7　质量管理体系及其过程—过程分析乌龟图

过程相关概念

QR4.4-01　　　　　　　　　　　　　　　　　　　　　　No：

1. 过程（Process）：利用输入实现预期结果的相互关联或相互作用的一组活动。

2. 公司建立质量管理体系按顾客导向划分的过程，分为：顾客导向过程 COP（Customer Oriented Processes）、支持过程 SP（Support Process）、管理过程 MP（Management Processes）。

（1）顾客导向过程 COP：通过输入和输出直接和外部顾客联系的过程，直接对顾客产生影响，是给公司直接带来效益的过程。

（2）支持过程 SP：提供主要资源或能力，为了实现公司的经营目标，支持顾客导向过程实现预计质量目标的过程，支持过程是实现顾客导向过程功能的必要过程。

（3）管理过程 MP：用来衡量和评价顾客导向过程和支持过程的有效性和效率，组织策划将顾客要求转化为组织衡量的目标和指标，确定公司组织结构，产生公司决策、目标及更改等过程。

表 2-4-1　过程识别清单

QR4.4-02　　　　　　　　　　　　　　　　　　　　　　No：

COP 顾客导向过程		SP 支持过程		MP 管理过程	
过程编号	过程名称	过程编号	过程名称	过程编号	过程名称
C1	顾客订单	S1	人力资源	M1	管理体系策划
C2	设计和开发	S2	基础设施	M2	领导作用
C3	产品制造	S3	过程运行环境	M3	风险机遇策划
C4	防护和放行	S4	监视和测量资源	M4	目标策划
C5	交付后服务	S5	知识	M5	分析评价
		S6	沟通	M6	内部审核
		S7	成文信息	M7	管理评审
		S8	运行策划	M8	改进
		S9	外供方控制		
		S10	标识和可追溯性		
		S11	顾客或外供方财产		
		S12	不合格控制		

表 2-4-2　过程之间的相互关系表

QR4.4-03　　No：

项目		C1 顾客订单	C2 设计和开发	C3 产品制造	C4 防护和放行	C5 交付后服务
S1	人力资源	×	×	×	×	×
S2	基础设施		×	×		
S3	过程运行环境		×	×		
S4	监视和测量资源		×			
S5	知识	×	×	×	×	×
S6	沟通	×	×	×	×	×
S7	成文信息	×	×	×	×	×
S8	运行策划		×	×		
S9	外供方控制				×	
S10	标识和可追溯性		×	×		
S11	顾客或外供方财产		×	×		
S12	不合格控制	×	×	×	×	
管理过程	M1 管理体系策划；M2 领导作用；M3 风险机遇策划；M4 目标策划；M5 分析评价；M6 内部审核；M7 管理评审；M8 改进。					

表 2-4-3　职能分配与过程矩阵

QR4.4-04　　No：

章节	条款（ISO 9001：2015）	过程	总经理	质检部	技术部	业务部	生产部	办公室	采购部	财务部
4	组织环境									
4.1	理解组织及其环境	M1	●	○	○	○	○	○	○	○
4.2	理解相关方的需求和期望	M1	●	○	○	○	○	○	○	○
4.3	确定质量管理体系的范围	M1	●	○	○	○	○	○	○	○
4.4	质量管理体系及其过程	M1	●	○	○	○	○	○	○	○
5	领导作用									
5.1	领导作用和承诺	M2	●	○	○	○	○	○	○	○
5.1.1	总则	M2	●	○	○	○	○	○	○	○
5.1.2	以顾客为关注焦点	M2	●	○	○	○	○	○	○	○

续表

章节	条款（ISO 9001：2015）	过程	总经理	质检部	技术部	业务部	生产部	办公室	采购部	财务部
5.2	方针	M2	●	○	○	○	○	○	○	○
5.2.1	制定质量方针	M2	●	○	○	○	○	○	○	○
5.2.2	沟通质量方针	M2	●	○	○	○	○	○	○	○
5.3	组织的岗位、职责和权限	M2	●	○	○	○	○	○	○	○
6	策划									
6.1	应对风险和机遇的措施	M3	●	○	○	○	○	○	○	○
6.2	质量目标及其实现的策划	M4	●	○	○	○	○	○	○	○
6.3	变更的策划	M1	●	○	○	○	○	○	○	○
7/7.1	支持/资源									
7.1.1	总则	M2	●	○	○	○	○	○	○	○
7.1.2	人员	S1	○	○	○	○	○	●	○	○
7.1.3	基础设施	S2	○	○	○	○	●	○	○	○
7.1.4	过程运行环境	S3	○	○	○	○	○	●	○	○
7.1.5	监视和测量资源	S4	○	●	○	○	○	○	○	○
7.1.6	组织的知识	S5	○	○	●	○	○	○	○	○
7.2	能力	S1	○	○	○	○	○	●	○	○
7.3	意识	S1	○	○	○	○	○	●	○	○
7.4	沟通	S6	○	●	○	○	○	○	○	○
7.5	成文信息	S7	○	○	○	○	○	●	○	○
7.5.1	总则	S7	○	○	○	○	○	●	○	○
7.5.2	创建和更新	S7	○	○	○	○	○	●	○	○
7.5.3	成文信息控制	S7	○	○	○	○	○	●	○	○
8	运行									
8.1	运行的策划和控制	S8	○	○	●	○	○	○	○	○
8.2	产品和服务的要求	C1	○	○	○	●	○	○	○	○
8.2.1	顾客沟通	C1	○	○	○	●	○	○	○	○
8.2.2	产品和服务要求的确定	C1	○	○	○	●	○	○	○	○
8.2.3	产品和服务要求的评审	C1	○	○	○	●	○	○	○	○
8.2.4	产品和服务要求的变更	C1	○	○	○	●	○	○	○	○
8.3	产品和服务的设计和开发	C2	○	○	●	○	○	○	○	○
8.3.1	总则	C2	○	○	●	○	○	○	○	○

续表

章节	条款（ISO 9001：2015）	过程	总经理	质检部	技术部	业务部	生产部	办公室	采购部	财务部
8.3.2	设计与开发策划	C2	○	○	●	○	○	○	○	○
8.3.3	设计与开发输入	C2	○	○	●	○	○	○	○	○
8.3.4	设计与开发控制	C2	○	○	●	○	○	○	○	○
8.3.5	设计与开发输出	C2	○	○	●	○	○	○	○	○
8.3.6	设计与开发更改	C2	○	○	●	○	○	○	○	○
8.4	外部提供的过程、产品和服务的控制	S9	○	○	○	○	○	○	●	○
8.4.1	总则	S9	○	○	○	○	○	○	●	○
8.4.2	控制类型和程度	S9	○	○	○	○	○	○	●	○
8.4.3	提供给外部供方的信息	S9	○	○	○	○	○	○	●	○
8.5	生产和服务提供									
8.5.1	生产和服务提供的控制	C3	○	○	○	○	●	○	○	○
8.5.2	标识和可追溯性	S10	○	●	○	○	○	○	○	○
8.5.3	顾客或外供方的财产	S11	○	○	○	○	●	○	○	○
8.5.4	防护	C4	○	○	○	○	●	○	○	○
8.5.5	交付后活动	C5	○	○	○	●	○	○	○	○
8.5.6	更改控制	C3	○	○	●	○	○	○	○	○
8.6	产品和服务的放行	C4	○	●	○	○	○	○	○	○
8.7	不合格输出的控制	S12	○	●	○	○	○	○	○	○
9/9.1	绩效评价 / 监视、测量、分析和评价									
9.1.1	总则	M5	●	○	○	○	○	○	○	○
9.1.2	顾客满意	C5	○	○	○	●	○	○	○	○
9.1.3	分析与评价	M5	○	●	○	○	○	○	○	○
9.2	内部审核	M6	●	○	○	○	○	○	○	○
9.3	管理评审	M7	●	○	○	○	○	○	○	○
9.3.1	总则	M7	●	○	○	○	○	○	○	○
9.3.2	管理评审输入	M7	●	○	○	○	○	○	○	○
9.3.3	管理评审输出	M7	●	○	○	○	○	○	○	○
10	改进									
10.1	总则	M8	●	○	○	○	○	○	○	○
10.2	不合格和纠正措施	M8	○	●	○	○	○	○	○	○
10.3	持续改进	M8	●	○	○	○	○	○	○	○

QR4.4-05　　No：

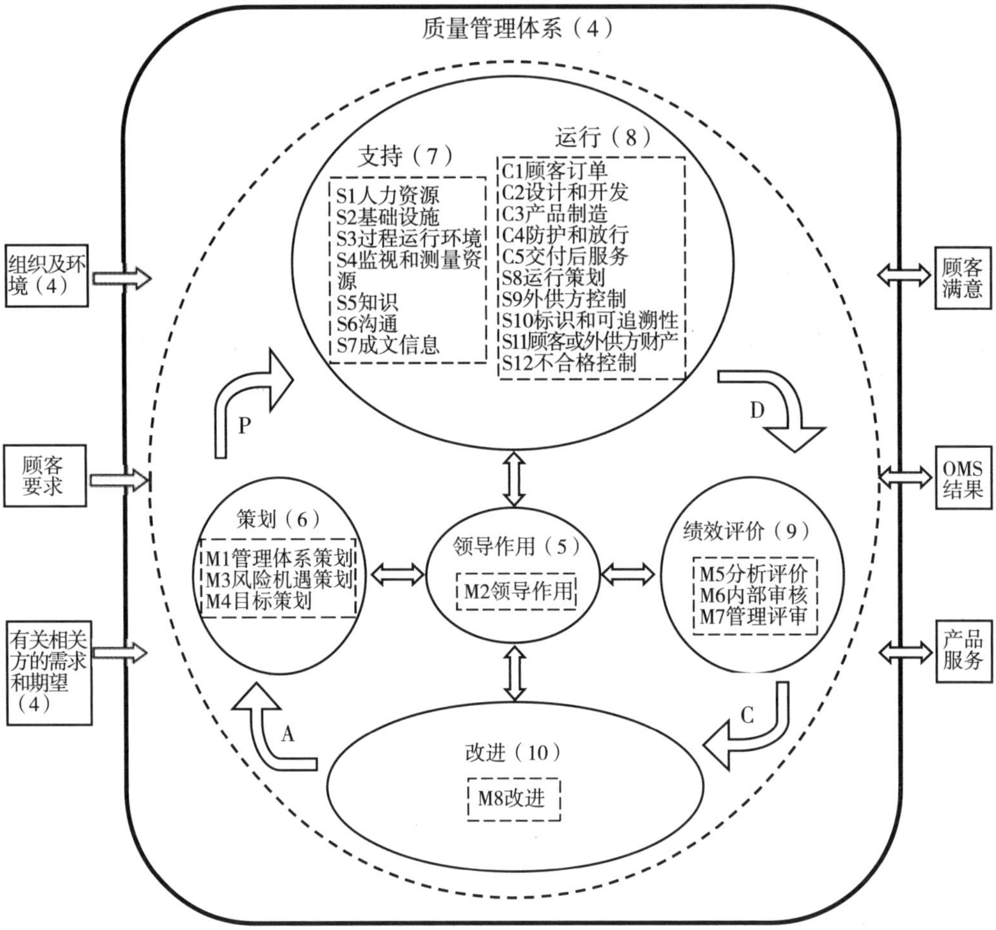

注：括号中的数字代表 ISO 9001:2015 标准中的章节

图 2-4-8　质量管理体系过程 PDCA 循环图

QR4.4–06　　　　　　　　　　　　　　　　No：

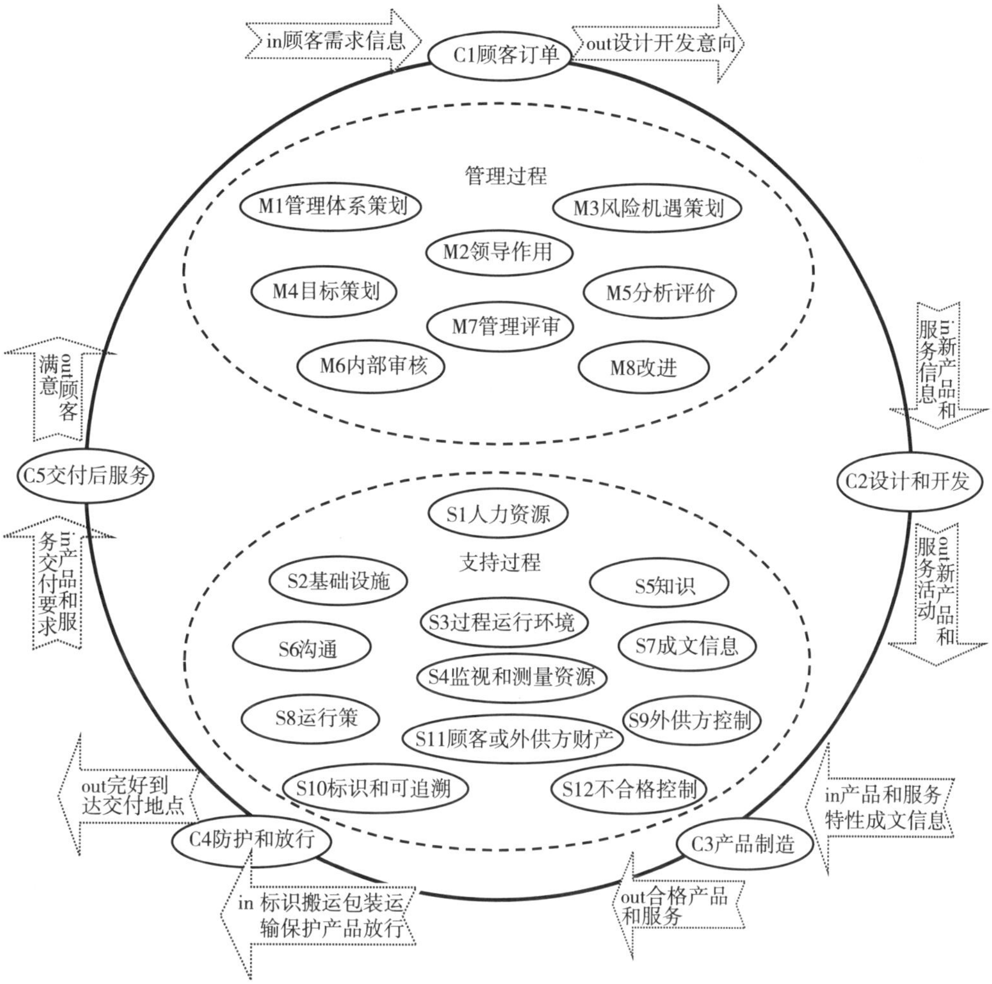

图 2-4-9　顾客导向过程章鱼图

QR4.4-07 No：

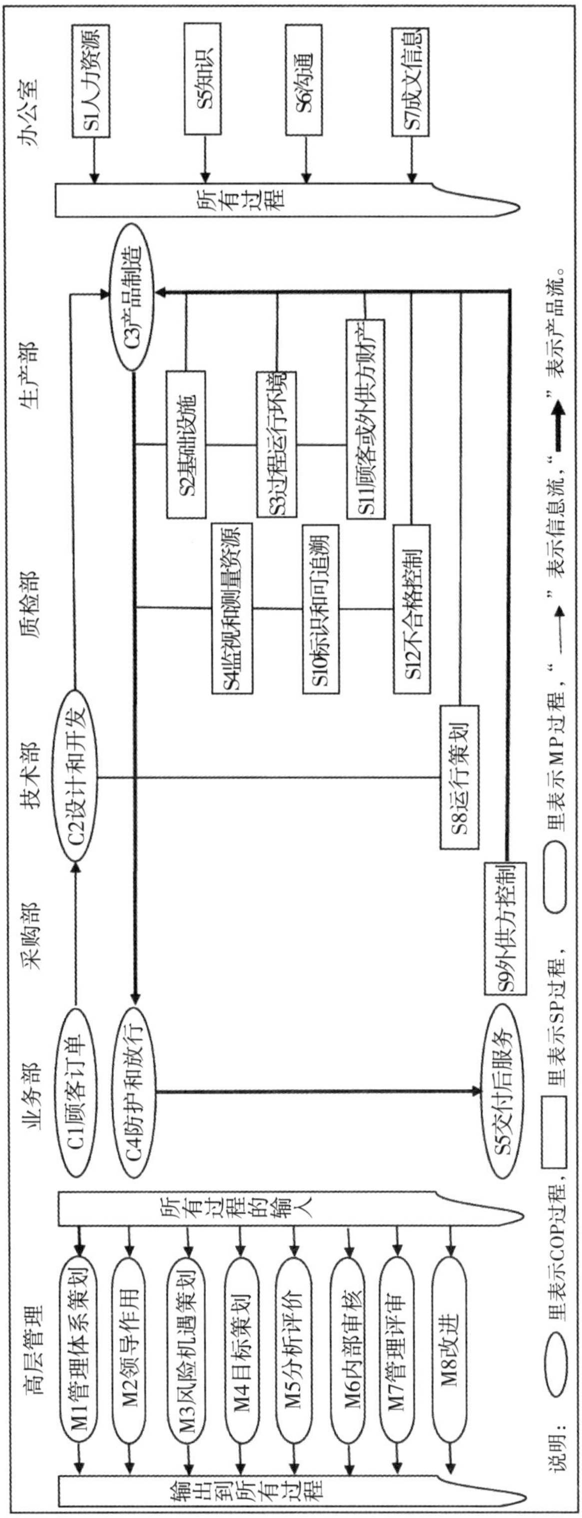

图 2-4-10 质量管理体系过程路径图

QR4.4-08　　　　　　　　　　　　　　　　　　No：

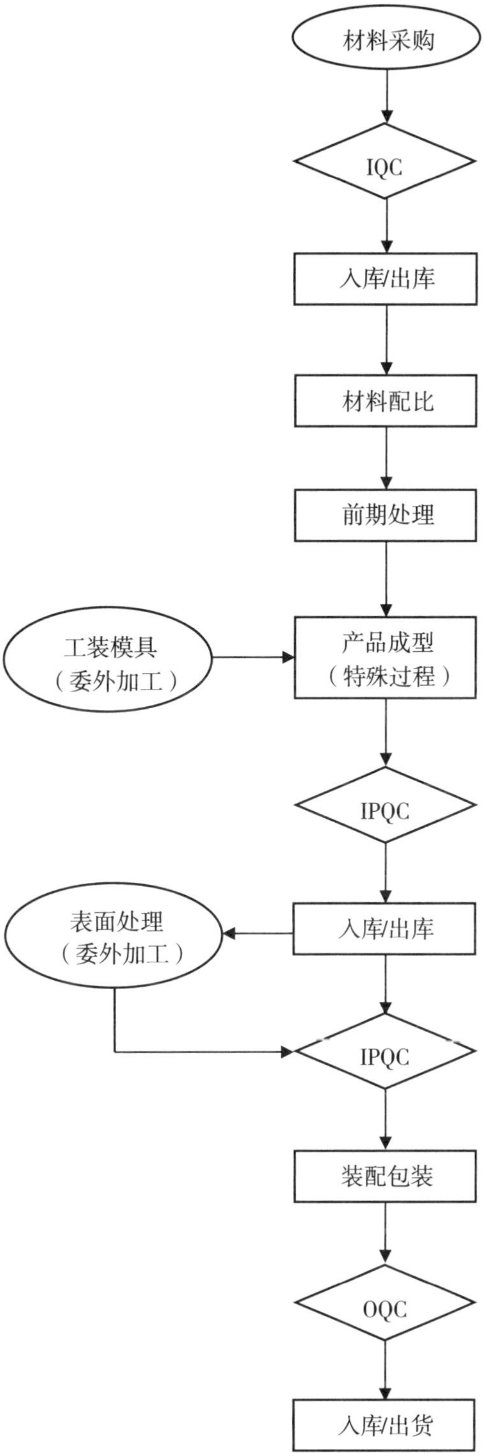

图 2-4-11　产品生产工艺流程图

表 2-4-4　过程条款与文件矩阵

QR4.4-09　　　　　　　　　　　　　　　　　　　　No：

过程编号	过程名称	标准条款	标准条款内容	文件编号	文件名称	版本号
M1	管理体系策划	4.1	理解组织及其环境	XX/QM-01	质量管理体系手册	A/0
		4.2	理解相关方的需求和期望			
		4.3	确定质量管理体系的范围			
		4.4	质量管理体系及其过程			
		6.3	变更的策划	QM/WI01	体系及变更的策划管理流程	A/0
M2	领导作用	5.1	领导作用和承诺	XX/QM-01	质量管理体系手册	A/0
		5.2	方针			
		5.3	组织的岗位、职责和权限			
M3	风险机遇策划	6.1	应对风险和机遇的措施	QM/WI02	风险和机遇的策划管理流程	A/0
M4	目标策划	6.2	质量目标及其实现的策划	QM/WI03	质量目标的策划管理流程	A/0
M5	分析评价	9.1.1	总则	QM/WI26	分析与评价管理流程	A/0
		9.1.3	分析与评价			
M6	内部审核	9.2	内部审核	QM/WI27	内部审核管理流程	A/0
M7	管理评审	9.3	管理评审	QM/WI28	管理评审管理流程	A/0
M8	改进	10.1	总则	QM/WI29	不合格和纠正措施管理流程	A/0
		10.2	不合格和纠正措施			
		10.3	持续改进	QM/WI30	持续改进管理流程	A/0
C1	顾客订单	8.2	产品和服务的要求	QM/WI14	产品和服务的要求管理流程	A/0
C2	设计和开发	8.3	产品和服务的设计和开发	QM/WI15	产品和服务的设计和开发管理流程	A/0
C3	产品制造	8.5.1	生产和服务提供的控制	QM/WI17	生产和服务提供的控制管理流程	A/0
		8.5.6	更改控制	QM/WI22	生产和服务提供的更改管理流程	A/0
C4	防护和放行	8.5.4	防护	QM/WI20	防护管理流程	A/0
		8.6	产品和服务的放行	QM/WI23	产品和服务的放行管理流程	A/0
C5	交付后服务	8.5.5	交付后活动	QM/WI21	产品交付管理流程	A/0
		9.1.2	顾客满意	QM/WI25	顾客满意管理流程	A/0
S1	人力资源	7.1.2	人员	QM/WI04	人员管理流程	A/0
		7.2	能力	QM/WI09	能力管理流程	A/0
		7.3	意识	QM/WI10	意识管理流程	A/0
S2	基础设施	7.1.3	基础设施	QM/WI05	设施管理流程	A/0
S3	过程运行环境	7.1.4	过程运行环境	QM/WI06	过程运行环境管理流程	A/0
S4	监视和测量资源	7.1.5	监视和测量资源	QM/WI07	监视和测量资源管理流程	A/0
S5	知识	7.1.6	组织的知识	QM/WI08	知识管理流程	A/0
S6	沟通	7.4	沟通	QM/WI11	沟通管理流程	A/0
S7	成文信息	7.5	成文信息	QM/WI12	成文信息管理流程	A/0
S8	运行策划	8.1	运行的策划和控制	QM/WI13	运行的策划和控制管理流程	A/0
S9	外供方控制	8.4	外部提供的过程、产品和服务的控制	QM/WI16	外部提供的过程、产品和服务管理流程	A/0
S10	标识和可追溯性	8.5.2	标识和可追溯性	QM/WI18	产品标识和可追溯性管理流程	A/0
S11	顾客或外供方财产	8.5.3	顾客或外供方的财产	QM/WI19	顾客或外供方的财产管理流程	A/0
S12	不合格控制	8.7	不合格输出的控制	QM/WI24	不合格输出管理流程	A/0

第 5 章　领导作用

5.1　领导作用和承诺

5.1.1　总则

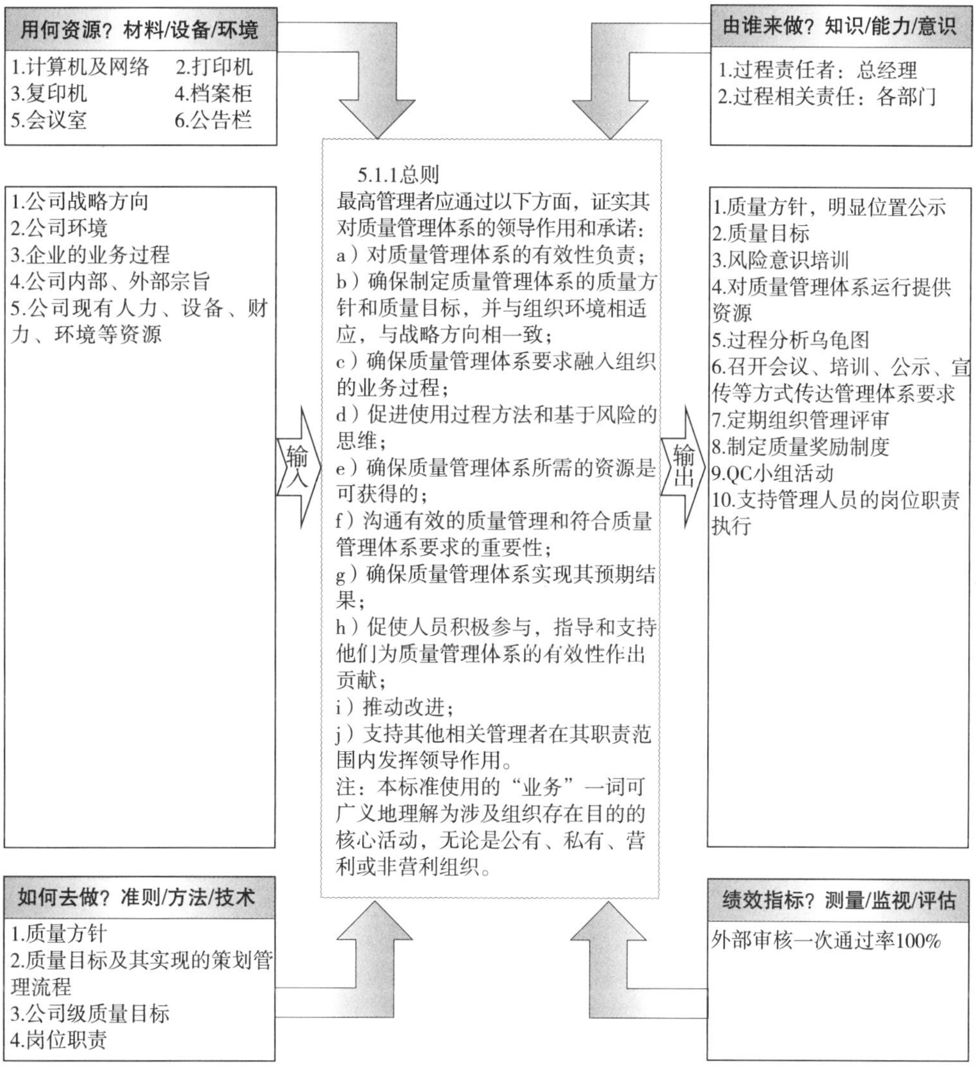

图 2-5-1　领导作用和承诺—过程分析乌龟图

5.1.2　以顾客为关注焦点

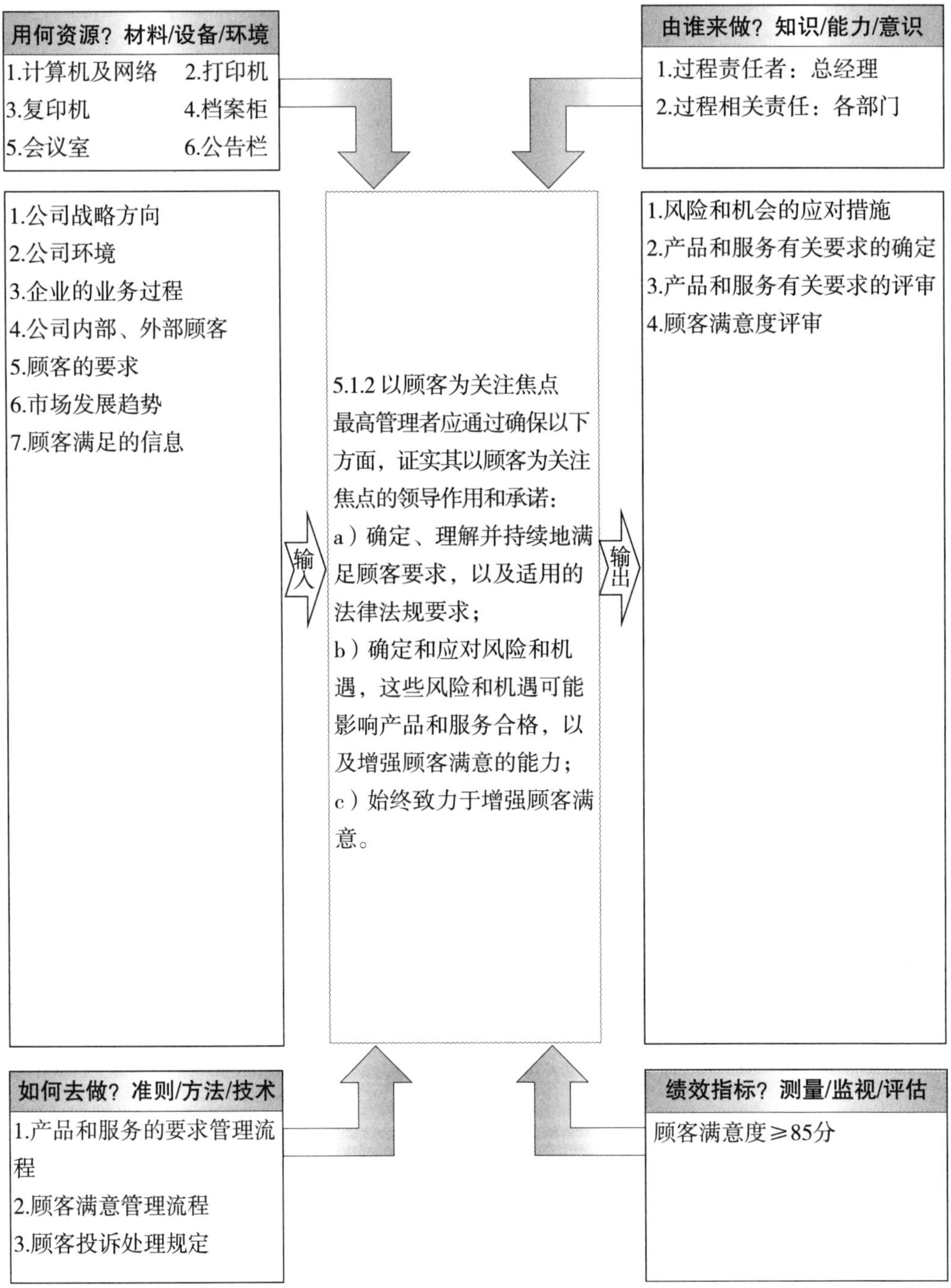

图 2-5-2　以顾客为关注焦点—过程分析乌龟图

5.2　质量方针

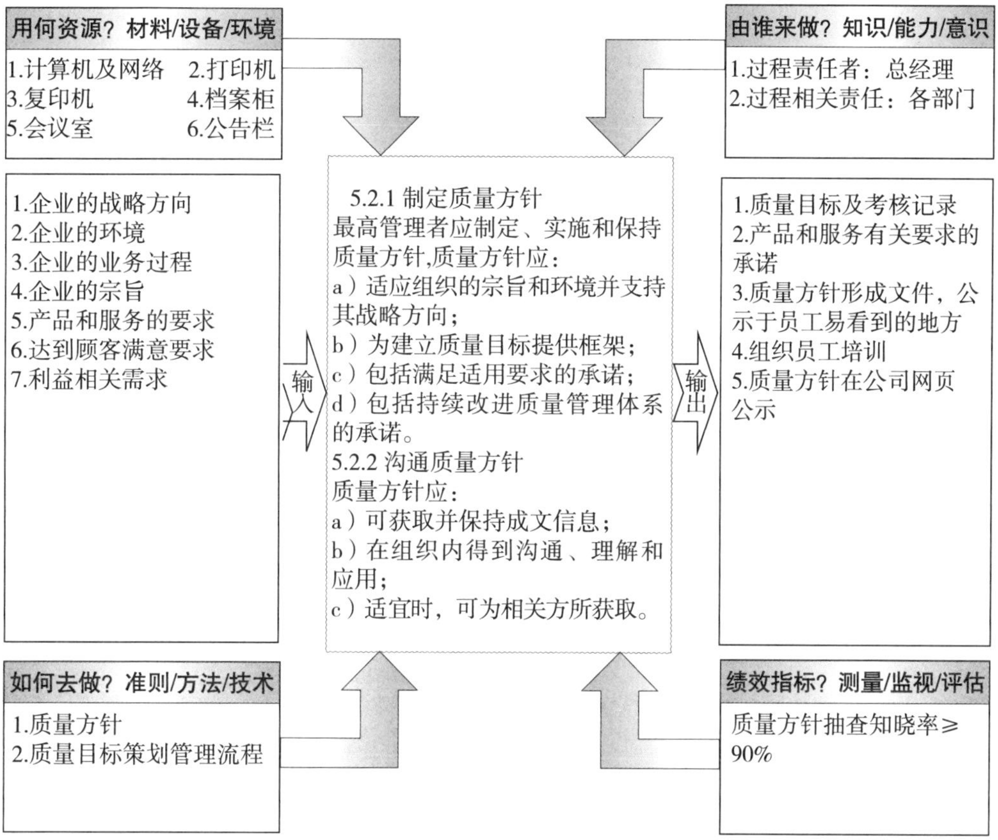

图 2–5–3　质量方针—过程分析乌龟图

质量方针：本公司的质量方针以质量管理的基本原则为基础制定，是本公司总的质量宗旨和质量方向。为实现顾客满意的目的，确保顾客的需求和期望得到满足，并转化为本公司的过程、产品和服务要求，特制定本公司的质量方针为：技术先导、追求卓越、创造精品、顾客满意。

质量方针的阐释：

1. 与最高管理者对公司未来的设想和战略相一致；

2. 确保公司内的所有员工对质量方针能够理解并贯彻落实；

3. 表明最高管理者对质量，以及为实现目标提供足够资源的承诺；

4. 在最高管理者的正确领导下，促进对满足要求和增强顾客满意的承诺；

5. 包括与顾客和其他相关方需求和期望满意程度及相关的持续改进；

6. 以有效的方式表述，以高效的方式沟通，并且公示，可为相关方获取。

5.3 组织的岗位、职责和权限

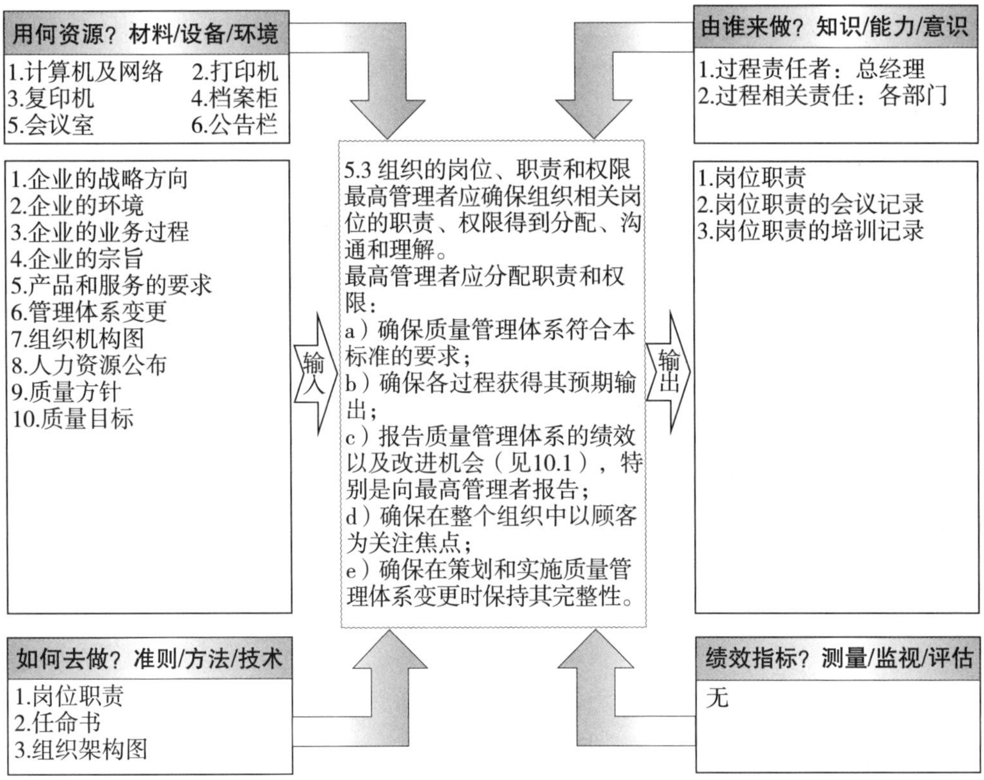

图 2-5-4 组织的岗位、职责和权限—过程分析乌龟图

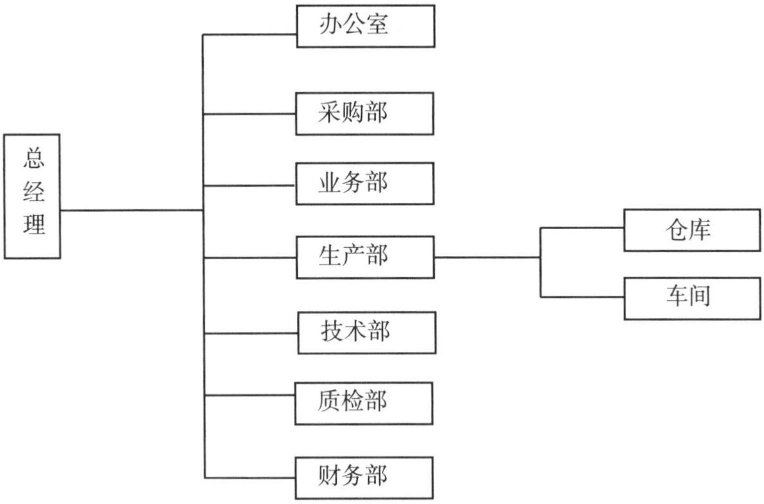

图 2-5-5 组织架构图

岗位职责

QR5.3–01　　　　　　　　　　　　　　　　　　　No：

1. 总经理岗位职责

1.1 负责贯彻执行国家的方针、政策、法律和法规，并组织向全体员工传达满足顾客要求及法律、法规要求的重要性。

1.2 负责建立与本公司相适应的质量管理体系的组织机构，确定相关岗位的职责与权限在公司内沟通和理解。

1.3 对质量管理体系的有效性负责。

1.4 以顾客为关注焦点。

1.5 确保为质量管理体系制定的质量方针和质量目标与组织的环境和战略方向相匹配。

1.6 确保质量管理体系要求与组织的业务过程相符合。

1.7 推动过程方法和风险意识的运用。

1.8 确保质量管理体系所需资源的获得。

1.9 就有效的质量管理，以及满足质量管理体系要求的重要性进行沟通。

1.10 确保质量管理体系实现其所预期的结果。

1.11 促使、指导和支持员工为质量管理体系的有效性做出贡献。

1.12 推动质量管理体系不断改进。

1.13 支持其他管理者履行相关领域的岗位职责。

1.14 制订公司发展战略，并组织实现公司战略目标与规划。

1.15 策划并主持公司管理评审。

2. 生产部岗位职责

2.1 贯彻、执行公司的质量方针和质量目标并作为本部门的质量工作准则。

2.2 对本部门质量分目标的实现负责。

2.3 组织落实各车间的责任制和奖罚制度。

2.4 负责生产计划的安排和实施，具有生产计划调度、生产现场的全面管理的权限，对生产任务完成和产品质量负责。

2.5 及时掌握生产上各环节所需的原料、材料、物料供应情况。

2.6 指导员工依照工艺及有关规定，保质保量按时完成生产任务。

2.7 负责工艺装备的使用和管理。

2.8 负责生产设备的维护保养。

2.9 按照质量管理体系文件规定，实施生产过程控制，保证生产现场安全和清洁符合生产要求。

2.10 做好产品质量自检、互检、专检以及质量预防工作，不接受、不生产、不传递不合格产品，使生产现场各过程处于受控状态。

2.11 做好产品标识，严格区分合格品和不合格品，保证产品的可追溯性。积极配合、参与对不合格品的评审、处置、控制工作。

2.12 认真做好关键特殊工序的控制（人、机、料、法、环、测）与管理工作。

2.13 参与顾客要求的评审、顾客财产的控制、制造过程控制、服务等要素活动。

2.14 做好半成品和产成品在车间的收发存放、搬运、防护管理。

2.15 及时处理日常生产衔接中出现的问题，不断改进制造过程。

2.16 搞好文明生产，调动全体职工的积极性，提高经济效益。

3. 采购部岗位职责

3.1 根据生产部下发的计划和现有库存情况，编制物资采购计划并组织实施，对物资供应的及时性和采购物资的质量负责。

3.2 负责对物资供方（包括外协）进行质量、价格和服务等方面评价，建立完整的合格供方档案，组织对供方评审。重要物资在合格供方范围内实施采购。

3.3 负责办理采购物资报验和紧急放行手续，负责对采购物资中的不合格品进行处置和纠正预防措施的实施。

3.4 负责库房管理，做好物资的入库验收、整理、保管、维护、发放和清仓盘点工作，保持账、卡、物一致。

3.5 对仓库物资标识清楚、摆放整齐，并做必要的保护，防止物资损坏、变质。有保质期的物资按“先进先出”的原则发放。

3.6 负责安全库存的控制，低于安全库存的信息及时反馈到生产部和业务部。

4. 财务部岗位职责

4.1 按照国家有关法规健全财务核算体系，为企业经济活动及时提供依据。

4.2 编制年度财务预算计划、成本控制计划，切实做好财务监控管理工作，出现异常及时上报总经理。

4.3 负责实现质量方针、质量目标所需的财务资源，搞好运行成本核算。

4.4 严格执行质量管理有关规定，对未经检验合格的进货物资有权拒绝结款。

4.5 按照财务规定做好企业经济核算工作，促进增收节支降低成本，提高企业的经济效益。

4.6 负责外购、外协等款项的支付和应收款登记等工作。

5. 技术部岗位职责

5.1 负责公司设计与开发活动的质量策划，编制设计开发控制计划和制造质量计划。

5.2 负责对公司产品制造过程进行技术指导和监督实施。

5.3 负责技术、工艺文件资料的制定，对产品颁发的各种设计文件、工艺文件和技术文件标准的正确性、完整性、统一性负责。负责工艺纪律检查。

5.4 对制造可行性进行调查、确认并制定分析报告。

5.5 负责过程、产品、服务运行的策划及更改控制。

5.6 根据市场和顾客的需求，负责公司新产品的设计开发。

5.7 负责编制相应的生产指导图纸、工艺等技术文件，并指导车间实施。

5.8 负责顾客工程 / 规范及技术图纸文件管理，更改时必须及时与顾客联系，根据协商后顾客认可执行。

6. 业务部岗位职责

6.1 负责与产品有关要求的确定和评审，负责销售合同和加工协议的签订及销售货款回笼。具有销售合同和加工协议的签订和产品销售的权限。

6.2 负责代表公司接待和记录顾客来访、来函、来电，建立用户档案，负责用户服务，组织顾客满意度调查，及时反馈和处理顾客的信息，特别是顾客的抱怨，将其传递到有关职能部门处理并进行纠正和预防措施的跟踪验证。

6.3 组织市场调研，收集市场和顾客信息，并及时传送到本公司领导层和有关部门，研究营销策略，不断提高市场占有率。

6.4 负责产成品的交付和物资的运输。负责交付总量的统计。

6.5 负责顾客要求和顾客要求更改，与顾客保持联络。

6.6 确保顾客的要求得到体现，包括特殊性的选择、制定质量目标和相关的培训。

6.7 负责编制营销计划并传达到有关部门，监督实施情况。

6.8 负责顾客财产的登记、发放管理，发生丢失、损坏或不适用时与顾客沟通。

6.9 负责新产品市场调研、开发、推广活动。

7. 办公室

7.1 主持制定公司的日常管理标准和工作标准，确保这些标准与质量管理体系文件的相容性；归口管理公司各类文件。

7.2 负责公司人力资源管理，对所有从事对质量有影响的工作的人员都进行对口培训，提高员工质量意识和能力。

7.3 负责公司内部相关信息的传递和内部沟通。

7.4 负责组织内部岗位职责与权限的宣贯。

7.5 负责管理评审会议记录以及评审记录的归档管理。

7.6 负责基础设施管理，包括工厂、设施及设备的策划，做好电力、劳动力等应急计划准备。

7.7 负责处理公司有关的法律法规收集、评审、更新、传递、检查、总结汇报。

7.8 公司制定年度工作综合计划，将质量方针、目标按年度分解列入计划并进行监督、检查、考核和奖惩。

7.9 负责对从事特殊工序的人员资格进行考核和确认；负责公司对工序控制中的人员进行鉴定。

7.10 激励员工实现质量目标，提高员工的满意度和相关的福利待遇。

8. 质检部岗位职责

8.1 负责检验和不合格品的归口管理，按照标准、产品图纸和工艺，负责对原材料、外购件、半成品到成品整个生产全过程的质量检验工作。对不合格产品出公司负责。

8.2 负责对监测设备进行维护保养，并按规定送有资质的部门校验，确保检测设备能够符合国家标准要求，负责测量系统分析。

8.3 负责数据分析的归口管理，不合格优先计划安排。

8.4 负责本公司质量管理体系各过程的监视和测量。

8.5 负责纠正 / 预防措施和持续改进的归口管理。

8.6 负责内部和外部质量反馈信息的分析、传递、处理。

8.7 负责实验室的管理工作。

8.8 参与对供方的评价，内部质量审核（含体系、产品和制造过程审核）、QC 小组等质量活动。

8.9 负责产品可追溯性标识的验证和记录，负责检验和试验状态的标识工作。

8.10 负责组织召开质量例会。

8.11 负责产品质量放行控制，对产品质量问题具有一票否决权（具备停产权）。

9. 检验人员岗位职责

9.1 依据检验规范、图纸，对采购产品、过程产品和最终产品进行检验和试验，并予以正确判断是否合格品。

9.2 对经过检验和试验的产品进行正确的状态标识。

9.3 发现不合格产品时应及时评审或报告以便采取有效的管理流程。

9.4 对不合格品有责任拒绝投入使用。

10. 内部质量审核员岗位职责

10.1 进行内审的准备工作，编制审核实施计划和检查表。

10.2 依据 ISO 9001:2015 标准、质量管理体系文件以及其他管理文件，对本公司质量管理体系符合性、实施性和有效性进行检查，并记录客观证据。

10.3 对内审中发现的不合格事实开具不符合项报告。

10.4 对本公司质量管理体系进行评价，形成结论由审核组长编制审核报告。

10.5 对纠正 / 预防措施计划验证其有效性。

11. 操作工人岗位职责

11.1 熟悉本职岗位责任，掌握本职岗位技术，熟悉本职岗位的作业指导书。按图纸，工艺和有关要求加工产品，对产品质量负责。

11.2 配合检验人员进行检验工作，并进行自检工作。

11.3 配合仓库管理人员做好入库工作。

11.4 对加工设备和测量设备进行维护和保养。

11.5 按文件规定要求对生产过程中的产品予以标识，并能区别各种产品的检验和试验状态。

11.6 参与对不合格品的控制。

11.7 严格按文件规定要求控制好关键过程。

12. 仓库管理员岗位职责

12.1 具体负责物资和产品的领、发、存工作，确保库内物品不受损坏、丢失、变质。

12.2 维护贮存设施的完好，定期检查库存物品的状况，保证库内物品账、卡、物一致。

12.3 确保库内物品的标识明确清晰，防止物品的错发、误发，保证先进先出。

13. 车间机修工岗位职责

13.1 服从领导指挥，全面掌握好各种机修设备性能，按照设备需求及时保养和维修。保障机修设备性能良好，注意安全用电和安全生产。

13.2 设备及时保养，勤查勤修以防为主。做到修理及时，随叫随到。对每个操作工一视同仁，毛病大小修理好为止。对工艺要求高、难度大的及时更换配好零件。

13.3 为保持机器性能良好和车间整洁，要监督各位操作工，保持机器整洁，及时加油。特种车保养责任到人，专人专用落实措施。

13.4 配置零件、维修、购买零件要精打细算，做到勤俭节约，做好工具配件保管等工作。

14. 电工岗位职责

14.1 严格遵守公司各项规章制度，服从领导安排，除完成日常维修任务外，有计划地承担其他工作任务。

14.2 努力学习技术，熟练掌握大厦强弱电设备、工作原理及实际操作与维修保养。

14.3 执行所管辖设备检修计划，按时按量完成，并填好记录表。

14.4 积极配合值班电工工作，出现故障时无条件迅速返回机房配合工作。

14.5 严格执行设备管理制度，做好交接班工作。

14.6 交班时发生故障，上班必须协同下班工作，排除故障后才能离去。

14.7 维修人员外出巡查或维修，必须随身携带对讲机，随时随地与部门人员保持联系。

14.8 在巡查过程中，发现不正常现象，应及时进行处理，处理不了的应做好记录，不得隐瞒故障现象。

14.9 做好值班室清洁工作，填好工作记录表。

14.10 完成领导交办的其他工作。

第 6 章　策划

6.1　应对风险和机遇的措施

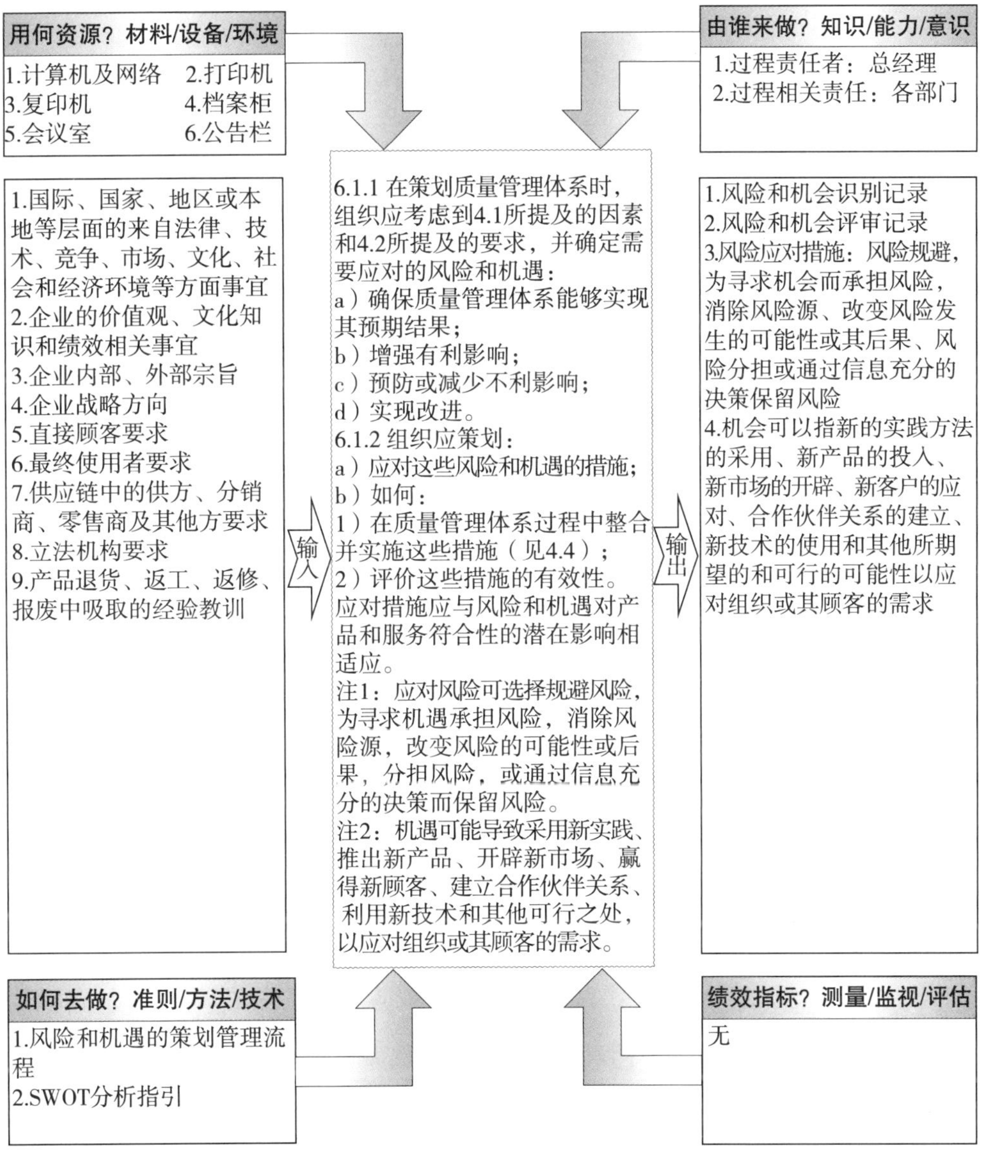

图 2-6-1　应对风险和机遇的措施—过程分析乌龟图

6.2 质量目标及其实现的策划

用何资源？材料/设备/环境

1.计算机及网络　2.打印机
3.复印机　4.会议室
5.扫描仪　6.电话
7.网络沟通工具　8.公告栏

由谁来做？知识/能力/意识

1.过程责任者：总经理
负责制定公司级的质量目标，组织质量目标分解，定期检查绩效目标实现情况，提供资源
2.过程相关责任：各部门
制定本部门质量目标，并有效实施

输入

1.企业的战略方向
2.企业的环境
3.企业的业务过程
4.质量方针
5.产品和服务的要求
6.顾客信息，包括不满意、投诉
7.七项质量管理原则
8.竞争对手的信息
9.法律法规要求
10.外供方的发展预测

过程

6.2.1 组织应针对相关职能、层次和质量管理体系所需的过程建立质量目标。
质量目标应：
a）与质量方针保持一致；
b）可测量；
c）考虑到适用的要求；
d）与产品和服务合格以及增强顾客满意相关；
e）予以监视；
f）予以沟通；
g）适时更新。
组织应保持有关质量目标的成文信息。
6.2.2 策划如何实现质量目标时，组织应确定：
a）要做什么；
b）需要什么资源；
c）由谁负责；
d）何时完成；
e）如何评价结果。

输出

1.公司级质量目标：
（1）放行产品退货率≤0.5%。三年内每年降低0.1%
（2）顾客满意度≥85分。三年内每年提高1分。
（3）交付及时率≥98%。三年内每年提高0.1%。
2.过程绩效指标（质量目标）分解表
3.质量目标统计表
4.过程绩效指标（质量目标）考核表

如何去做？准则/方法/技术

质量目标策划流程

绩效指标？测量/监视/评估

质量考核达标率≥90%

图 2-6-2　质量目标及其实现的策划—过程分析乌龟图

6.3　变更的策划

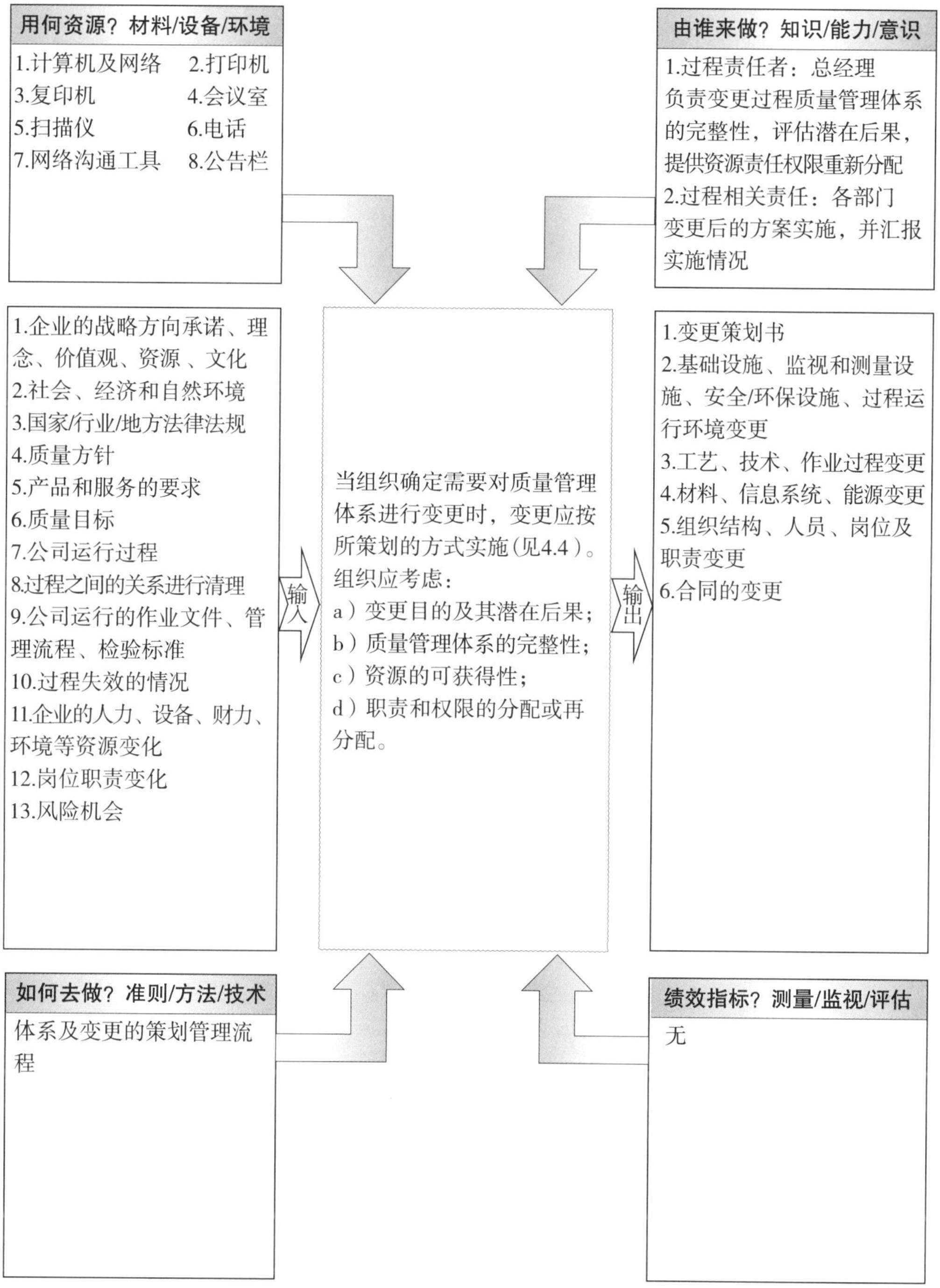

图 2-6-3　变更的策划—过程分析乌龟图

第 7 章　支持

7.1　资源

7.1.1 总则

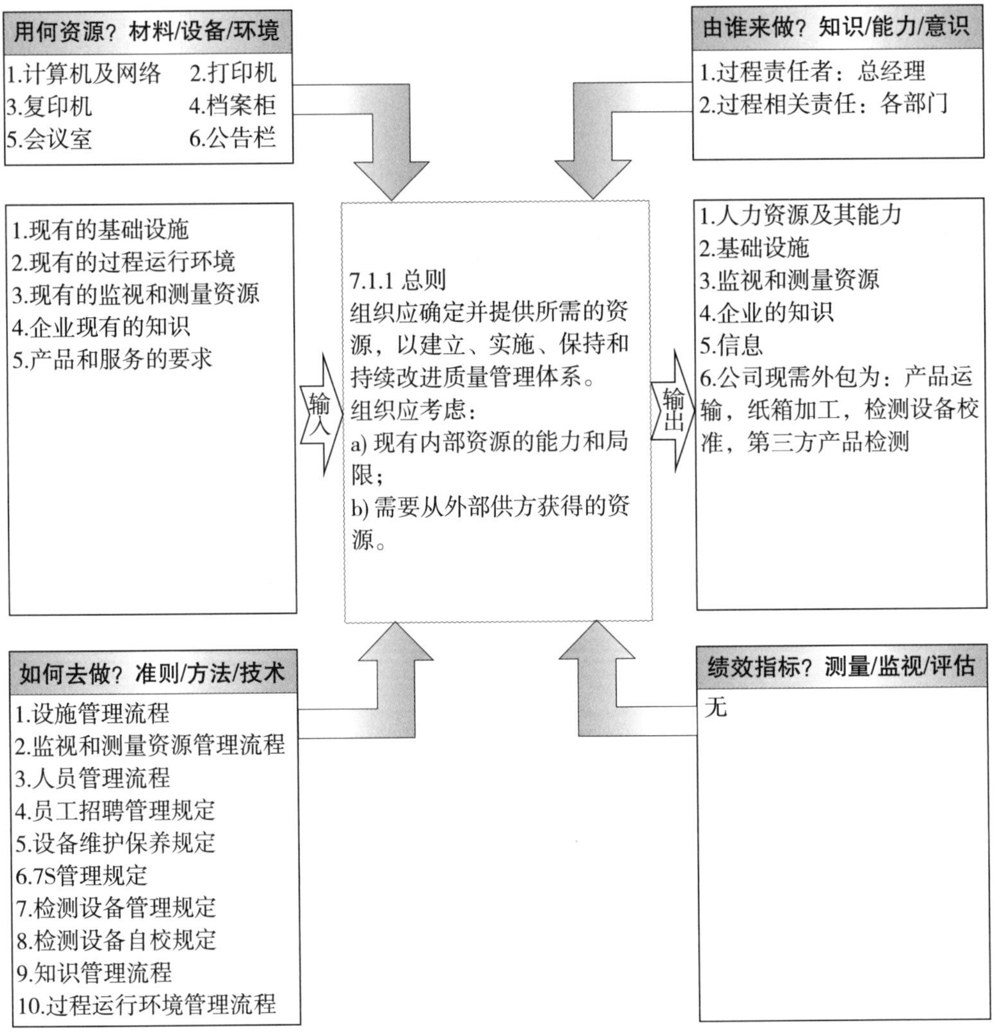

图 2-7-1　资源总则—过程分析乌龟图

7.1.2　人员

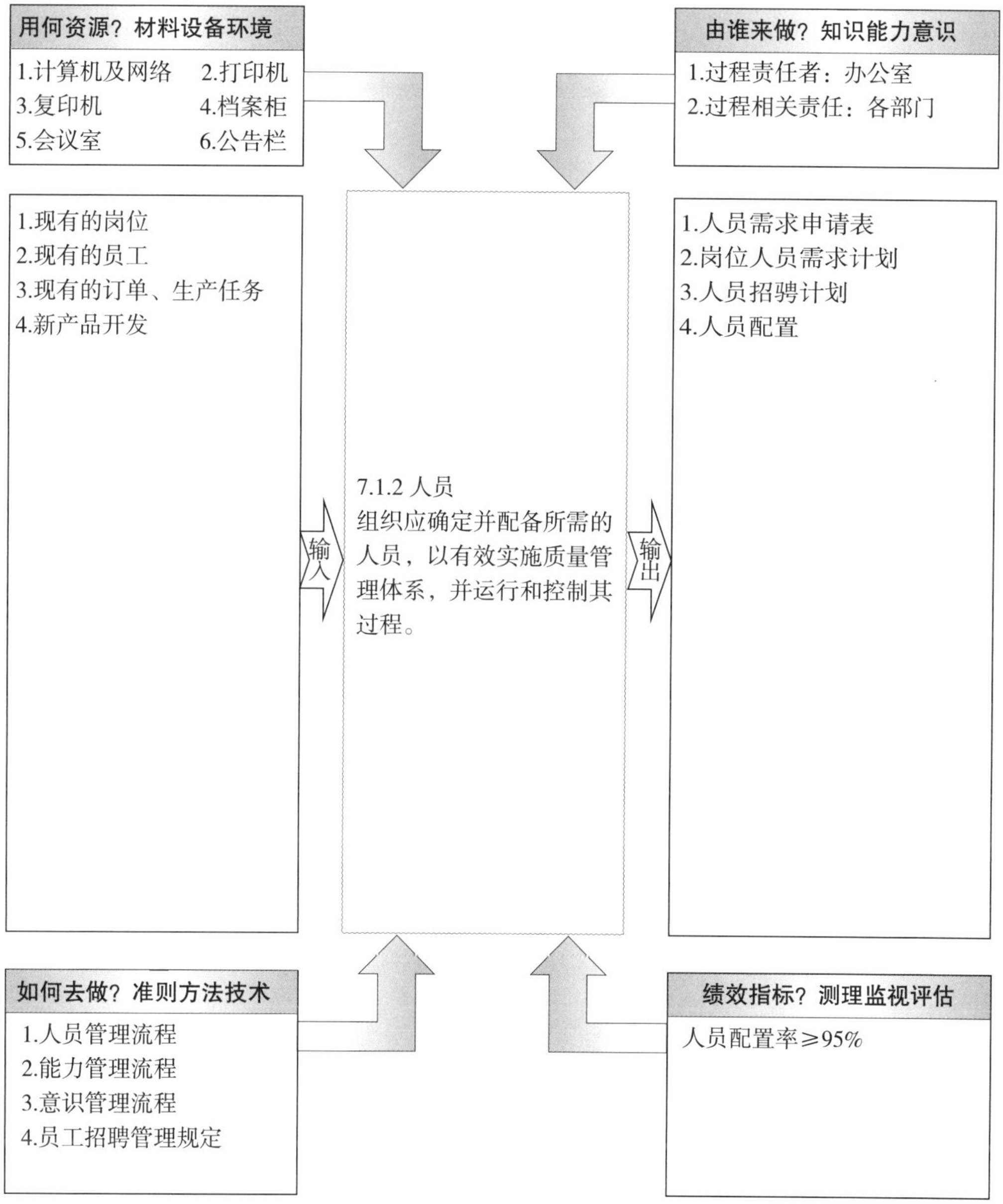

图 2-7-2　人员—过程分析乌龟图

7.1.3 基础设施

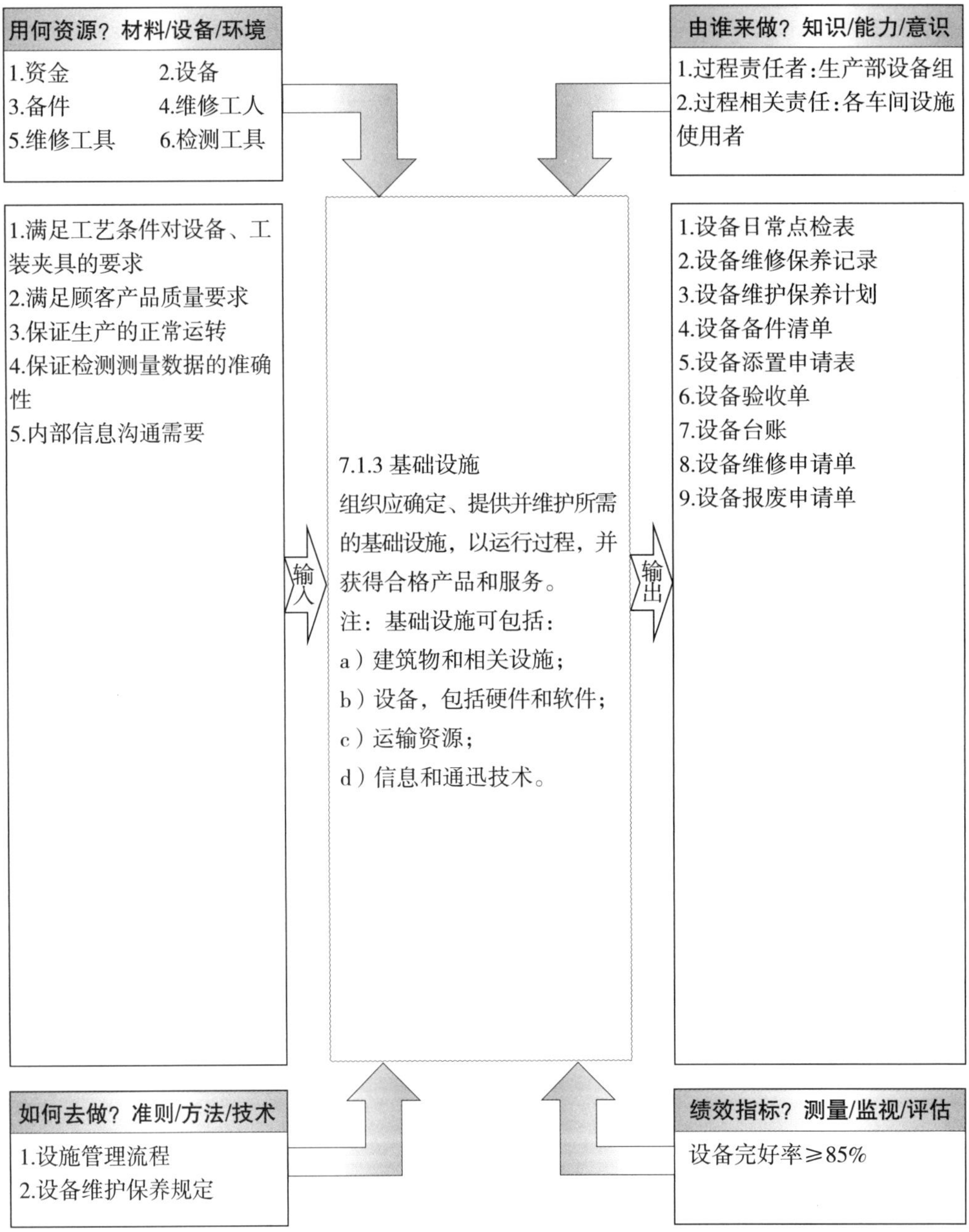

图 2-7-3　基础设施—过程分析乌龟图

7.1.4　过程运行环境

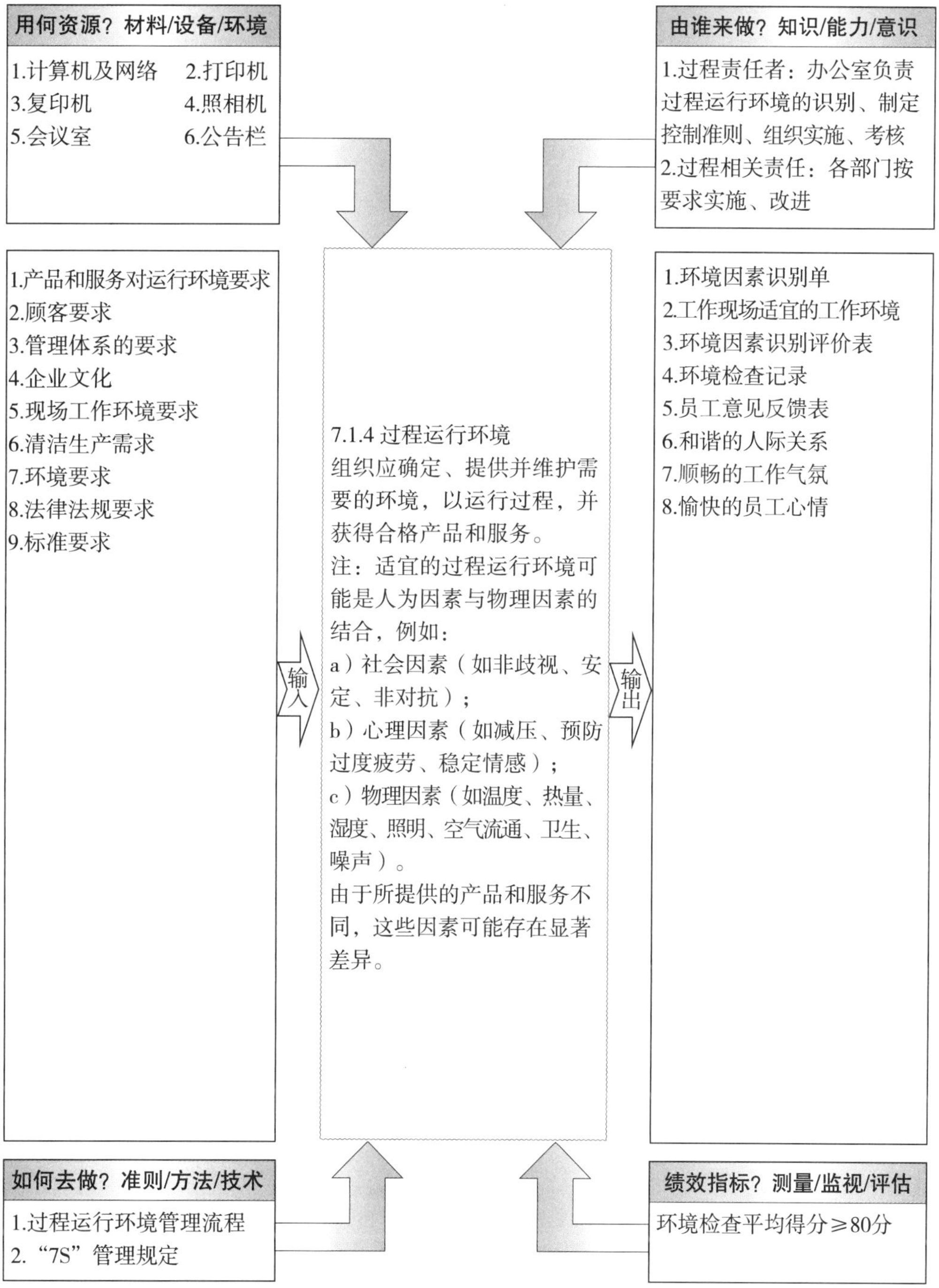

图 2-7-4　过程运行环境—过程分析乌龟图

7.1.5 监视和测量资源

用何资源？材料/设备/环境

1.计算机及网络　2.打印机
3.监视、测量设备
4.检测室
5.适宜的使用和贮存环境

由谁来做？知识/能力/意识

1.过程责任者：质量部
2.过程相关责任：各部门、车间使用者

输入

1.监视和测量资源需求计划、一览表、校准计划
2.计量法规、检定规程
3.监视和测量资源使用说明书和操作规程
4.经认可的外部实验室清单
5.控制计划
6.MSA计划
7.顾客要求
8.监视和测量资源失准、维修信息
9.测量系统变更信息

过程

7.1.5.1 总则
当利用监视或测量来验证产品和服务符合要求时，组织应确定并提供所需的资源，以确保结果有效和可靠。
组织应确保所提供的资源：
a）适合所开展的监视和测量活动的特定类型；
b）得到维护，以确保持续适合其用途。
组织应保留适当的成文信息，作为监视和测量资源适合其用途的证据。
7.1.5.2 测量溯源
当要求测量溯源时，或组织认为测量溯源是信任测量结果有效的基础时，则测量设备应：
a）对照能溯源到国际或国家标准的测量标准，按照规定的时间间隔或在使用前进行校准和（或）检定，当不存在上述标准时，应保留作为校准或验证依据的成文信息；
b）予以标识，以确定其状态；
c）予以保护，防止由于调整、损坏或衰减所导致的校准状态和随后的测量结果的失效。
当发现测量设备不符合预期用途时，组织应确定以往测量结果的有效性是否受到不利影响，必要时应采取适当的措施。

输出

1.合格的监视和测量资源
2.监视和测量资源合格状态标识
3.校准记录
4.偏离校准状态处置记录
5.MSA分析报告
6.测量系统更新措施

如何去做？准则/方法/技术

1.监视和测量资源管理流程
2.检测设备操作规程
3.检测设备自校规定
4.监测设备管理规定

绩效指标？测量/监视/评估

在用测量设备受检合格率100%

图 2-7-5　监视和测量资源—过程分析乌龟图

7.1.6　组织的知识

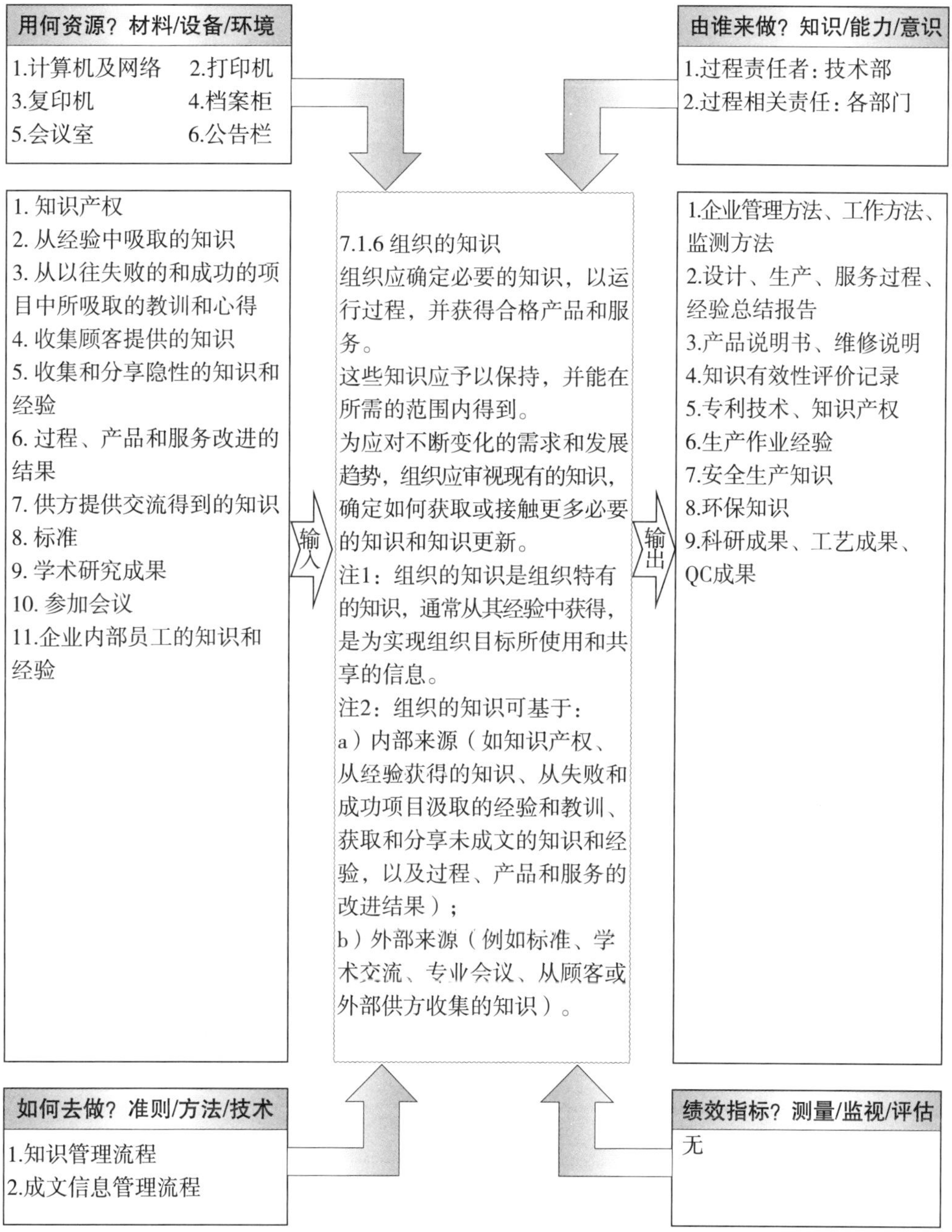

图 2-7-6　组织的知识—过程分析乌龟图

7.2　能力

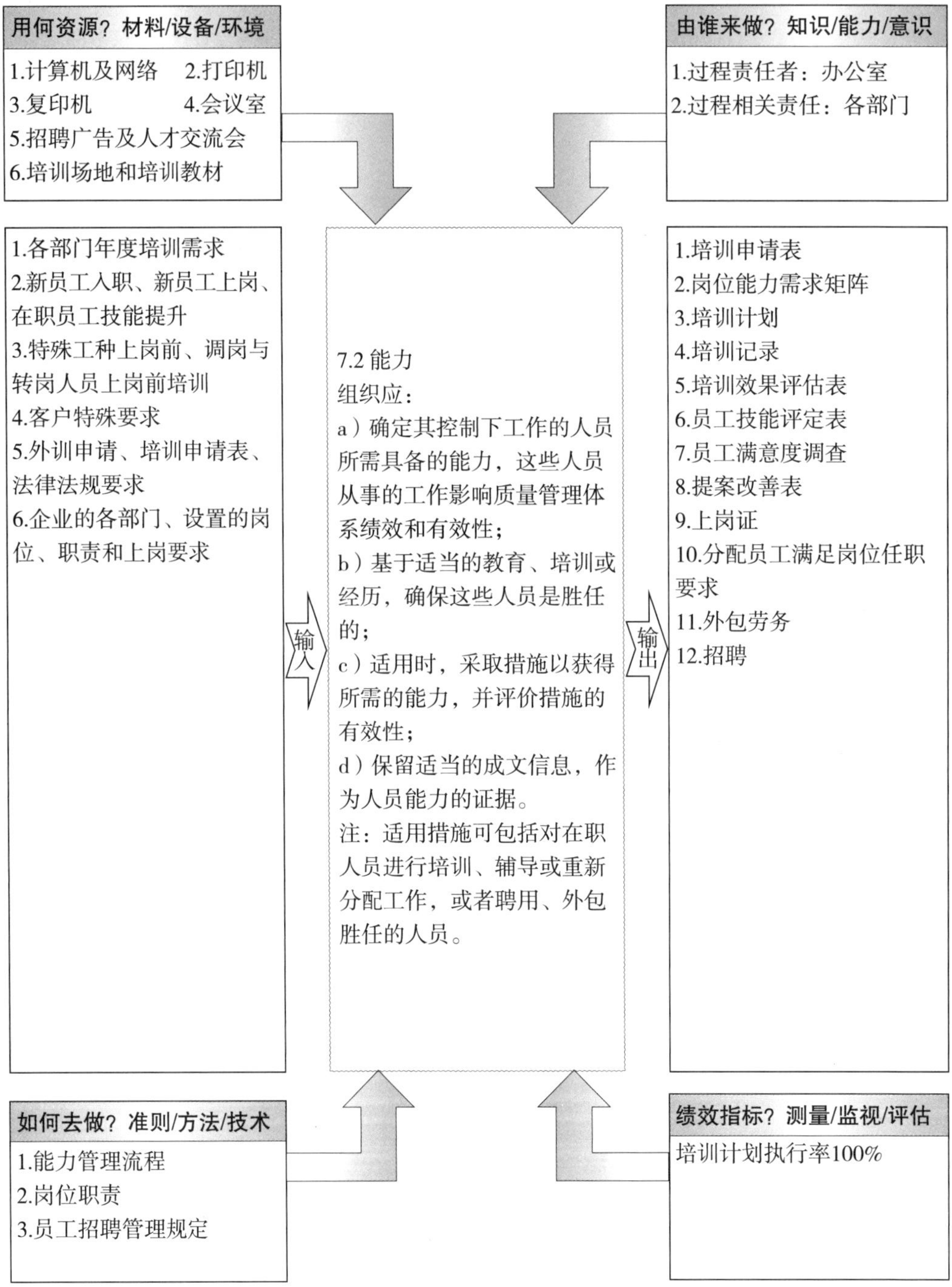

图 2-7-7　能力—过程分析乌龟图

7.3　意识

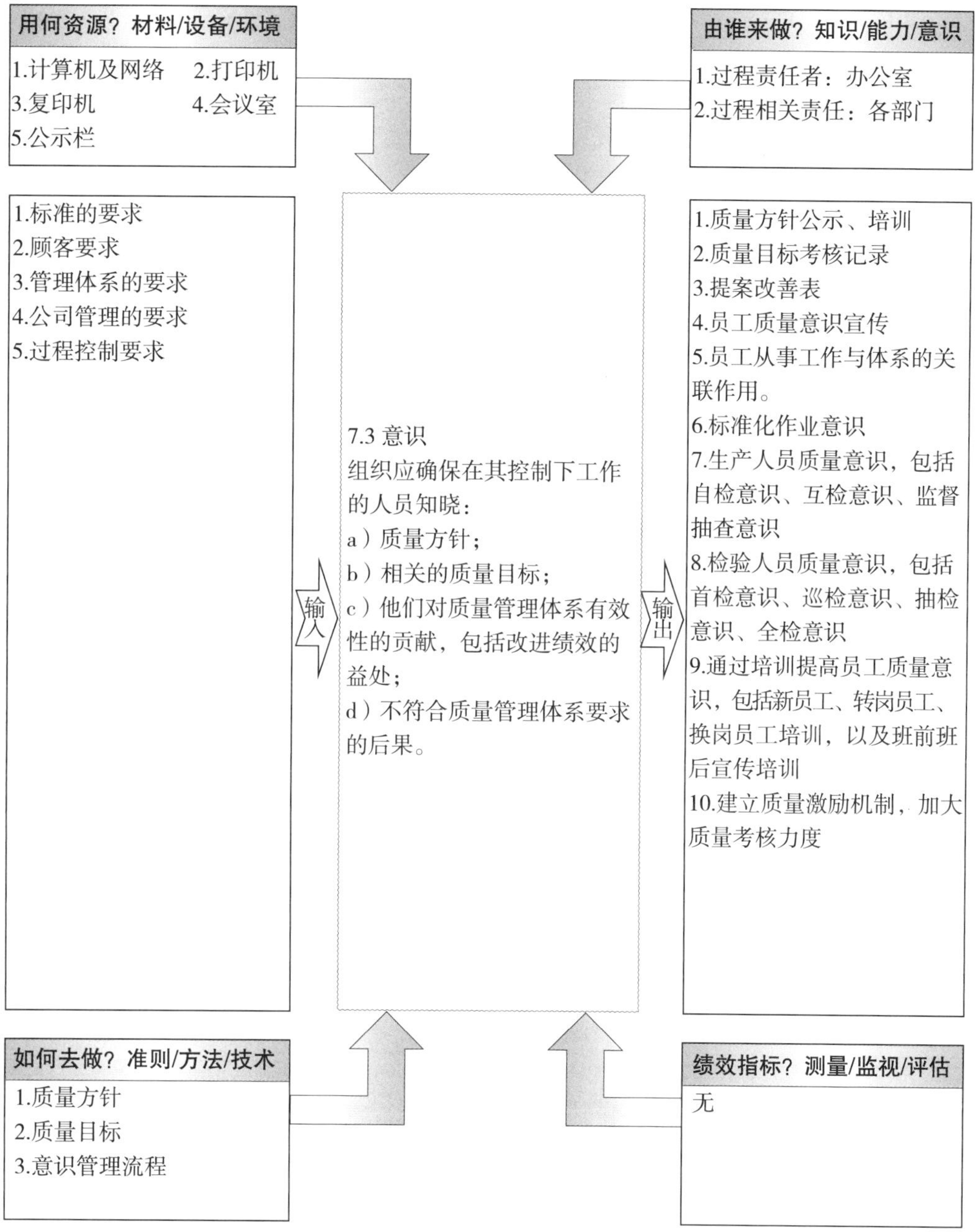

图 2-7-8　意识—过程分析乌龟图

7.4 沟通

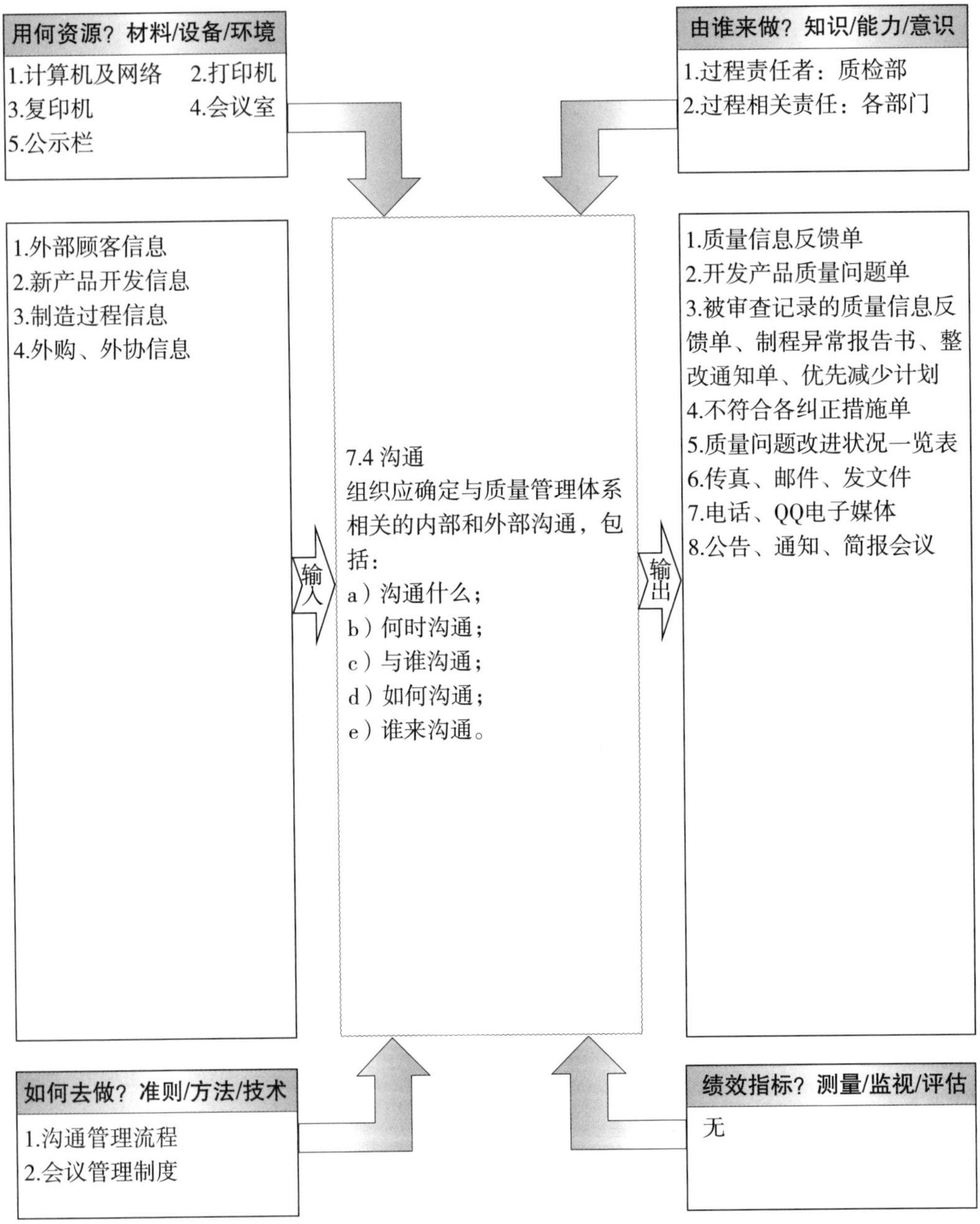

图 2-7-9　沟通—过程分析乌龟图

7.5　成文信息

用何资源？材料/设备/环境

1.计算机及网络　2.打印机
3.复印机　4.会议室
5.公示栏

由谁来做？知识/能力/意识

1.过程责任者：办公室
2.过程相关责任：各部门

输入

1.质量体系标准要求的成文信息
2.质量管理体系运行所需要的成文信息
3.文件编制和更新文件时的要求
4.顾客要求（图纸、技术协议、检验标准、工程规范、工程变更、特殊特性）
5.公司提出的工程变更（包括供方要求）
6.外来文件
7.法律法规要求
8.文件编制/更改需求
9.质量表单的标识，填写要求
10.文件分发、访问、回收、使用
11.文件存放、保护，包括保持清晰
12.文件保留、处置

过程

7.5 成文信息
7.5.1 总则
组织的质量管理体系应包括：
a) 本标准要求的成文信息；
b) 组织所确定的、为确保质量管理体系有效性所需的成文信息；
注：对于不同组织，质量管理体系成文信息的多少与详略程度可以不同，取决于：
——组织的规模，以及活动、过程、产品和服务的类型；
——过程及其相互作用的复杂程度；
——人员的能力。
7.5.2 创建和更新
在创建和更新成文信息时，组织应确保适当的：
a）标识和说明（如标题、日期、作者、索引编号）；
b) 形式（如语言、软件版本、图表）和载体（如纸质的、电子的）；
c) 评审和批准，以保持适宜性和充分性。
7.5.3 成文信息的控制
7.5.3.1 应控制质量管理体系和本标准所要求的成文信息，以确保：
a）在需要的场合和时机，均可获得并适用；
b）予以妥善保护（如防止泄密、不当使用或缺失）。
7.5.3.2 为控制成文信息，适用时，组织应进行下列活动：
a）分发、访问、检索和使用；
b）存储和防护，包括保持可读性；
c）更改控制（如版本控制）；
d）保留和处置。
对于组织确定的策划和运行质量管理体系所必需的来自外部的成文信息，组织应进行适当识别，并予以控制。
对所保留的、作为符合性证据的成文信息应予以保护，防止非预期的更改。
注：对成文信息的"访问"可能意味着仅允许查阅，或者意味着允许查阅并授权修改。

输出

1.经审批、标识、发放并妥善保存的文件
2.文件发放、更改、领用、销毁记录
3.部门受控文件清单
4.有效文件清单
5.顾客工程规范评审记录
6.质量记录的标识、贮存、保护、检索、保存期限和处置等得到有效控制
7.保密协议

如何去做？准则/方法/技术

成文信息管理流程

绩效指标？测量/监视/评估

文件有效率100%

图 2-7-10　成文信息—过程分析乌龟图

第 8 章　运行

8.1　运行的策划和控制

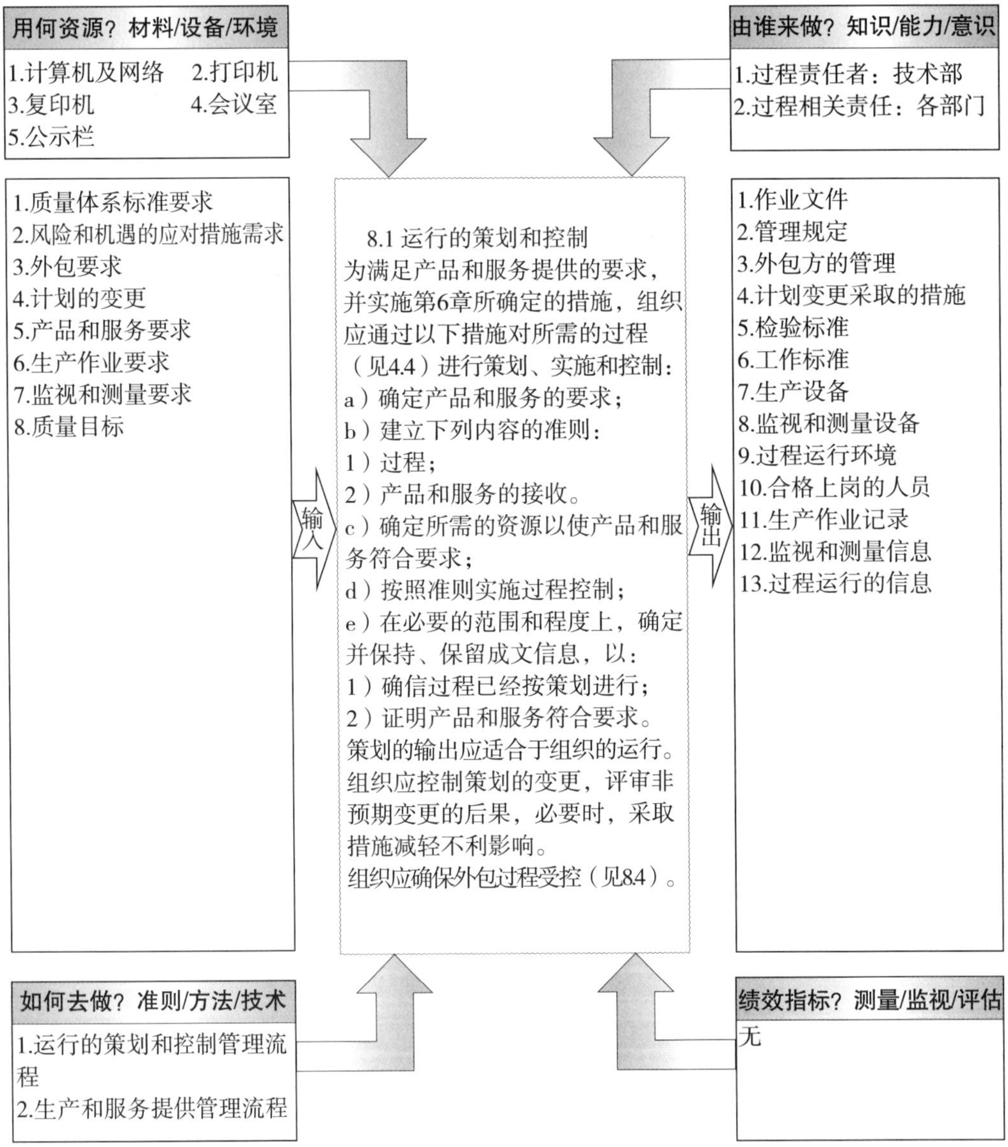

图 2-8-1　运行的策划和控制——过程分析乌龟图

8.2　产品和服务的要求

用何资源？材料/设备/环境

1.计算机及网络　2.打印机
3.复印机　4.会议室
5.扫描仪　6.电话
7.网络沟通工具

由谁来做？知识/能力/意识

1.过程责任者：业务部
a .组织集中评审
b .评审合同、订单法律、法规的符合性；
c .对合同执行情况跟踪；
2.过程相关责任：
2.1技术部门职责：
a .对合同的技术要求、特别要求评审；
b .提出新品制造可行性和风险分析与评估。
2.2质检部门职责：
评审产品质量要求和其所需的检测方法和手段。
2. 3 财务部门职责：
负责对价格和利润水平进行评审。
2. 4 采购部门职责：
评审物资的供应能力。
2. 5 生产部门职责：
评审生产能力和机器设备负荷能力及人力安排。

输入

1.产品订单信息
2.产品资料及相关信息
3.顾客提出的要求
4.顾客没有明示的要求
5.公司提出的要求
6.投标文件
7.法律法规要求
8.生产能力、生产现状、库存、交付能力
9.风险分析
10.企业网站公示的产品服务承诺
11.与顾客沟通的信息

8.2.1 顾客沟通
与顾客沟通的内容应包括：
a）提供有关产品和服务的信息；
b）处理问询、合同或订单，包括更改；
c）获取有关产品和服务的顾客反馈，包括顾客投诉；
d）处置或控制顾客财产；
e）关系重大时，制定应急措施的特定要求。
8.2.2 产品和服务要求的确定
在确定向顾客提供的产品和服务的要求时，组织应确保：
a）产品和服务的要求得到规定，包括：
1）适用的法律法规要求；
2）组织认为的必要要求。
b）提供的产品和服务能够满足所声明的要求。
8.2.3 产品和服务要求的评审
8.2.3.1 组织应确保有能力向顾客提供满足要求的产品和服务。在承诺向顾客提供产品和服务之前，组织应对如下各项要求进行评审：
a）顾客规定的要求，包括对交付及交付后活动的要求；
b）顾客虽然没有明示，但规定的用途或已知的预期用途所必需的要求；
c）组织规定的要求；
d）适用于产品和服务的法律法规要求；
e）与以前表述不一致的合同或订单要求。
组织应确保与以前规定不一致的合同或订单要求已得到解决。
若顾客没有提供成文的要求，组织在接受顾客要求前应对顾客要求进行确认。
注：在某些情况下，如网上销售，对每一个订单进行正式的评审可能是不实际的，作为替代方法，可评审有关的产品信息，如产品目录。
8.2.3.2 适用时，组织应保留与下列方面有关的成文信息：
a）评审结果；
b）产品和服务的新要求。
8.2.4 产品和服务要求的更改
若产品和服务要求发生更改，组织应确保相关的成文信息得到修改，并确保相关人员知道已更改的要求。

输出

1.顾客信息记录表
2.合同评审表
3.评审后的合同
4.制造可行性（订单通知单）
5.风险评估结果
6.招、投标书
7.合同更改信息

如何去做？准则/方法/技术

1.产品和服务的要求管理流程
2.顾客投诉处理规定

绩效指标？测量/监视/评估

合同评审完成率 100%

图 2–8–2　产品和服务的要求—过程分析乌龟图

8.3 产品和服务的设计和开发

用何资源？材料/设备/环境

1.计算机及网络
2.打印机
3.复印机
4.会议室
5.扫描仪
6.电话
7.网络沟通工具

由谁来做？知识/能力/意识

1.过程责任者：技术部
负责设计、开发全过程的组织、协调、实施工作，进行设计与开发的策划、确定设计、开发的组织和技术的接口、输入、输出、验证、评审，设计与开发的更改和确认等。
2.过程相关责任：
a.总经理:负责批准项目建议书、下达设计与开发任务书、设计开发计划书、设计开发评审报告、设计开发验证报告、试产报告。
b.业务部:负责根据市场调研或分析，提供市场信息及新产品动向，负责提交顾客使用新产品后的《客户确认报告》。
c.质检部:负责新产品的检验和试验。
d.生产部:负责新产品的加工试制和生产。

输入

1.市场研究
2.企业对外宣称、承诺遵守的标准或行业准则
3.以前类似设计和开发活动提供的信息
4.适用的法律、法规要求，对国家强制性标准一定要满足
5.产品主要功能、性能要求，这些要求主要来自顾客或市场的需求与期望，一般应包含在合同、定单或项目建议书中
6.产品/过程标杆数据
7.产品/过程设想
8.产品可行性研究
9.顾客图纸/标准/技术协议
10.产品标准要求
11.生产率，如标准工时
12.过程能力，如PPK、CPK值
13.产品制造成本目标
14.设计开发任务书
15.因产品和服务性质导致的潜在失效后果分析
16.产品/过程特殊特性清单

8.3.1 总则
组织应建立、实施和保持适当的设计和开发过程，以确保后续的产品和服务的提供。
8.3.2 设计和开发策划
在确定设计和开发的各个阶段和控制时，组织应考虑：
a）设计和开发活动的性质、持续时间和复杂程度；
b）所需的过程阶段，包括适用的设计和开发评审；
c）所需的设计和开发验证、确认活动；
d）设计和开发过程涉及的职责和权限；
e）产品和服务的设计和开发所需的内部、外部资源：
f）设计和开发过程参与人员之间接口的控制需求；
g）顾客及使用者参与设计和开发过程的需求；
h）对后续产品和服务提供的要求；
i）顾客和其他有关相关方所期望的对设计和开发过程的控制水平；
j）证实已经满足设计和开发要求所需的成文信息。
8.3.3 设计和开发输入
组织应针对所设计和开发的具体类型的产品和服务，确定必需的要求。组织应考虑：
a）功能和性能要求；
b）来源于以前类似设计和开发活动的信息；
c）法律法规要求；
d）组织承诺实施的标准或行业规范；
e）由产品和服务性质所导致的潜在的失效后果。
针对设计和开发的目的，输入应是充分和适宜的，且应完整、清楚。
相互矛盾的设计和开发输入应得到解决。
组织应保留有关设计和开发输入的成文信息。
8.3.4 设计和开发控制
组织应对设计和开发过程进行控制，以确保：
a）规定拟获得的结果；
b）实施评审活动，以评价设计和开发的结果满足要求的能力；
c）实施验证活动，以确保设计和开发输出满足输入的要求；
d）实施确认活动，以确保形成的产品和服务能够满足规定的使用要求或预期用途；
e）针对评审、验证和确认过程中确定的问题采取必要措施；
f）保留这些活动的成文信息。
注：设计和开发的评审、验证和确认具有不同目的。根据组织的产品和服务的具体情况，可单独或以任意组合的方式进行。
8.3.5 设计和开发输出
组织应确保设计和开发输出：
a）满足输入的要求；
b）满足后续产品和服务提供过程的需要；
c）包括或引用监视和测量的要求，适当时，包括接收准则；
d）规定产品和服务特性，这些特性对于预期目的、安全和正常提供是必需的。
组织应保留有关设计和开发输出的成文信息。
8.3.6 设计和开发更改
组织应对产品和服务在设计和开发期间以及后续所做的更改进行适当的识别、评审和控制，以确保这些更改对满足要求不会产生不利影响。
组织应保留下列方面的成文信息：
a）设计和开发更改；
b）评审的结果；
c）更改的授权；
d）为防止不利影响而采取的措施。

输出

项目建议书
设计开发任务书
设计开发计划书
设计开发输入清单
设计开发信息联络单
设计开发评审报告
设计开发验证报告
设计开发输出清单
试产报告
试产总结报告
客户试用报告
新产品鉴定报告
文件更改申请单
作业指导书
生产工艺流程图
工艺卡
检验指导书
变更的授权书
图纸等技术资料
设计变更及评审记录
材料清单、采购要求
产品技术规范、服务标准
产品使用说明书

如何去做？准则/方法/技术

产品和服务的设计和开发管理流程

绩效指标？测量/监视/评估

开发计划节点按时完成率≥95%

图 2-8-3 产品和服务的设计和开发—过程分析乌龟图

8.4　外部提供的过程、产品和服务的控制

用何资源？材料/设备/环境

1.计算机及网络
2.打印机
3.复印机
4.会议室
5.扫描仪
6.电话
7.网络沟通工具
8.监视和测量资源

由谁来做？知识/能力/意识

1.过程责任者：采购部
负责提供原材料、产品配件、包装物、外协加工、产品运输服务和计量器具检定之供方的评鉴、质量控制和管理
2.过程相关责任：
质检部：负责审核对供方的评鉴与管理，并对供方之质量保证体系、质量意识、服务水平及客户抱怨，进行全面考核。
总经理：批准《合格供方名录》

输入

1.管理体系标准要求
2.产品资料及相关信息
3.客户指定供货来源
4.法律法规要求
5.供应商质量体系开发计划
6.供应商调查表
7.供应商月度供货统计资料
8.供应商年度审核计划
9.请购单
10.公司产品包装用的纸箱由外供方提供
11.公司的部分配件由外供方以公司的名义直接提供给顾客
12.公司的电脑网络系统由外供方进行维护保养、修理，软件安装、维护
13.公司产品电镀加工由外供方提供
14.BOM清单及采购要求

8.4.1总则
组织应确保外部提供的过程、产品和服务符合要求。
在下列情况下，组织应确定对外部提供的过程、产品和服务实施的控制：
a) 外部供方的产品和服务将构成组织自身的产品和服务的一部分；
b) 外部供方代表组织直接将产品和服务提供给顾客；
c) 组织决定由外部供方提供过程或部分过程。
组织应基于外部供方按照要求提供过程、产品或服务的能力，确定并实施对外部供方的评价、选择、绩效监视以及再评价的准则。对于这些活动和由评价引发的任何必要的措施，组织应保留成文信息。
8.4.2 控制类型和程度
组织应确保外部提供的过程、产品和服务不会对组织稳定地向顾客交付合格产品和服务的能力产生不利影响。
组织应：
a) 确保外部提供的过程保持在其质量管理体系的控制之中；
b）规定对外部供方的控制及其输出结果的控制；
c）考虑：
1）外部提供的过程、产品和服务对组织稳定地满足顾客要求和适用的法律法规要求的能力的潜在影响；
2）由外部供方实施控制的有效性；
d）确定必要的验证或其他活动，以确保外部提供的过程、产品和服务满足要求。
8.4.3 提供给外部供方的信息
组织应确保在与外部供方沟通之前所确定的要求是充分和适宜的。
组织应与外部供方沟通以下要求：
a) 需提供的过程、产品和服务；
b) 对下列内容的批准：
1）产品和服务；
2）方法、过程和设备；
3）产品和服务的放行；
c)能力，包括所要求的人员资格；
d）外部供方与组织的互动；
e）组织使用的对外部供方绩效的控制和监视；
f）组织或其顾客拟在外部供方现场实施的验证或确认活动。

输出

1.供方调查（自评）表
2.样品检测记录表
3.合格供方日常管理记录
4.供方实地考查记录表
5.合格供应商名录
6.供方业绩评价表
7.委外加工协议
8.质量技术保证协议
9.采购计划
10.采购申购单
11.采购合同
12.验收标准方式
13.外供方自身有效控制评价报告
14.验证记录

如何去做？准则/方法/技术

外部供应的过程、产品和服务管理流程

绩效指标？测量/监视/评估

1.原材料采购及时率≥95%
2.原材料批次合格率≥99%

图 2–8–4　外部提供的过程、产品和服务的控制—过程分析乌龟图

8.5 生产和服务提供

8.5.1 生产和服务提供的控制

用何资源？材料/设备/环境

1.生产设备
2.零件、配件、材料
3.检验和试验设备
4.水、电、气
5.设施、场地、工位器具材料等

由谁来做？知识/能力/意识

1.过程责任者：
生产部根据客户需求量和实际生产能力编制采购计划和生产计划
2.过程相关责任：
采购部：根据采购计划对原材料及毛坯进行采购。
仓库：对进入公司的所有原材料及毛坯进行储备和发放。
各车间：根据计划实施生产

输入

1.生产任务通知单
2.日排产任务书
3.工程管理表
4.设备的认可和人员资格的鉴定
5.获得表述产品特性的信息（工艺文件、控制计划、PFMEA等）
6.使用适宜的设备/模具/工装、获得和使用监测和测量资源
7.实施监测和测量的标准
8.放行和交付要求
9.7S管理规定
10.过程环境

过程

8.5.1 生产和服务提供的控制
组织应在受控条件下进行生产和服务提供。
适用时，受控条件应包括：
a）可获得成文信息，以规定以下内容：
1）拟生产的产品、提供的服务或进行的活动的特征；
2）拟获得的结果。
b）可获得和使用适宜的监视和测量资源；
c）在适当阶段实施监视和测量活动，以验证是否符合过程或输出的控制准则以及产品和服务的接收准则；
d）为过程的运行使用适宜的基础设施，并保持适宜的环境；
e）配备胜任的人员，包括所要求的资格；
f）若输出结果不能由后续的监视或测量加以验证，应对生产和服务提供过程实现策划结果的能力进行确认，并定期再确认；
g）采取措施防止人为错误；
h）实施放行、交付和交付后活动。

输出

1.销售计划
2.周生产计划表
3.质量状态标识卡
4.订单产前准备计划表
5.烘料记录表
6.注塑工艺记录表
7.生产作业计划
8.周生产完成进度表
9.注塑车间生产状态一览表
10.生产日报
11.作业指导书
12.工艺卡
13.检验指导书
14.特殊岗位确认记录
15.防错措施及记录
16.关键岗位培训记录
17.重要工序设备验证记录
18.人员资格确认

如何去做？准则/方法/技术

1.产品生产和服务提供管理流程
2.产品包装作业指导书
3.工艺卡
4.进货检验指导书
5.过程检验指导书
6.成品检验指导书

绩效指标？测量/监视/评估

1.生产计划完成率≥99%
2.产品不良率≤0.3%
3.报废率≤0.03%
4.成品批次合格率≥80%

图 2-8-5　生产和服务提供的控制—过程分析乌龟图

8.5.2　标识和可追溯性

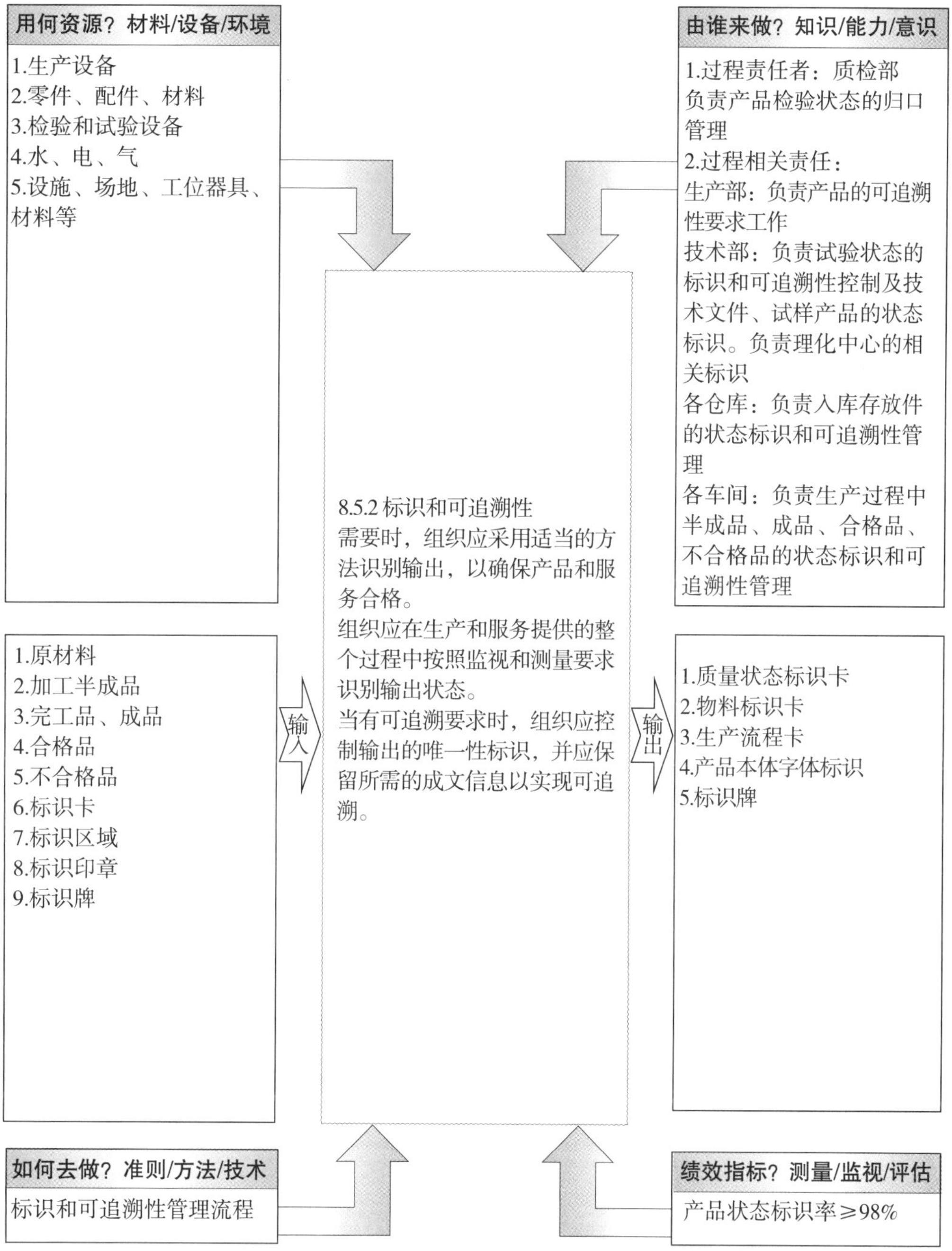

图 2–8–6　标识和可追溯性—过程分析乌龟图

8.5.3 顾客或外供方的财产

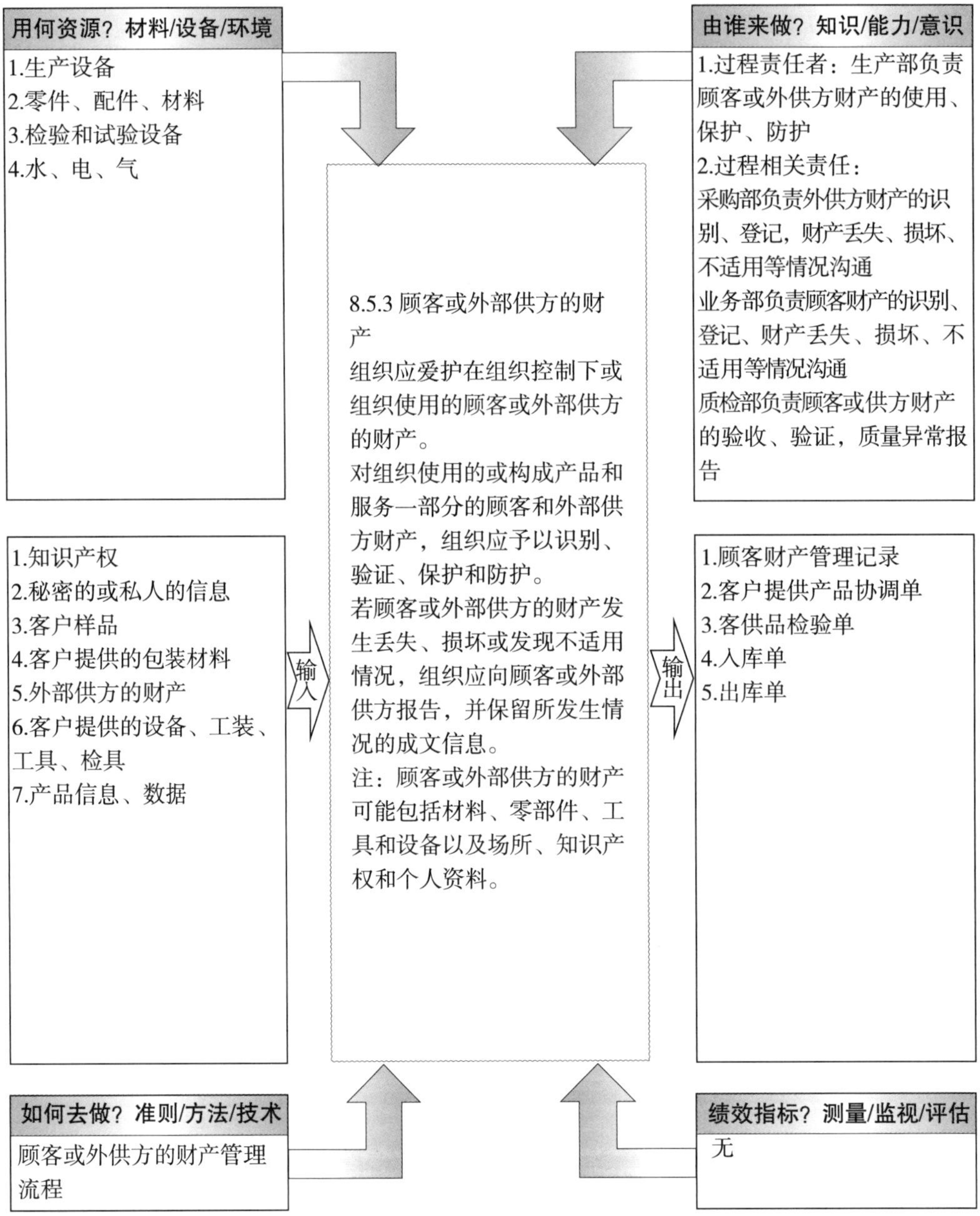

图 2-8-7 顾客或外供方的财产—过程分析乌龟图

8.5.4　防护

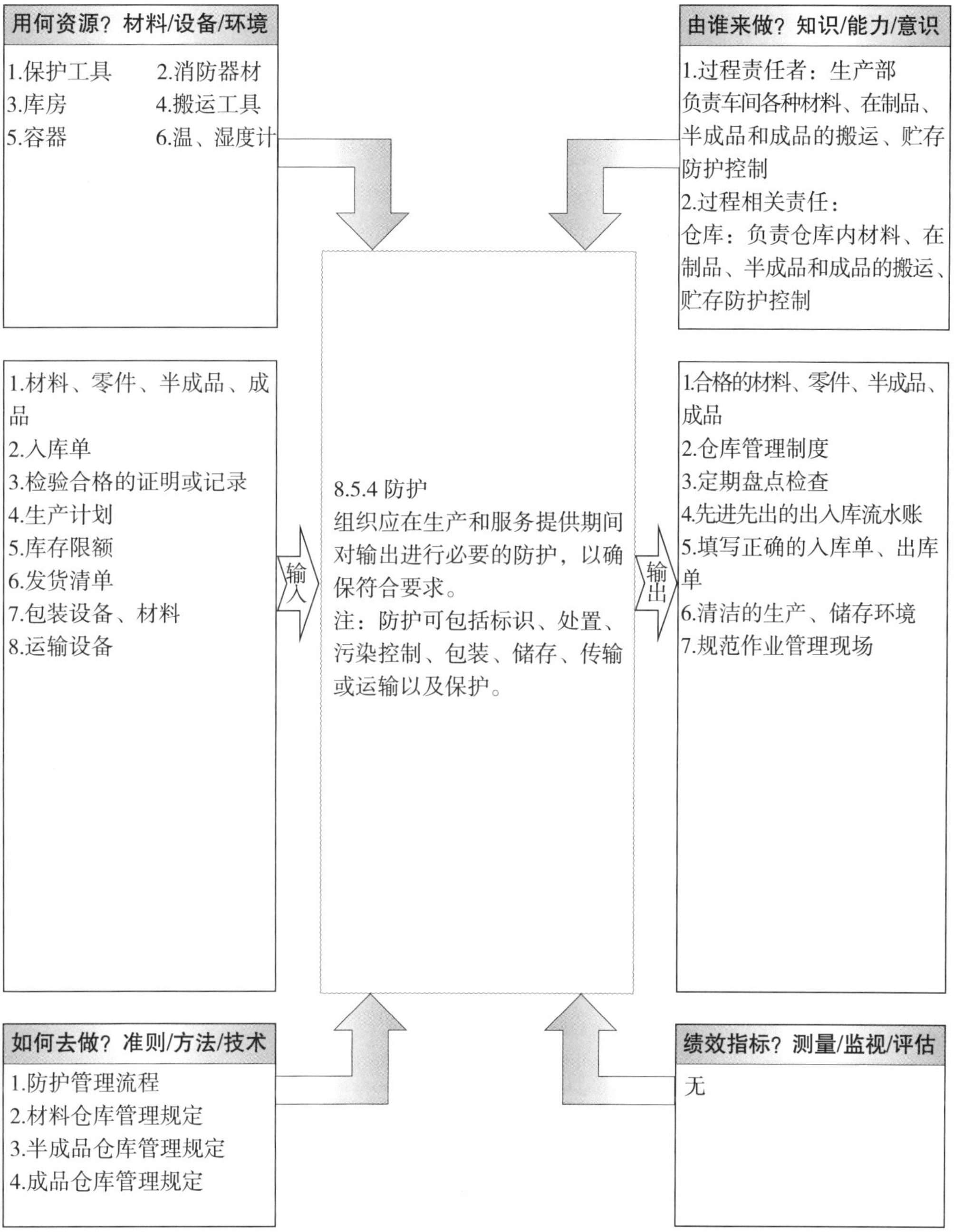

图 2–8–8　产品防护—过程分析乌龟图

8.5.5　交付后活动

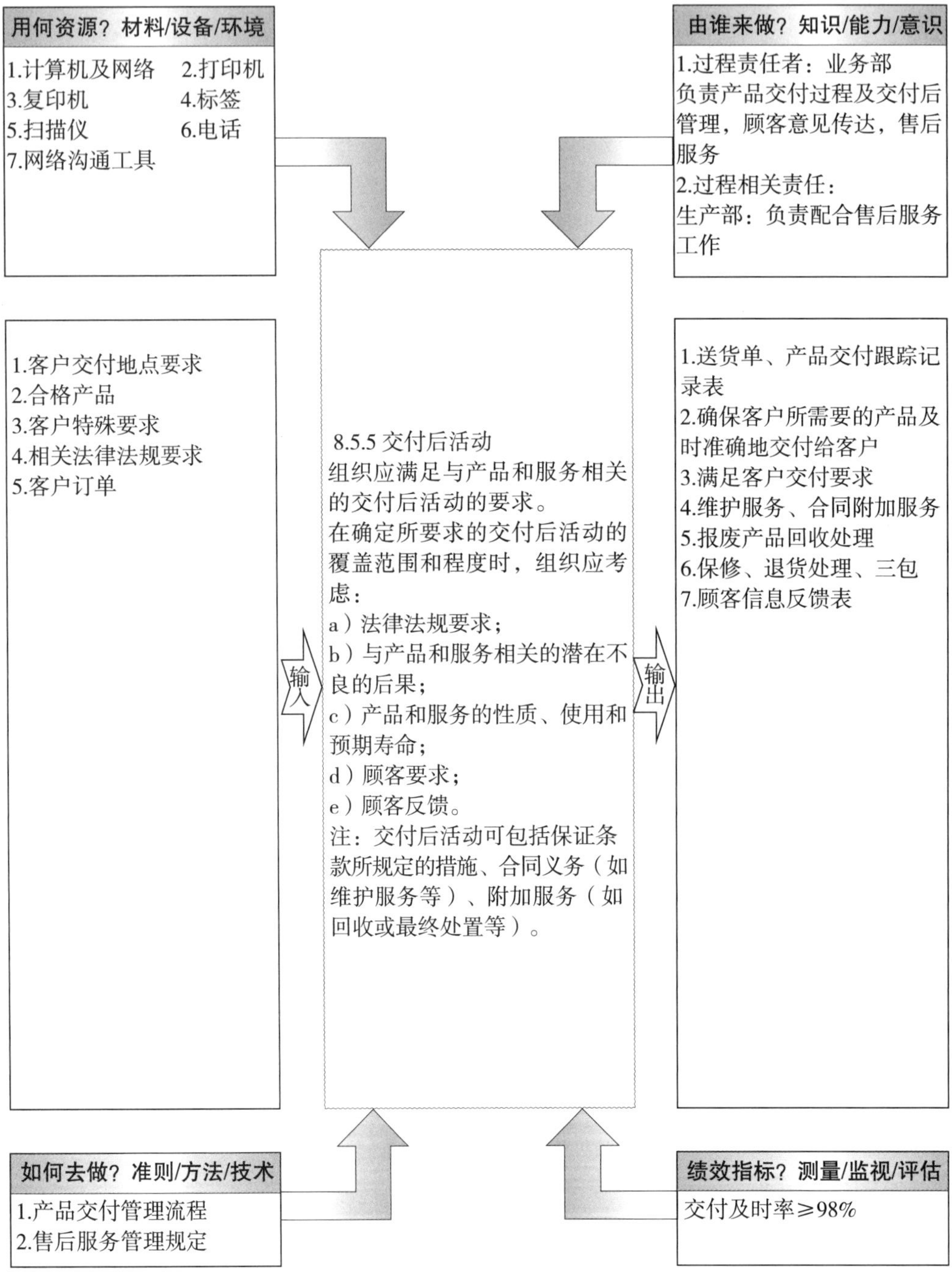

图 2-8-9　交付后活动—过程分析乌龟图

8.5.6　更改控制

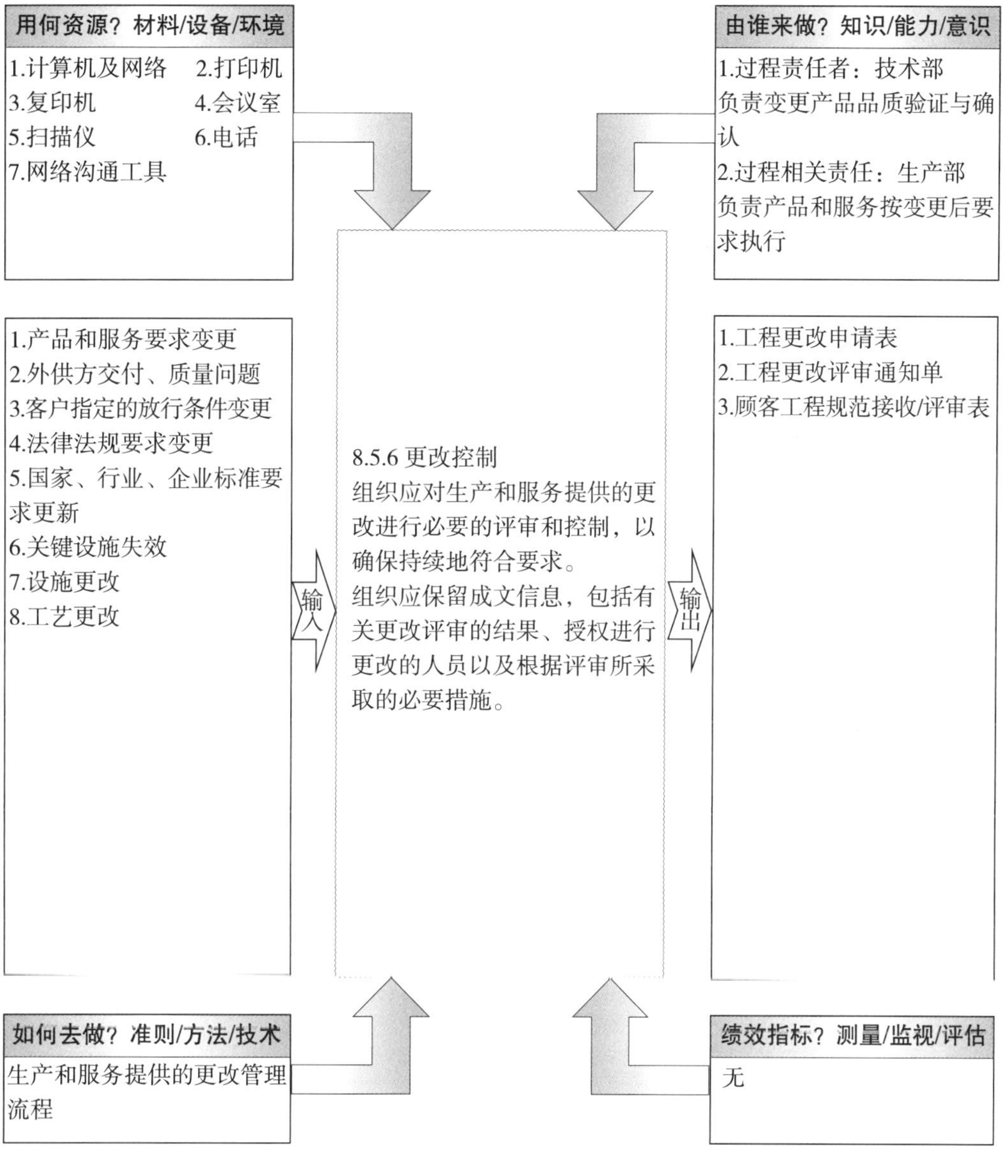

图 2-8-10　更改控制—过程分析乌龟图

8.6　产品和服务的放行

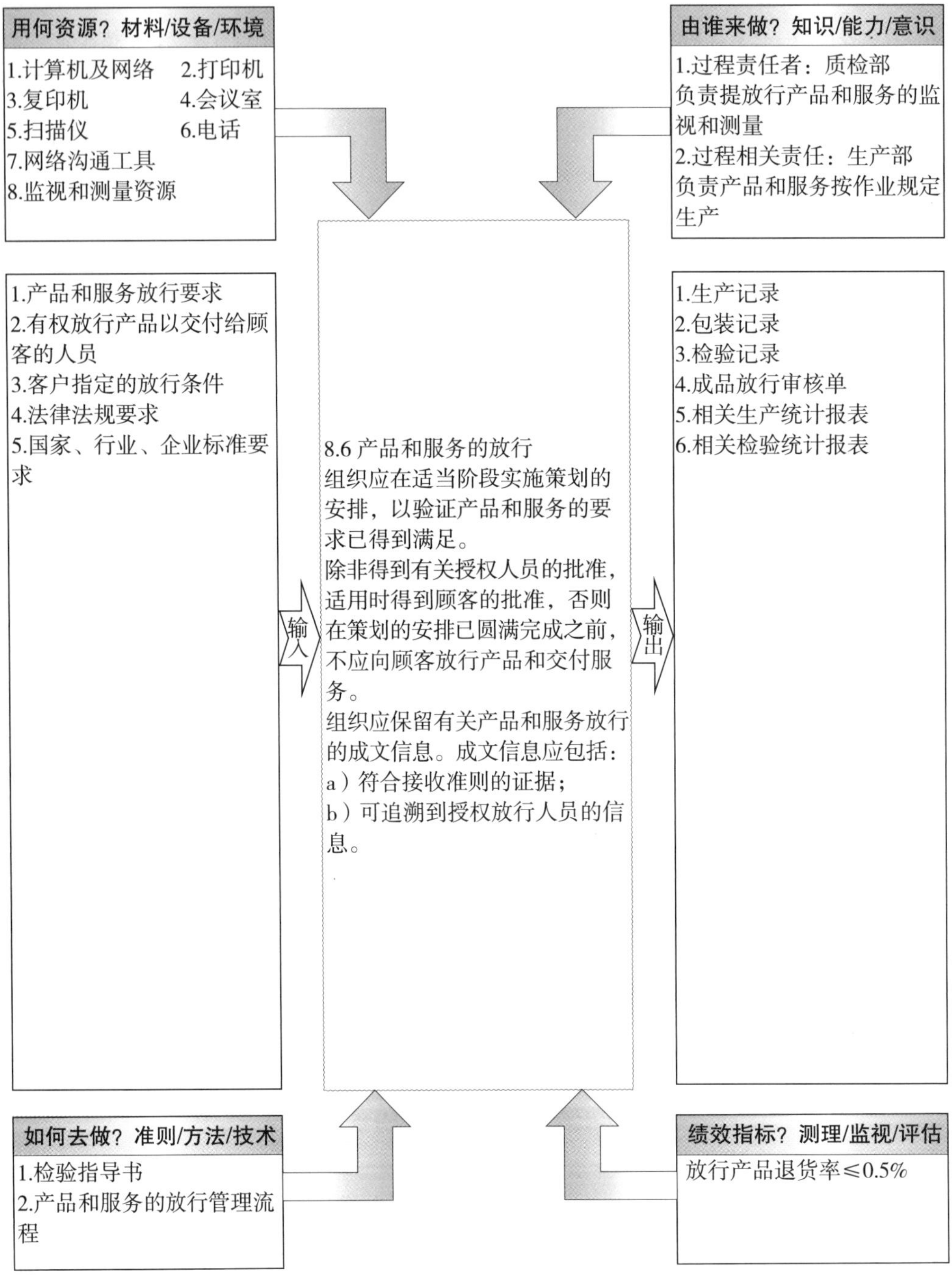

图 2-8-11　产品和服务的放行—过程分析乌龟图

8.7　不合格输出的控制

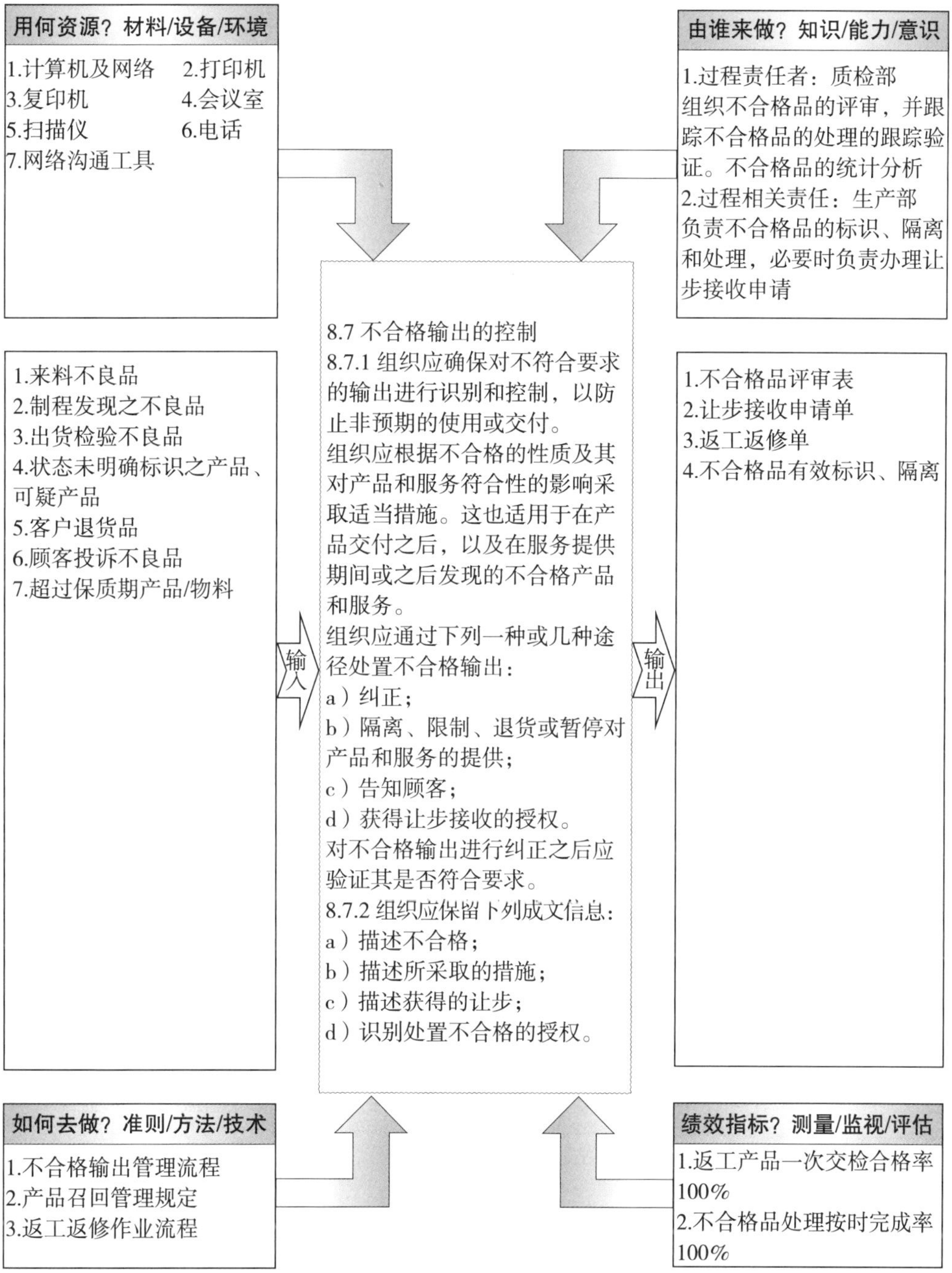

图 2-8-12　不合格输出的控制—过程分析乌龟图

第 9 章　绩效评价

9.1　监视、测量、分析和评价

9.1.1　总则

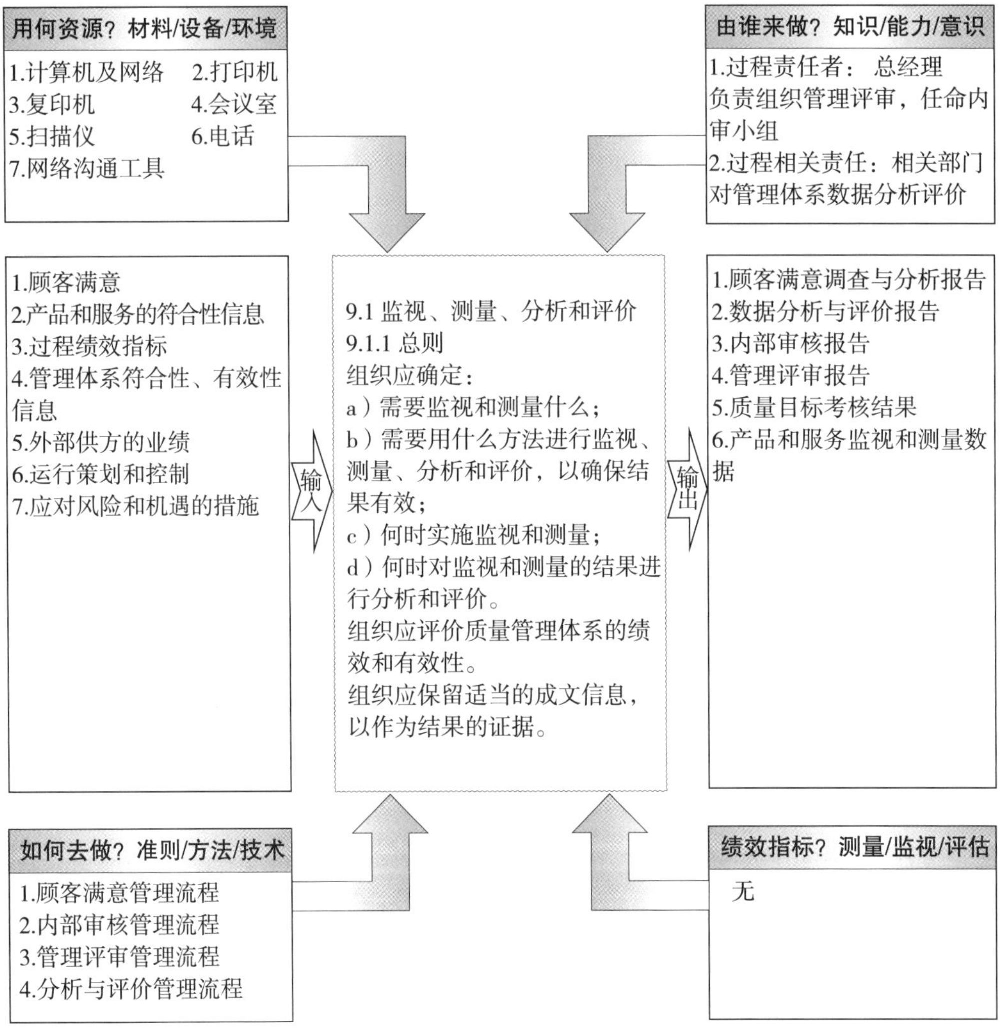

图 2-9-1　监视、测量、分析和评价总则—过程分析乌龟图

9.1.2　顾客满意

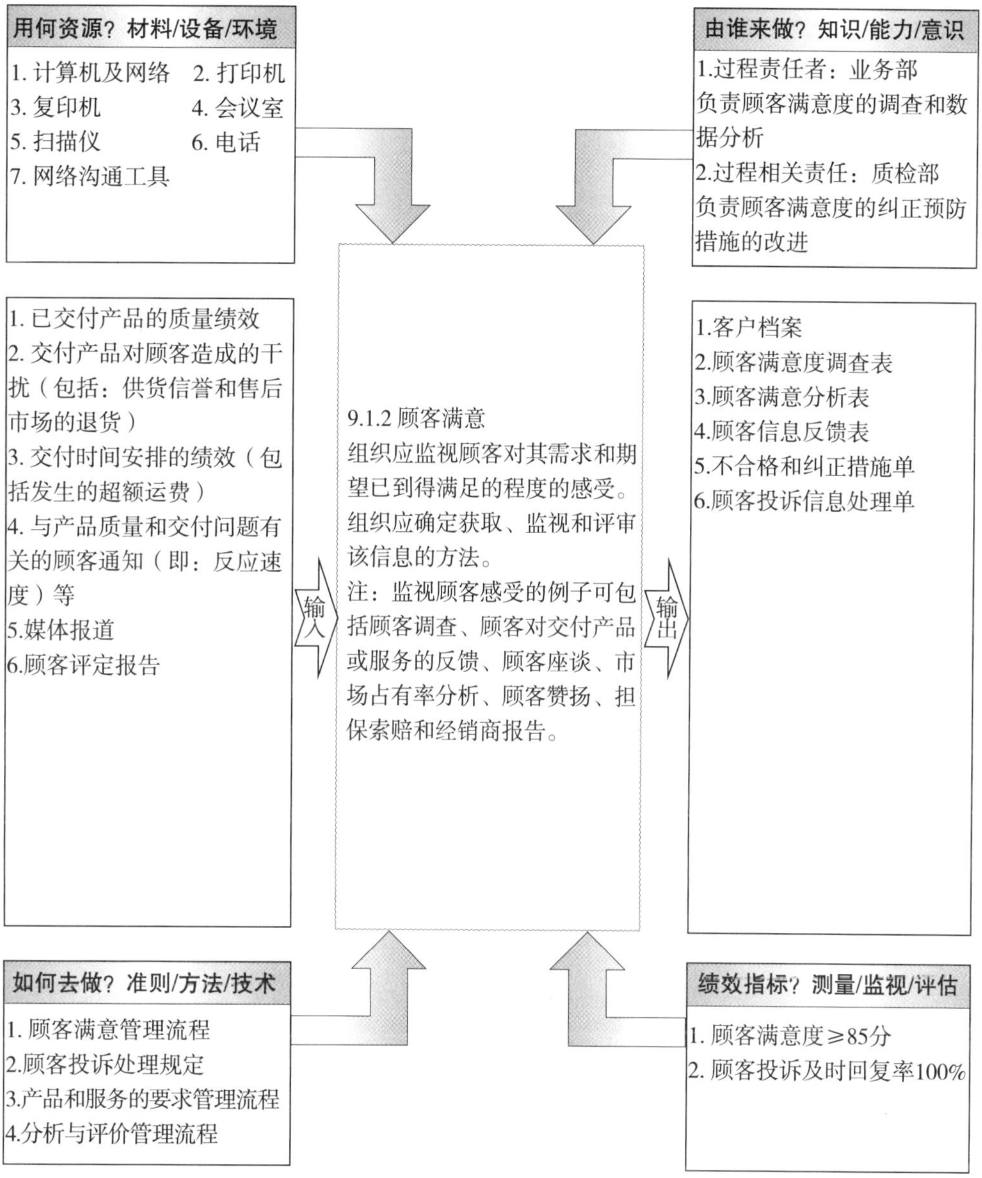

图 2-9-2　顾客满意—过程分析乌龟图

9.1.3　分析与评价

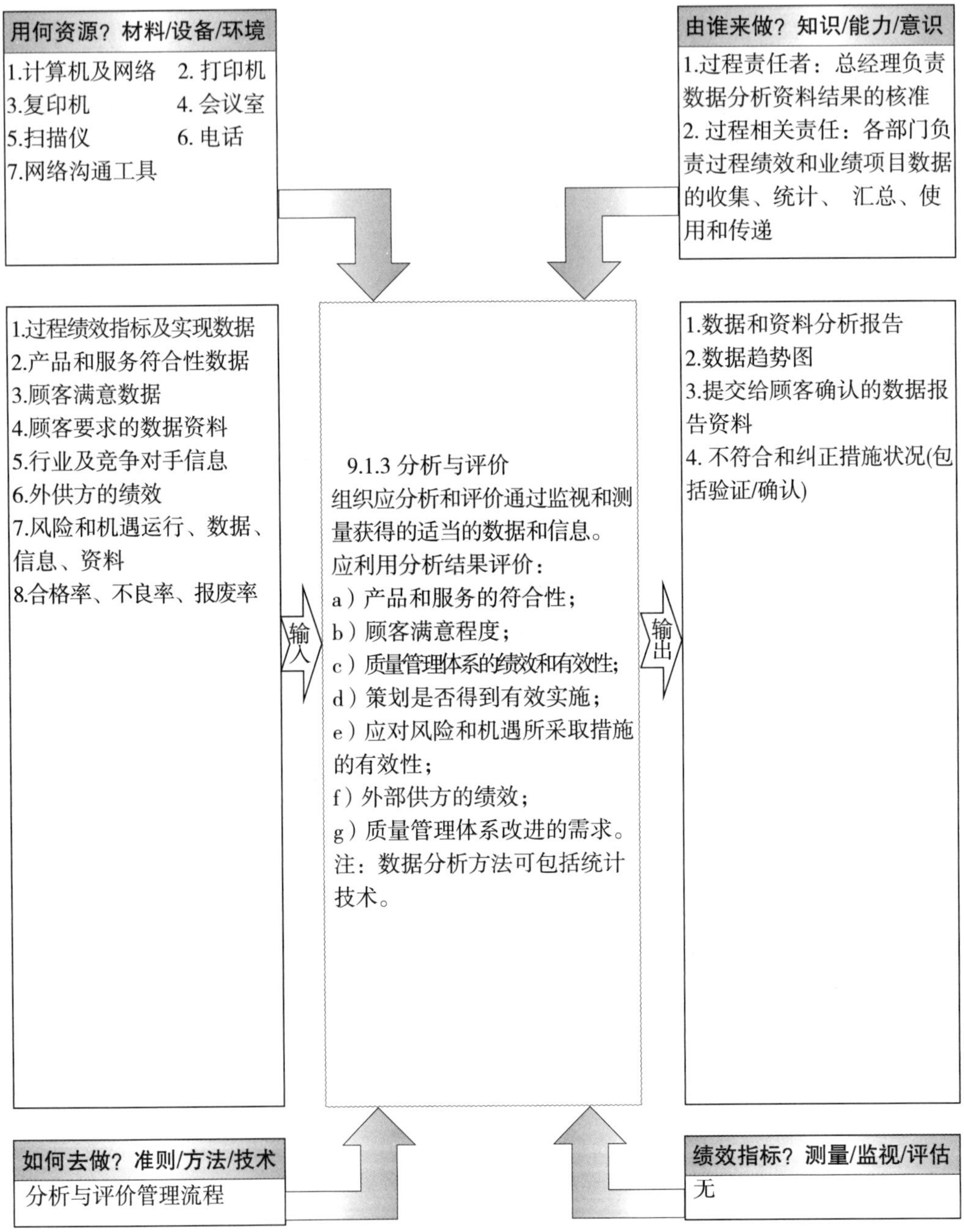

图 2-9-3　分析与评价—过程分析乌龟图

9.2　内部审核

用何资源？材料/设备/环境

1.计算机及网络　2.打印机
3.复印机　4.会议室
5.扫描仪　6. 电话
7.网络沟通工具

由谁来做？知识/能力/意识

1.过程责任者：审核组
负责审核计划的实施,审核计划的执行及不符合项的跟踪验证
2.过程相关责任：受审核部门负责配合审核人员进行审核，对不符合项制订纠正和预防措施并有效实施

输入

1. 年度内部审核计划
2. 质量内部审核实施计划
3. 体系/过程/产品审核检查表
4. 本厂体系文件及顾客要求
5. 图纸、流程图、FMEA、控制计划、作业指导书
6. 场所、生产工艺、供应商更改
7. 顾客投诉及反馈
8. 本厂组织机构及质量管理体系的重大变化
9. 重大质量事故及连续的一般质量事故
10. 法律法规要求
11.以往审核结果
12.企业重要变更

过程

9.2.1 组织应按照策划的时间间隔进行内部审核，以提供有关质量管理体系的下列信息：
a）是否符合：
1）组织自身的质量管理体系要求；
2）本标准的要求。
b）是否得到有效的实施和保持。
9.2.2 组织应：
a）依据有关过程的重要性、对组织产生影响的变化和以往的审核结果，策划、制定、实施和保持审核方案，审核方案包括频次、方法、职责、策划要求和报告；
b）规定每次审核的审核准则和范围；
c）选择审核员并实施审核，以确保审核过程客观公正；
d）确保将审核结果报告给相关管理者；
e）及时采取适当的纠正和纠正措施；
f）保留成文信息，作为实施审核方案以及审核结果的证据。
注：相关指南参见 GB/T 19011。

输出

1.内部质量体系审核计划
2.内审实施计划
3.质理管理体系内审检查表
4.会议签到表
5.不符合项报告
6.内部质量管理体系审核报告

如何去做？准则/方法/技术

内部审核管理流程

绩效指标？测量/监视/评估

无

图 2-9-4　内部审核—过程分析乌龟图

9.3 管理评审

用何资源？材料/设备/环境

1.计算机及网络　2. 打印机
3.复印机　4. 会议室
5.扫描仪　6. 电话
7.网络沟通工具　8. 投影仪

由谁来做？知识/能力/意识

1.过程责任者：总经理
主持管理评审工作
2.过程相关责任：办公室
负责《管理评审计划》的编制及发放
3.收集并提供管理评审所需的资料
4.管理评审过程作好会议记录；整理管理评审报告并下发各部门
5.负责对评审后的不合格纠正措施进行跟踪、验证；其他相关部门整理本部门管理评审报告

输入

1. 下列质量管理体系绩效包括其趋势的信息：
(1) 顾客及利益相关方的投诉、抱怨情况及顾客满意度调查情况；
(2) 质量目标的考核记录；
(3) 过程绩效指标考核、产品符合性；
(4) 不合格与纠正措施实施情况；
(5) 产品检验和试验情况；
(6) 公司内部管理体系审核、过程审核、产品审核以及第二方、第三方审核的结果；
(7) 外供方的绩效考核记录。
2. 公司资源的充分性。
3. 为应对风险和机会所采取措施的有效性。
4. 管理体系运行过程中，不合格与纠正措施的实施情况(内部重大体系或产品相关问题/环境事故/员工对体系、过程、产品所提出的预防性的建议)；
5. 以往管理评审所采取措施实施状况及效果评价；
6. 与质量管理体系有关的外部或内部事项的变更；
7. 改进的机会；
8. 可能影响体系的变更(顾客、标准、企业的发展)；
9. 内、外部质量分析报告（包括：产品对实际的和潜在的外部失效以及其对质量、安全或环境影响的分析状况）；
10. 新产品设计与开发中，对质量风险、开发成本、投产期、关键路径等项目的汇总概要报告。

过程

9.3.1 总则
最高管理者应按照策划的时间间隔对组织的质量管理体系进行评审，以确保其持续的适宜性、充分性和有效性，并与组织的战略方向保持一致。
9.3.2 管理评审输入
策划和实施管理评审时应考虑下列内容：
a）以往管理评审所采取措施的情况；
b）与质量管理体系相关的内外部因素的变化；
c）下列有关质量管理体系绩效和有效性的信息，包括其趋势：
1）顾客满意和相关方的反馈；
2）质量目标的实现程度；
3）过程绩效以及产品和服务的合格情况；
4）不合格及纠正措施；
5）监视和测量结果；
6）审核结果；
7）外部供方的绩效。
d）资源的充分性；
e）应对风险和机遇所采取措施的有效性（见 6.1）；
f）改进的机会。
9.3.3 管理评审输出
管理评审的输出应包括与下列事项相关的决定和措施：
a）改进的机会；
b）质量管理体系所需的变更；
c）资源需求。
组织应保留成文信息，作为管理评审结果的证据。

输出

1. 评审计划、通知
2. 对质量管理体系的改进，（如：质量目标、过程绩效、管理流程等的更改）
3. 对产品和服务的改进
4. 过程的改进
5. 对质量管理体系变更的需求
6. 人员、基础设施、过程运行环境、企业知识方面资源的需求
7. 评审报告
8. 各部门评审总结报告
9. 评审会议记录

如何去做？准则/方法/技术

1.管理评审管理流程
2.不合格与纠正措施管理流程

绩效指标？测量/监视/评估

无

图 2–9–5　管理评审—过程分析乌龟图

第 10 章　改进

10.1 总则

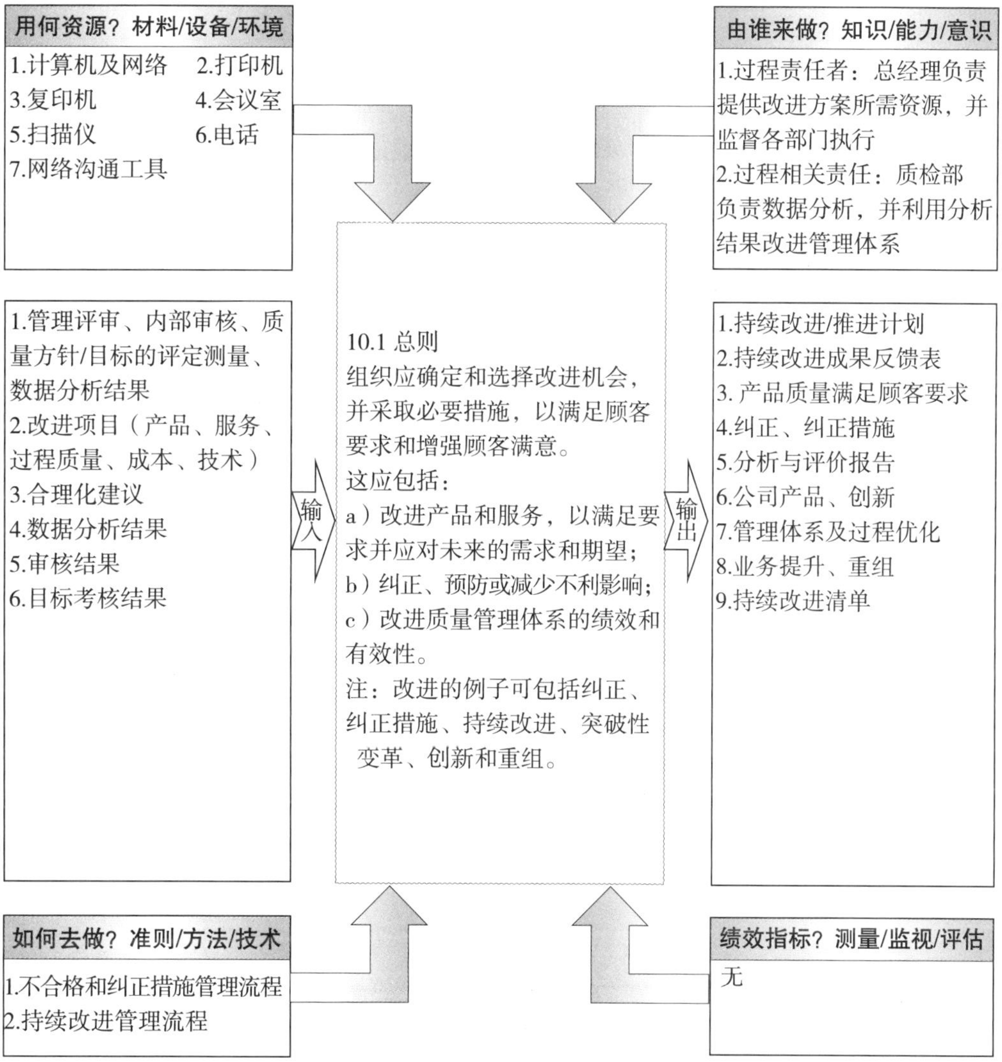

图 2-10-1　改进总则—过程分析乌龟图

10.2　不合格和纠正措施

用何资源？材料/设备/环境

1.计算机及网络　2.打印机
3.复印机　4.会议室
5.扫描仪　6.电话
7.网络沟通工具

由谁来做？知识/能力/意识

1.过程责任者：质检部
负责不符合确认、判定、纠正措施验证
2.过程相关责任：相关部门
负责不符合纠正、防错措施实施

输入

1.内外部出现的重大质量或环境事故
2.管理评审和内外审结果
3.顾客退货及抱怨
4.过程监控数据及趋势
5.企业管理运作过程产生的不符合
6.不符合法律法规要求
7.生产过程严重问题产生
8.批量不合格，多次重复发生的不合格
9.外部供方的问题
10.员工发现的问题

过程

10.2.1 当出现不合格时，包括来自投诉的不合格，组织应：
a）对不合格做出应对，并在适用时：
1）采取措施予以控制和纠正不合格；
2）处置后果。
b）通过下列活动，评价是否需要采取措施，以消除产生不合格的原因，避免其再次发生或者在其他场合发生：
1）评审和分析不合格；
2）确定不合格的原因；
3）确定是否存在或可能发生类似的不合格。
c）实施所需的措施；
d）评审所采取的纠正措施的有效性；
e）需要时，更新在策划期间确定的风险和机遇；
f）需要时，变更质量管理体系。
纠正措施应与不合格所产生的的影响相适应。
10.2.2 组织应保留成文信息，作为下列事项的证据：
a）不合格的性质以及随后所采取的措施；
b）纠正措施的结果。

输出

1.不合格和纠正措施单
2.顾客退回产品试验和分析记录表
3.纠正和预防措施实施情况
4.不合格优先减少计划
5.FMEA
6.因果图分析

如何去做？准则/方法/技术

不符合和纠正措施管理流程

绩效指标？测量/监视/评估

不符合和纠正措施关闭率100%

图 2-10-2　不合格和纠正措施—过程分析乌龟图

10.3　持续改进

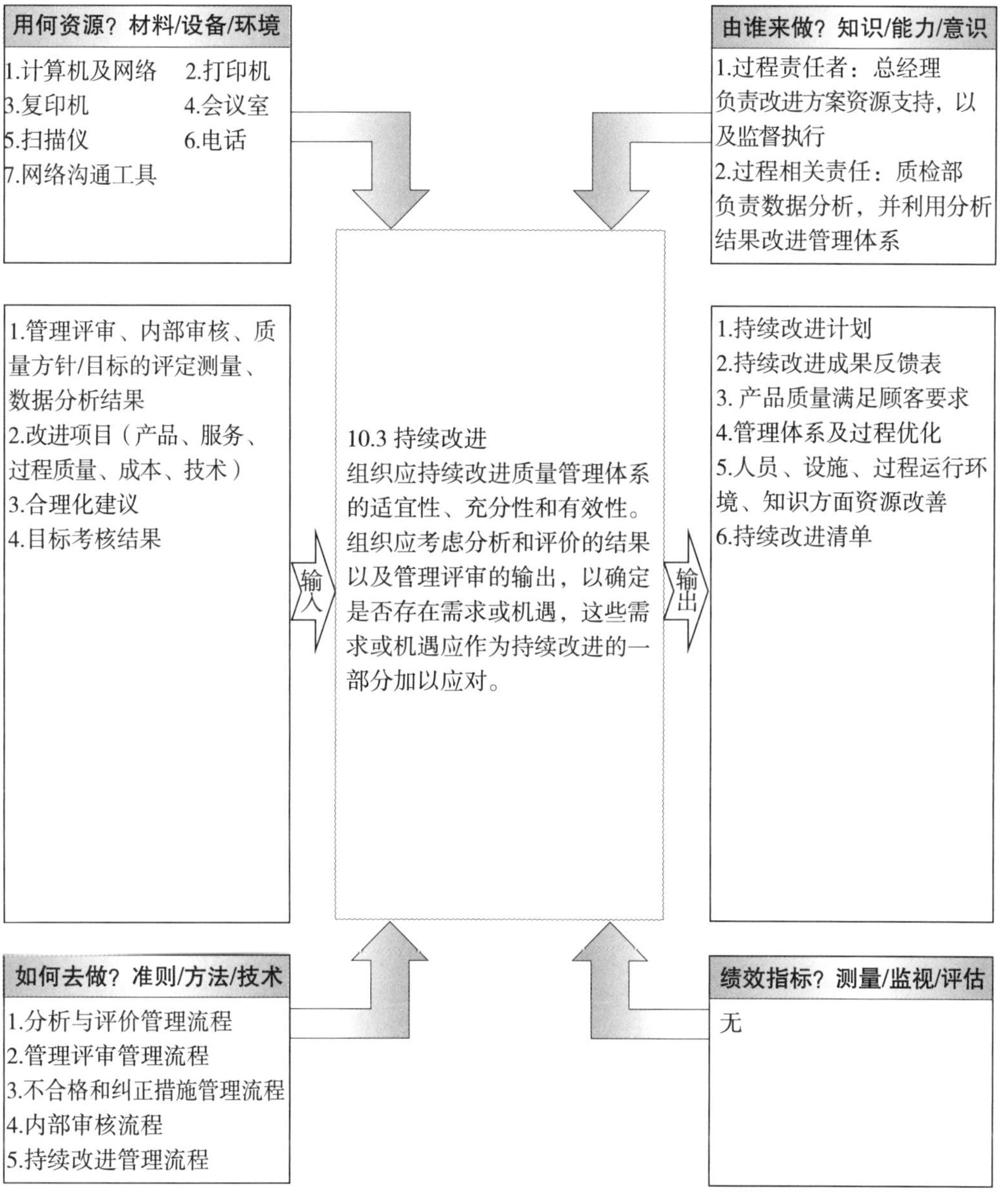

图 2-10-3　持续改进—过程分析乌龟图

第 3 篇

质量管理体系支持文件

3.1　体系及变更的策划管理流程

文件编号：QM/WI01　版本 / 改数：A/0　生效日期：20×× 年 ×× 月 ×× 日　　第 × 页 / 共 × 页

<table>
<tr><th colspan="4">过程流程</th><th rowspan="2">内容描述</th><th rowspan="2">采用表单</th></tr>
<tr><th>质检部</th><th>技术部</th><th>总经理</th><th>其他部门</th></tr>
<tr><td colspan="4">体系及变更的策划时机</td><td>1.按照GB/T19001–2016/ISO9001:2015质量管理体系要求建立和持续改进公司质量管理体系时。
2.公司已制定并颁布和实施的质量方针、目标、组织结构发生重大变化或重新制定颁布时。
3.公司质量管理体系的资源配置、市场情况发生重大变化时。
4.公司引进、开发和试制新产品，采用新工艺或新材料，技术革新或技术改造以及顾客对产品有特定要求时。
5.出现公司现有质量管理体系文件未能涵盖的特殊事项时。
6.多个管理体系整合时。</td><td></td></tr>
<tr><td colspan="4">体系变更的策划原则</td><td>1.变更目的及其潜在后果。
2.质量管理体系的完整性。
3.资源的可获得性。
4.责任和权限的分配或再分配。</td><td></td></tr>
<tr><td colspan="4">体系及变更的策划内容</td><td>1.针对特定产品、项目或合同所需达到的质量目标（包括公司年度质量目标和各部门年度质量目标）以及所需建立的相应的质量管理过程和子过程，识别关键的过程和活动，对过程或涉及的活动规定的途径。确定过程的输入、输出及活动，并对其做出相应的规定、评审、验证、确认，保持成文信息。
2.为满足和符合产品、项目、合同和顾客规定的要求，本公司产品的质量计划由技术部门依据本公司产品的特性/性质并结合本公司实际的生产和经营状况制订，以作为公司产品设计、开发、生产、安装和/或服务所需运用的设备（包括检验和试验设备）、工艺装备、技术条件、检验和试验（包括接收准则）、方法、人员等资源管理与控制的指导纲要。并按《成文信息管理流程》进行管理。
3.识别为实现质量目标（包括公司年度质量目标和各部门年度质量目标）所需建立的过程的资源配置、运作阶段的划分、岗位设立、人员的职责/权限分配、相互关系确定。
4.确定过程涉及的验证和确认活动及验收准则，对过程和产品的关键或重要特性应安排监视和测量活动，以及确定为过程和产品的符合性提供证据的成文信息。
5.对实现公司年度质量目标和阶段或局部的质量目标进行定期评审的规定，重点评审过程和活动的改进，实施所需的变更。
6.根据评审结果寻找与质量目标的差距，确保持续改进，提高公司质量管理体系的有效性和效率。
7.评估体系运行过程产生的风险和机遇，制定应对风险和机遇的措施。
8.对于满足产品质量、交付和服务等要求，公司必须做出明确规定并保持成文信息，使体系及变更的策划与其他要求相一致，以确保与产品质量、交付和服务等有关的相关工作有所依循及得到有效实施，并成为适用于本公司的操作性文件。
9.体系及变更的策划结果应保持成文信息。如部门质量目标、质量管理方案、质量计划、控制计划等。</td><td></td></tr>
<tr><td colspan="4">体系及变更的策划的输入
↓
A</td><td>1.顾客和其他受益者的需求和期望：公司顾客可能是投资者或未来的生产者，收益者则还应考虑社会（环境与安全）及供应商等。
2.产品特性：提供的产品应达到的特性指标（如：尺寸、外观、性能、功能等）。
3.质量管理体系的过程业绩：对质量管理体系原有过程业绩优良者，可以直接引用，否则应考虑更新。
4.以前的工作经验及教训：公司最高管理层在进行体系及变更的策划时，应借鉴类似产品项目的成功经验和付出巨大代价换来的教训，这对体系及变更的策划来说，是一个很好的预防措施。
5.改进的业绩：公司最高管理层在进行体系及变更的策划时，应汲取质量管理体系持续改进所取得的成果。
6.风险评估及风险降低：对可能发生的产品和过程的失效，应根据已有的风险评估资料采取针对性的措施，以便将风险降低到可接受的程度。</td><td></td></tr>
</table>

续表

<table>
<tr><th colspan="4">过程流程</th><th rowspan="2">内容描述</th><th rowspan="2">采用表单</th></tr>
<tr><th>质检部</th><th>技术部</th><th>总经理</th><th>其他部门</th></tr>
<tr><td colspan="4">A
体系及变更的策划工作开展</td><td>1.确定和配备必要的控制手段、过程、设备（包括检验和试验设备）、工艺装备、资源和技能等，识别过程中的质量特性，以达到所要求的质量。
2.为过程配备必要的资源（如：硬件和软件）：
1）购置：在市场上寻觅适用的产品；
2）研制：在技术能力有把握实现的范围内自行研制；
3）创新：超过现有技术水平，但能在合同规定的期限内设计和/或开发出来；
4）对管理方法也应注意可能实现的更新。
3.确保设计、生产过程、安装、服务、检验和试验程序和有关文件的相容性。
4.必要时，更新质量控制、检验和试验技术，包括研制新的测试设备。
5.确定所有测量要求，包括超出现有水平，但在足够时限内能开发的测量能力。
6.确定在产品形成适当阶段的合适的验证活动。
7.对所有特性和要求，包括含有主观因素的特性和要求，明确接收标准。
8.保持和保留成文信息。</td><td></td></tr>
<tr><td colspan="4">体系及变更的策划的输出</td><td>1.编制“质量计划”。
2.明确各过程的职责和权限。
3.对岗位人员素质的要求及所需的知识和技能。
4.改进的途径、方法和工具。
5.所需的资源。
6.实现业绩的指标。
7.相关成文信息。</td><td></td></tr>
<tr><td colspan="4">体系及变更的策划的监督</td><td>1.公司各单位在执行体系及变更的策划时应按照体系及变更的策划规定的内容、进度、要求进行控制和管理，并将执行情况进行日常检查，及时解决存在的问题，重要时向公司高层管理报告。
2.质检部应将体系及变更的策划实施情况的监督、检查，并及时将情况向公司高层管理报告。</td><td></td></tr>
<tr><td colspan="4">体系持续改进</td><td>1.在体系及变更的策划过程中，必须利用质量方针、质量目标、内部和外部审核结果、数据统计分析、纠正和预防措施、顾客抱怨/投诉、管理评审等进行质量管理体系的持续改进。
2.本公司的质量管理体系强调以预防为主的管理思想，主动对生产过程中的质量倾向和趋势进行诊断、预防和处理，以消除发生不合格的潜在因素，对已发生的不合格现象，主动给予处置和防范，防止其再次发生。
3.通过质量管理体系的运行和持续改进，不断地达到质量管理体系自我完善和自我规范的目的，使整个企业沿着正常的轨道和规律运行。</td><td></td></tr>
<tr><td colspan="4">体系及变更的策划的归档</td><td>体系及变更的策划的更改、修订、审核、批准、发行、回收、销毁、作废保存等作业由技术部或质检部、办公室按《成文信息管理流程》进行，年底送办公室归档。</td><td></td></tr>
</table>

3.2　风险和机遇的策划管理流程

文件编号：QM/WI02　版本 / 改数：A/0　生效日期：20×× 年 ×× 月 ×× 日　　第 × 页 / 共 × 页

过程流程 质检部 | 技术部 | 业务部 | 总经理 | 生产部 | 办公室 | 采购部 | 财务部	内容描述	采用表单
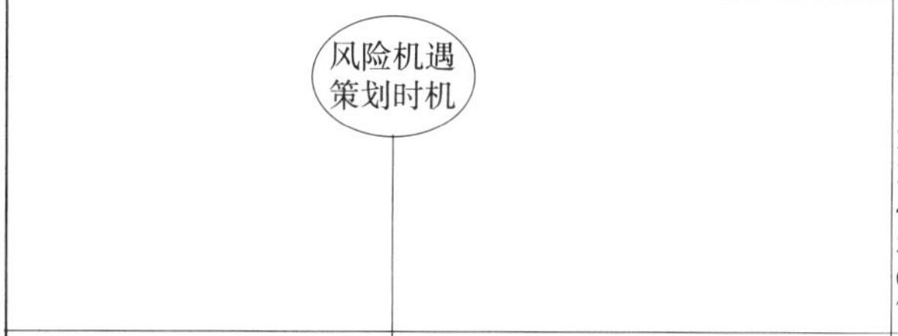	总经理把握应对风险和机遇策划的时机，包括以下方面： 1）质量管理体系策划； 2）企业宗旨、战略变化； 3）组织及其背景、内外部环境变化； 4）顾客及相关方的需求和期望变化； 5）研发及重大技术的变更； 6）法规发生变化； 7）发生应急事件。	
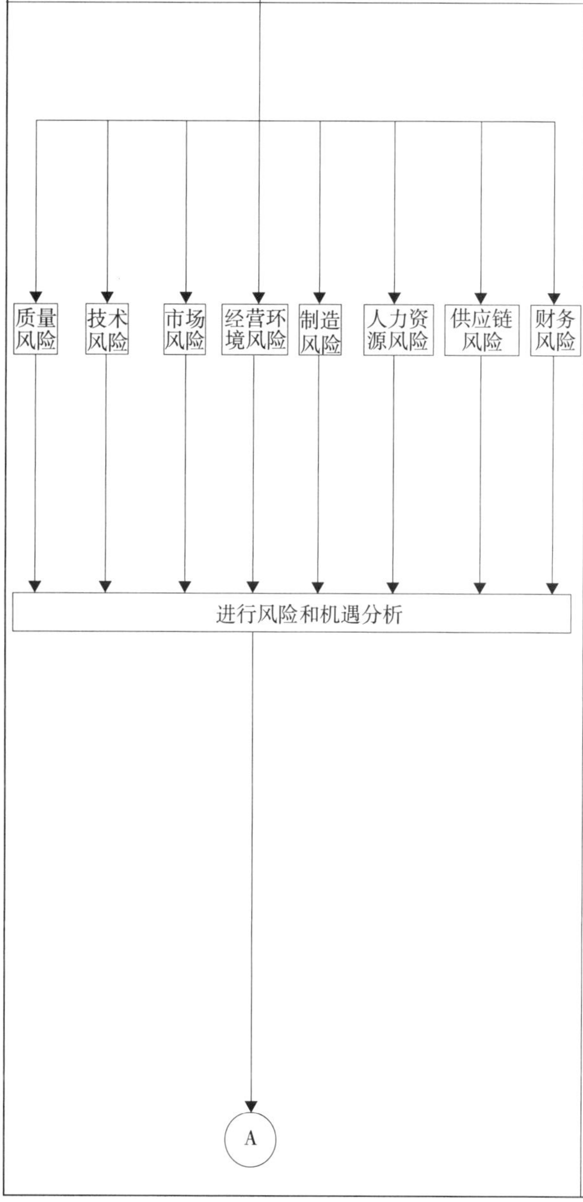	在总经理的组织下，各部门分别对与部门有关的风险进行识别，针对不同的风险类型，采取不同的风险分析方法，执行《SWOT分析指引》《波特五力模型指引》或其他分析方法。公司的风险类别包括（但不限于）以下方面： 1.质量风险 1.1直接质量风险：产品质量问题，导致退货、换货、修理等风险。 1.2间接质量风险：产品使用过程，损坏了顾客的其他财产权或人身权，应负民事赔偿责任。 1.3标准法规风险：国家标准和法规的变化。 1.4产品质量风险：自制件、外购件质量问题对产品的影响，生产作业过程质量管控风险。 2.经营环境风险 2.1国内外市场环境和发展趋势，产品销售淡季与旺季，影响顾客的采购，也间接影响公司产品的生产与库存。 2.2人文环境：主要体现在不同时间、不同地区、不同民族的人群，消费习惯不同。 2.3政策环境：国家宏观经济政策、经济环境的变动，以及各地方的相关政策的变动，间接地影响到企业资金融入，以及企业运营发展的必要条件。 2.4经济环境：利率的变动、汇率的变动、通货膨胀、通货紧缩等。 2.5法律纠纷：消费者投诉等潜在的法律纠纷。 2.6竞争环境：企业在行业、亚洲、全球的竞争态势，竞争优势与竞争劣势领域等。 3.技术风险 3.1新技术风险：新产品制造成功率、新产品市场及顾客认同率、市场上产生更新的技术和先进工艺、新技术应用对现产品的影响等。 3.2侵权风险：产品涉及专利及知识产权保护，造成侵权。 3.3法规风险：与新产品有关的法律法规要求的变化及可能对产品的影响。 3.4技术配套风险：与新产品有关的配件领域技术跟不上。 4.人力资源风险 4.1人员短缺风险：采购人员、服务人员、技术人员、检验人员、管理人员、财务人员，以及其他相关企业员工的离职、请假、休假，造成人力资源短缺等风险。	《各部门风险分析报告》

续表

过程流程								内容描述	采用表单
质检部	技术部	业务部	总经理	生产部	办公室	采购部	财务部		
			A ↓ 进行风险和机遇分析 ↓					4.2员工知识能力风险：由于员工知识能力不足，或上岗前岗位技能评估不当导致工作质量不符合要求的风险，以及员工意识不够，工作没正常发挥导致工作出问题的风险。 4.3法规风险：法律法规要求的变化，公司制度、管理规定等成文信息的合规性。 5.制造风险 5.1设备故障风险：生产设备出现意外的故障，甚至损坏等，影响生产进度。 5.2物料质量风险：物料生产过程和产品安装调试过程中存在的问题点。 5.3工艺落后风险：老的加工工艺虽然成熟，但同行已对老的工艺方法进行了改进，或产生新的工艺方法。 5.4生产过程风险：生产作业过程的突发事件，生产管理软件滞后，应用效果不良，现场管理混乱，生产计划排程不畅，加工进度不能有序进行等风险。 6.供应链风险 6.1采购成本：主要原材料的价格波动对公司利润的影响。采购过程的欺诈行为，导致同样价格原材料质量不符合要求 6.2供货能力：外供方加工能力不足，送货时间不及时，供应商违约，供应渠道不畅通等风险。 7.市场风险 7.1市场容量：对市场容量的调查所采用的方法不合适，产品的市场总量及占有量不准确，导致产品的产量大于实际需求，而增加公司的投资风险。 7.2市场竞争力：对竞争对手的错误分析，可能导致对我们的产品市场的竞争力高估或低估，引发期望值不能实现的风险。 7.3价格风险：产品的价格风险受产品的成本、质量和声誉、顾客消费等的影响。 7.4促销风险：包括促销活动的成本控制、效果预测失误以及对产品品质的怀疑等风险。 8.财务风险 8.1融资/筹资过程中的风险：比如风险筹资的费用很高，而且受到政策限制较多，加大了筹资的不确定性。 8.2资金偿还过程中的风险：主要受到利率的影响，有极大的不稳定性，增加偿还风险。 8.3资金使用过程中的风险：主要表现为短期资金风险和长期资金投资风险。 8.4资金回收过程中的风险：应收款无法及时到位，增加了坏账的出现率。 8.5收益分配过程中的风险：主要表现在确认风险和对投资者进行收益分配不当而产生的风险。	《各部门风险分析报告》
			总　评 ↓ B					对风险分析评价后，统一交总经理进行审核，对不切合公司实际、不符合要求的分析报告由制定部门修订，最后汇总形成《企业风险分析报告》，找出重要风险项目，确定需要应对的风险和机遇。	《企业风险分析报告》

续表

过程流程								内容描述	采用表单
质检部	技术部	业务部	总经理	生产部	办公室	采购部	财务部		
B ↓ 应对风险和机遇的措施								1.总经理组织各部门制定切实可行的《应对风险和机遇的措施单》。 2. 考虑在质量管理体系过程中整合并实施这些措施。 3.应对措施应与风险和机遇对产品和服务符合性的潜在影响相适应。 4.风险应对措施包括： 1）规避风险：指对超出风险承受度的风险，通过放弃或者停止与该风险相关的业务活动以避免和减轻损失的对策； 2）承担风险：指对风险承受度之内的风险，在权衡成本效益之后，不准备采取控制措施降低风险或者减轻损失的策略； 3）消除风险源：采取替代等方式，消除风险发生的根源； 4）减少风险（改变风险的可能性或后果)：指公司在权衡成本效益之后，准备采取适当的控制措施降低风险或者减轻损失，将风险控制在风险承受度之内的对策； 5）分担风险：指公司准备借助他人力量，采取业务分包、购买保险、合作、融资等方式和适当的控制措施,将风险控制在风险承受度之内的对策； 6）延缓风险：通过对充分数据分析，保留并延缓风险。 5.机遇可能导致采用新实践、推出新产品、开辟新市场、赢得新顾客、建立合作伙伴关系、利用新技术和其他可行之处，以应对企业或顾客的需求。	《应对风险和机遇的措施单》
↓ 策划结果								1.总经理负责对风险和机遇评估并对结果进行审批和跟踪验证，直到计划目标达成。 2.发现或管理风险的部门通过评审的方式对风险和机遇进行评估。根据重要程度，评审的形式可以采取口头的、召开会议或现场评价。 3.法律法规方面的风险不需要评估，由相关部门按法规要求执行。 4.按部门职责划分，相关部门根据评价的结果采取必要的措施，定期检查措施的有效性。 5.保留以上相关成文信息，作为分析与评价的输入。	

表 3.2-1　竞争环境风险分析报告

QR6.1-01　　　　　　　　　　　　　　　　　　　　No：

1. 企业目前竞争环境

1.1 企业目前竞争态势。本公司是国内 F 产品行业的领军企业，是国内目前最大的 F 产品生产基地，世界第三大 F 产品生产厂家，产品占国内中高端市场份额 80%。公司主要的竞争对手如下：

主要产品	主要竞争区域	主要竞争对手	竞争对手产品和市场特点
F 产品	美国、亚洲	美国 A 公司	技术成熟，拥有很多知识产权，有良好的市场基础
	欧洲、亚洲	德国 B 公司	技术成熟，企业拥有产品实验室，试验设备齐全
	亚洲	日本 C 公司	世界公认的顶尖 F 产品设计制造商

1.2 企业目前竞争优势

优势领域	优势内容
经验丰富的管理团队	公司有优秀的管理团队。自 1998 公司成立以来，各项经济技术指标年均递增 60% 以上，走出了企业自己的成功发展之路
质量、成本、品种	公司严格执行 ISO 9001 质量管理体系，坚持标准化管理，产品采用国际标准作为公司内部生产控制标准，品种丰富，性价比高，交货期短，服务优质
资金实力强	公司多年来创造了雄厚的资金实力，以及良好的社会信誉，融资渠道畅通
客户群体覆盖范围广	公司产品在国内覆盖二十多个省市（自治区）；在国际市场上覆盖美国、欧洲、亚洲、非洲等二十多个国家和地区，并与多家国内、国际知名品牌建立了合作关系
生产制造系统完善	公司拥有先进的生产设备，积累了系统的生产制造经验，制造能力强

1.3 企业目前竞争劣势

劣势领域	劣势内容
业务开发能力	业务人员专业素质须不断地提高，责任心须加强，缺乏学习意识和市场开拓意识，对市场的判断缺乏超前意识
产品营销	营销网络不够完善，售后服务延伸不够
人力资源	员工年龄结构、知识结构不尽合理，员工的向心力和凝聚力需要不断地增强，员工的专业素质需进一步强化提高，对后备人才的培养和吸收要加以重视

2. 企业目前竞争的 SWOT 分析

通过综合分析得出，公司的机会与优势相对明显，针对主要的劣势应制定相关措施。公司竞争环境确定为增长型战略。

Strength(优势)	Weakness(弱势)
◆ 在发展过程中积累了丰富的管理经验 ◆性价比高，品种丰富，交货期短 ◆ 资金实力强，且融资渠道畅通 ◆ 客户群体覆盖范围广 ◆ 公司拥有先进的制造能力	◆ 中高级人才供给不足 ◆ 品牌附加值有待提升 ◆ 营销体系有待进一步完善 ◆ 对市场的判断缺乏超前意识 ◆ 基层人员的业务水平亟须提高
Opportunity（机会）	**Threat（威胁）**
◆ 技术的不断创新 ◆ 国家产业政策的扶持 ◆ 国家大型项目投资增多	◆ 行业竞争的不断加剧 ◆ 原材料价格波动大 ◆ 同行研发投入增加

3. 积极应对挑战和抓住机遇

3.1 公司在策划管理体系时，充分考虑并预测国内的形势、宏观经济环境、法律法规、行业的发展趋势等方面给公司带来的长短期挑战，制定相应的应对措施。同时，积极把握行业发展给公司带来的机遇，促进公司的发展。

3.2 长短期挑战的应对

挑战		相应战略目标	应对措施
短期挑战	1. 原材料价格波动大	利润指标	加强价格分析预测，形成战略采购，做好成本传递分担和技术改造
	2. 基层人员的业务水平还需提高	人力资源	制订人力资源计划，加强培训和人才引进
长期挑战	3. 市场竞争不断加剧	销售收入指标	培育战略客户、巩固重点客户，提高产品性能指标，加强研发技术

3.3 环境挑战的应对

挑战		相应战略目标	应对措施
短期挑战	对周边空气造成粉尘影响	环境指标	达到 GB 3095-1996《环境空气质量标准》二级排放标准，加强粉尘排放措施控制，改善加工工艺，减少粉尘排放
	对周边水造成污染	环境指标	设备废旧机油，渗漏液体，进行收集，交由有资质回收企业处理

续表

挑战		相应战略目标	应对措施
长期挑战	对周边造成噪音影响	环境指标	场内噪声符合 GBZ1-2002《工业企业设计卫生标准》的要求，Leq ≤ 85(dB)，加强噪声排放措施控制，改善加工工艺，减少噪声排放

3.4 机遇的把握

挑战		相应战略目标	应对措施
短期机遇	1. 技术不断创新	行业地位	通过技术创新、产品创新，提高市场占有率，不断提升本公司品牌
长期机遇	2. 国家产业政策的扶持，大型项目投资增多	利润指标	继续扩大规模，完善市场布局，注重质量及品牌建设，在行业中加强地位，确保公司可持续发展

3.5 产品、服务、经营等方面的创新机会

3.5.1 在技术方面创新。通过行业协会、产品展销会、技术交流会、日常沟通等多种方式准确理解客户需求，与上游的战略供应商、下游的战略客户一起推动技术进步。

3.5.2 在管理方面创新。改善目前企业的管理软件系统，通过成本传递机制、客户价值贡献分析、精益生产、个性化激励机制、营销政策引导等多种方式，激发公司各部门及员工的积极性、主动性。

编制 / 日期：______________　　审批 / 日期：______________

3.3　质量目标的策划管理流程

文件编号：QM/WI03　版本 / 改数：A/0　生效日期：20×× 年 ×× 月 ×× 日　　第 × 页 / 共 × 页

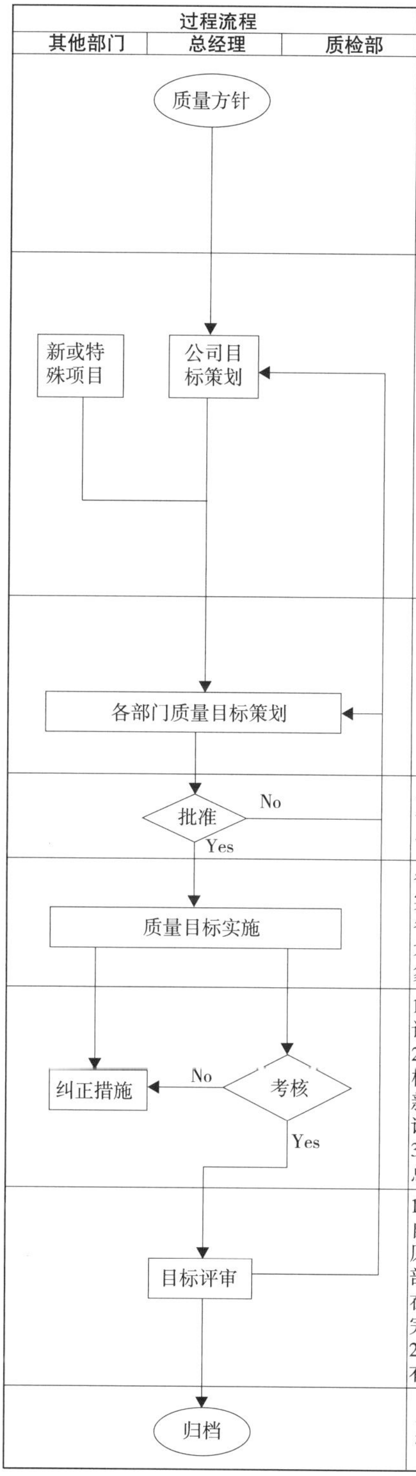

内容描述	采用表单
制定质量方针时，应考虑： 1）公司的战略方向； 2）公司的宗旨和环境； 3）公司的业务过程； 4）市场发展趋势； 5）产品和服务的要求； 6）公司内、外部顾客及相关方要求； 7）持续改进质量管理体系的承诺。	
1.公司在策划质量目标时，应充分考虑以下方面： 1）与公司的战略、方针保持一致； 2）公司和顾客当前与未来的需求； 3）现有的产品性能、质量管理过程业绩和管理评审结果； 4）相关方的满意程度； 5）水平对比，竞争对手的分析，改进的机会； 6）与产品和服务合格相关； 7）落实到各部门、车间、岗位； 8）使用定量、定性语言，确定计算公式，以便可测量； 9）达到目标所需的资源，鼓励全体员工为实现质量目标做出贡献。 2. 新产品、新项目、特殊项目的质量目标，由项目经理进行策划，目标分解到各部门，以书面形式提出，经总经理审核后发布执行。	
策划质量目标的时机，包括以下方面： 1）质量方针首次制定时； 2）质量方针修订/更新时； 3）每次管理评审会议，对质量目标进行评审后； 4）质量目标实施过程，产品、过程发生重大变化，与规定不符合时； 5）公司高层管理认为公司业务有发展需要。	
总经理对各部门策划的分质量目标进行审核，考虑其适宜性、有效性，与公司战略、环境、质量方针、目标的相关性。最后汇总形成《过程绩效指标（质量目标）规定》。	《过程绩效指标（质量目标）分解表》
各部门应对各个质量目标制订分解执行计划，并按计划实施，保留成文信息，作为计划实施的证据。 各部门主管对质量目标实施过程进行检查，分解执行计划是否按预期方向发展，能否达到目标要求。对偏离现象及时提出，及时纠正。	
1.每月底，各部门对本部门的质量目标实现情况分析统计，填写《月度质量目标统计表》，交质检部进行考核。 2.质检部负责对质量目标执行情况进行监督检查，按考核办法进行考核，对目标未达到或验证无效的目标应重新立案，按《不合格和纠正措施管理流程》执行，并验证纠正措施的有效性。 3.涉及修改质量目标时，应组织相关部门进行评审，报总经理批准后实施。	《月度质量目标统计表》《过程绩效指标（质量目标）考核表》
1.每年总经理召开管理评审会议时，各部门经理应对各自质量目标的完成情况进行统计及说明，如出现因主观原因而造成的质量目标未完成情况，总经理应责令有关部门责任人分析原因、制定相应的改进或纠正措施，并在改进或纠正措施规定的期限内予以验证其完成情况及完成效果，具体按照《不合格和纠正措施流程》执行。 2.各部门应根据本年度质量目标的实施情况，提出对现有质量目标修改的可能，并策划制定下一年度质量目标。	
总经理对质量目标策划、检查等相关成文信息收集归档。	

表 3.3-1 过程绩效指标（质量目标）分解表

QR6.2-01 No：

序号	标准条款	过程	质量目标 / 过程绩效指标	结果评价方式	评价依据	监测责任人	报告频率
1	5.1	领导作用和承诺	外部审核一次通过率 100%	（外部审核一次通过数 / 外部审核总数）×100%	第二方审核，第三方审核	总经理	每年
2	5.2	质量方针	质量方针抽查知晓率≥ 90%	（质量方针知晓人数 / 总调查人数）×100%	质量方针抽查信息	总经理	每年
3	6.2	质量目标及其实现的策划	质量考核达标率≥ 90%	（质量目标考核达标数 / 考核总数）×100%	质量考核记录	总经理	每年
4	7.1.2	人员	人员配置率≥ 95%	（实际配置的人数 / 计划配置总数）×100%	员工岗位信息，人员配置计划	办公室	每季
5	7.1.3	基础设施	设备完好率≥ 85%	（设备完好数 / 设备完好总数）×100%	设备检修记录	生产部	每月
6	7.1.4	过程运行环境	环境检查平均得分≥ 80 分	各部门每次检查的平均得分	环境检查记录	办公室	每月
7	7.1.5	监视和测量资源	在用测量设备受检合格率 100%	（在用测量设备受检合格数 / 在用测量设备总数）×100%	校准合格证	质检部	每月
8	7.2	能力	培训计划执行率 100%	（培训执行数 / 计划培训总数）×100%	培训计划，培训记录	办公室	每月
9	7.5	成文信息	文件有效率 100%	（文件传递有效数 / 文件总数）×100%	文件发放记录	办公室	每月
10	8.2	产品和服务的要求	合同评审完成率 100%	（合同评审完成数 / 合同总数）×100%	合同评审记录	业务部	每月
11	8.3	产品和服务的设计和开发	开发计划节点按时完成率≥ 95%	（开发计划节点按时完成数 / 总数）×100%	开发计划节点完成信息	技术部	每月
12	8.4	外部提供过程、产品和服务的控制	原材料采购及时率≥ 95%	（原材料采购及时到货数 / 原材料采购总数）×100%	原材料采购单	采购部	每月
13	8.4	外部提供过程、产品和服务的控制	原材料批次合格率≥ 99%	（原材料合格娄 / 原材料采购总数）×100%	进货检验单	采购部	每月
14	8.5.1	生产和服务提供的控制	生产计划完成率≥ 99%	（按时完成的生产计划数 / 生产计划总数）×100%	生产计划单	生产部	每月

续表

序号	标准条款	过程	质量目标 / 过程绩效指标	结果评价方式	评价依据	监测责任人	报告频率
15	8.5.1	生产和服务提供的控制	产品不良率≤ 0.3%	（生产的不良品 / 生产的产品总数）× 100%	生产报表	生产部	每月
16	8.5.1	生产和服务提供的控制	报废率≤ 0.03%	（生产的报废品 / 生产的产品总数）× 100%	生产报表	生产部	每月
17	8.5.1	生产和服务提供的控制	成品批次合格率≥ 80%	（成品批次检验合格数 / 检验总批数）× 100%	成品检验报告	生产部	每月
18	8.5.2	标识和可追溯性	产品状态标识率≥ 98%	（检查产品状态标识清楚次数 / 检查总数）× 100%	现场标识检查记录	质检部	每月
19	8.5.5	交付后活动	★交付及时率≥ 98%	（产品交付及时数 / 产品交付总数）× 100%	产品交付记录	业务部	每月
20	8.6	产品和服务的放行	★放行产品退货率≤ 0.5%	（放行产品退货数 / 放行产品总数）× 100%	产品退货记录	质检部	每季
21	8.7	不合格输出的控制	返工产品一次交检合格率 100%	（返工产品一次交检合格数 / 返工产品一次交检总数）× 100%	返工记录	质检部	每月
22	8.7	不合格输出的控制	不合格品处理按时完成率 100%	（不合格品处理按时完成数 / 不合格品发生总数）× 100%	不合格品处理记录	质检部	每月
23	9.1.2	顾客满意	★顾客满意度≥ 85 分	根据顾客满意度调查结果和过程业绩的结果综合计算	顾客满意度调查结果	业务部	每年
24	9.1.2	顾客满意	顾客投诉及时回复率 100%	（顾客投诉及时回复数 / 顾客投诉总数）× 100%	顾客投诉记录	业务部	每月
25	10.2	不合格和纠正措施	不合格与纠正措施关闭率 100%	（不合格与纠正措施关闭数 / 不合格与纠正措施总数）× 100%	不合格与纠正措施报告	质检部	每季

注：带“★”为公司级质量目标，其他为各职能部门的过程绩效指标。

表 3.3–2　月度质量目标统计表

QR/6.2–02　　　　　　　　　　　　　　　　　　No：

<table>
<tr><td>部门</td><td></td><td>岗位</td><td></td></tr>
<tr><td>统计人员</td><td></td><td>统计日期</td><td></td></tr>
<tr><td>质量目标项目</td><td></td><td>质量目标标准</td><td></td></tr>
<tr><td>质量目标计算方式</td><td colspan="3"></td></tr>
<tr><td>信息收集（包括相关记录与数据）</td><td colspan="3"></td></tr>
<tr><td>质量目标达标情况</td><td colspan="3"></td></tr>
<tr><td>部门主管审核意见</td><td colspan="3">签名：　　　日期：</td></tr>
<tr><td>考核部门意见</td><td colspan="3">签名：　　　日期：</td></tr>
<tr><td colspan="4">未达标填写（达标不用填写）</td></tr>
<tr><td>未达标原因分析</td><td colspan="3">签名：　　　日期：</td></tr>
<tr><td>纠正措施</td><td colspan="3">签名：　　　日期：</td></tr>
<tr><td>结果验证</td><td colspan="3">签名：　　　日期：</td></tr>
</table>

表 3.3-3 过程绩效指标（质量目标）考核表

QR/6.2-03　　　　　　　　　　　　　　　　　　　　　No：

序号	标准条款	部门	过程编号	质量目标 / 过程绩效指标	报告频率	________年											
						1	2	3	4	5	6	7	8	9	10	11	12
1																	
2																	
3																	
4																	
5																	
6																	
7																	
8																	
9																	
10																	
11																	
12																	
13																	
14																	
15																	
16																	
17																	
18																	
19																	
20																	

制表：　　　　　　　　　　　审核：

3.4 人员管理流程

文件编号：QM/WI04 版本 / 改数：A/0 生效日期：20×× 年 ×× 月 ×× 日 第 × 页 / 共 × 页

过程流程			内容描述	采用表单
办公室	相关部门	总经理		
公司人员需求			办公室每年年底做好下年度的人员需求方案，制定《人员配置矩阵表》	《人员配置矩阵表》
		审批	总经理审批后执行。	
	人员需求申请		各部门根据现有人员情况，对工作进行评估，如需要增加、减少人员，向办公室申请。	《人员需求申请表》
制订需求计划			办公室权衡后，制订《岗位人员需求计划》。	《人员需求计划表》
人员异动计划		审批	办公室权衡后，制订《人员异动计划》，经总经理批准执行。	《人员异动计划》
进行招聘 外包服务			人事专员按《人员配置矩阵表》《人员需求申请表》《岗位人员需求计划》组织进行员工招聘，填写相应记录。 对外包服务提供人员和外供方，应进行能力评估和风险控制。	《员工登记表》 《劳动合同》

表 3.4-1 人员配置矩阵表

QR/7.1.2-01 No：

部门	岗位	人员配置岗位要求	现有人数	还需人员	计划到岗时间	实际到岗时间	备注

编制 / 日期： 审核 / 日期：

表 3.4–2　人员需求申请表

QR/7.1.2–02　　　　　　　　　　　　　　　　　　　　No：

<table>
<tr><td>申请部门</td><td colspan="3"></td><td colspan="2">申请日期</td><td colspan="2"></td></tr>
<tr><td rowspan="7">拟增加人员</td><td>岗位</td><td>工作内容/职责</td><td>性别</td><td>任职要求（年龄/学历/技能）</td><td>已有人数/资深（熟练）工</td><td>申请增加人数</td><td>备注</td></tr>
<tr><td></td><td></td><td></td><td></td><td>___人/___人</td><td></td><td></td></tr>
<tr><td></td><td></td><td></td><td></td><td>___人/___人</td><td></td><td></td></tr>
<tr><td></td><td></td><td></td><td></td><td>___人/___人</td><td></td><td></td></tr>
<tr><td></td><td></td><td></td><td></td><td>___人/___人</td><td></td><td></td></tr>
<tr><td></td><td></td><td></td><td></td><td>___人/___人</td><td></td><td></td></tr>
<tr><td></td><td></td><td></td><td></td><td>___人/___人</td><td></td><td></td></tr>
<tr><td>用人部门申请理由</td><td colspan="7">签名：　　　　日期：</td></tr>
<tr><td>办公室意见</td><td colspan="7">签名：　　　　日期：</td></tr>
<tr><td>批准</td><td colspan="7">签名：　　　　日期：</td></tr>
</table>

表 3.4-3　人员需求计划表

QR/7.1.2-03　　　　　　　　　　　　　　　　　　　　No：

序号	岗位	工作内容 / 职责	申请人数	申请部门	申请日期	备注
办公室意见	签名：　　日期：					
批准	签名：　　日期：					

表 3.4-4　人员异动计划

QR/7.1.2-04　　　　　　　　　　　　No：

序号	岗位 / 工种	人数	素质要求	到岗时间	使用方式	计划完成记录
1						
2						
3						
4						
5						
6						
7						
8						
9						
10						
11						
12						

编制：　　　　　　　　审批：

表 3.4-5　员工登记表

QR/7.1.2-05　　　　　　　　　　　　　　　　　　　　　No：

填写日期：＿＿＿＿＿年＿＿＿＿月＿＿＿＿日

姓名		性别		民族		（粘贴相片处）
本人电话		出生日期		婚否		
紧急联系人		紧急联系人电话				
身份证号码						
户口所在地						
现居住地址						

教育程度	就读时间	学校	专业	学历	家庭主要成员	姓名	关系

工作经历	起止时间	工作单位	部门	职位	工作范围

受聘员工申明	身份证粘贴处
1) 本人是自愿受雇 2) 提供信息资料真实有效 签名：＿＿＿＿ 日期：＿＿＿＿	（正面） …………………… （反面）

入厂记录		
上班时间	部门	岗位

离厂记录		
离厂日期	原因	主管签名

3.5　设施管理流程

文件编号：QM/WI05　版本 / 改数：A/0　生效日期：20×× 年 ×× 月 ×× 日　　第 × 页 / 共 × 页

过程流程				内容描述	采用表单
生产部	采购部	总经理	技术部		
新设备需求			新产品设备需求	生产部根据公司生产情况及产品精度要求提出设备购买申请。	《设备添置申请表》
			产能扩充	技术部依据新产品开发及新工艺或产能扩充的需要，提出购买申请。	
		审批		公司所有设备购置申请，经由总经理审批后组织实施。	
	供方选择			采购部依据经批准的设备购置申请组织实施供方选择，必要时组织技术部、生产部参加。	
	询价、议价、评估			采购员按采购流程进行询价、议价作业处理，并会同设备管理、技术部对设备和设备供方进行评估。评估内容应包含：设备价格、使用成本、设备精度，以及供方售后服务保障能力等。	
	采购签约			采购员负责依据评估结果与设备供方签订合同。	《合同》
			设备验收	设备采购到位，由多功能小组组织验收，该小组包含：设备、技术、采购及使用单位等。设备验收由设备管理员填写《设备验收单》，并会签相关单位责任人。设备验收内容应包含调试、安装及相关的技术文件、易损配件等清点、核对。	《设备验收单》
编号、归档				经验收合格的设备，由设备管理员编号，建立设备档案，并载入设备台账，并根据生产工序的重要程度确定关键设备并标识，根据设备易损部件的具体情况列出《设备易损件清单》。	《设备台账》 《设备备件清单》
编制设备操作、维护技术文件				设备管理员负责组织编制《设备操作规程》《设备维护保养规定》。	
审批				设备操作、维护技术文件由生产主管审批后生效。	
设备使用 设备维护				生产部各车间操作工负责设备日常保养，以《设备日常点检表》的形式实施检查、监督。设备管理员编制设备保养维护计划，并按照计划实施设备保养并记录。	《设备日常点检表》 《设备维护保养计划表》 《设备维修保养记录表》
维修申请				设备维修申请由使用单位向设备管理部门提出。	
维修验收				维修完工的设备，使用单位组织验收并在维修申请单上签字确认。	《设备维修申报单》
继续使用	设备报废申请			设备的报废由设备管理员以报废申请单的形式提出申报。	《设备报废申请单》
		批准		设备报废的申请经总经理审批生效。	
报废设备隔离、标识				设备管理员负责对经批准的报废设备进行标识、隔离，并在设备台账上做详细记录。	

表 3.5-1　设备添置申请表

QR/7.1.3-01　　　　　　　　　　　　　　　　　　　　No：

申请部门		申请人 / 日期	
购置理由：			

名称	型号规格	数量	配置方式	估价	时间要求	制造厂

审批意见	相关部门意见： 签字 / 日期：	总经理意见： 签字 / 日期：

表 3.5-2　设备验收单

QR/7.1.3-02　　　　　　　　　　　　　　　　　　No：

设备名称	设备型号	设备编号	设备使用部门	设备生产厂商	设备进厂日期	设备使用日期	单台功率	台数	验收日期

序号	验收部位	验收部位状况	设备使用及运行状况	设备附件及零配件	设备技术资料	备注
1						
2						
3						
4						
5						
6						
7						
8						

使用部门	设备科	技术部门	质量部门	办公室

表 3.5–3　设备台账

QR/7.1.3–03　　　　　　　　　　　　　　　　　　　　No：

序号	设备名称	规格型号	设备编号	制造单位	验收日期	始用日期	使用部门	备注

制表 / 日期：

表 3.5–4　设备备件清单

QR/7.1.3–04　　　　　　　　　　　　　　　　No：

编制 / 日期：　　　　　　　　　审批 / 日期：

序号	配件名称	型号规格	类别	单位	最高 / 最低库存	应用设备名称	备注

表 3.5-5　设备日常点检表

QR/7.1.3-05　　　　　　　　　　　　　　　　　　No：

部门 / 车间：________　设备编号：________　设备名称：________　年份：________

月份	保养内容	1	2	3	4	5	6	7	8	9	10	11	12	13	14	15	16	17	18	19	20	21	22	23	24	25	26	27	28	29	30	31
1	①② ③④ ⑤⑥																															
2	①② ③④ ⑤⑥																															
3	①② ③④ ⑤⑥																															
4	①② ③④ ⑤⑥																															
5	①② ③④ ⑤⑥																															
6	①② ③④ ⑤⑥																															
7	①② ③④ ⑤⑥																															
8	①② ③④ ⑤⑥																															
9	①② ③④ ⑤⑥																															
10	①② ③④ ⑤⑥																															
11	①② ③④ ⑤⑥																															
12	①② ③④ ⑤⑥																															
13	保养人																															

一、备注：设备正常保养打“√”，停机以“※”表示，设备维修打“△”并记录维修情况。

二、保养项目：①_____；②_____；③_____；④_____；⑤_____；⑥_____。

三、维修情况：

审核：

表3.5-6 设备维护保养计划表

QR/7.1.3-06 No：

编制： 日期：

序号	设备编号	设备名称	计划/追踪												备注
			1月	2月	3月	4月	5月	6月	7月	8月	9月	10月	11月	12月	

表 3.5–7　设备保养 / 维修记录表

QR/7.1.3–07　　　　　　　　　　　　　　　　　　　　　No：

<table>
<tr><td>设备名称</td><td></td><td>设备编号</td><td></td></tr>
<tr><td>设备型号</td><td></td><td>使用部门</td><td></td></tr>
<tr><td colspan="4">设备保养 / 维修原因：

记录人：　　　　日期：　　　年　　月　　日</td></tr>
<tr><td colspan="4">保养 / 维修记录：

保养 / 维修人员：　　日期：　　　年　　月　　日</td></tr>
<tr><td colspan="4">验收记录：

验收人：　　　　日期：　　　年　　月　　日</td></tr>
<tr><td colspan="4">备注：

</td></tr>
</table>

表 3.5–8　设备维修申报单

QR/7.1.3–08　　　　　　　　　　　　　　　　　　　　　No：

<table>
<tr><td colspan="6">申报单位：__________车间 / 部门　　　　　　　　　__________年______月______日</td></tr>
<tr><td>设备名称</td><td></td><td>设备型号</td><td colspan="3"></td></tr>
<tr><td>设备编号</td><td></td><td>报修人</td><td></td><td>报修
时间</td><td>________时________分</td></tr>
<tr><td>接单人</td><td></td><td>接单时间</td><td colspan="3">______月______日______时______分</td></tr>
<tr><td colspan="6">事故原因及维修情况</td></tr>
<tr><td colspan="2">设备故障描述</td><td>故 障 原 因</td><td colspan="3">设备维修后结果</td></tr>
<tr><td colspan="2" rowspan="4"></td><td rowspan="5"></td><td colspan="3">更换部件名称及规格：</td></tr>
<tr><td colspan="3">维修结果：</td></tr>
<tr><td colspan="3">维修用时：</td></tr>
<tr><td colspan="3">维修人员：</td></tr>
<tr><td colspan="2">班组长：______</td><td colspan="3">班组长：______</td></tr>
<tr><td colspan="2">车间主任：______</td><td>维修人员：______</td><td colspan="3">车间主任：______</td></tr>
</table>

表 3.5-9　设备报废申请单

QR/7.1.3-09　　　　　　　　　　　　　　　　　No：

设备名称		设备编号	
设备型号		申请人	
设备现状			
报废原因			
申请部门意见	签名 / 日期：		
设备部门意见	签名 / 日期：		
生产部门意见	签名 / 日期：		
办公室意见	签名 / 日期：		

3.6　过程运行环境管理流程

文件编号：QM/WI06　版本/改数：A/0　生效日期：20××年××月××日　　第×页/共×页

过程流程			内容描述	采用表单
相关部门	办公室	总经理		
	运行环境识别		1.运行环境识别应从公司活动、产品或服务过程进行，包括各道工序、所需的各种物品、工作的各种场所、使用的各种设备、管理的各个流程等。 2.过程运行环境因素包括多个方面，对不同的产品和服务，环境因素影响有所不同，可以从以下（不限于）方面考虑： a）社会因素（如非歧视、安定、非对抗）； b）心理因素（如减压、预防过度疲劳、稳定情感）； c）物理因素（如温度、热量、湿度、照明、空气流通、卫生、噪声）。 3.各部门负责人对本部门的环境因素识别，填写《环境因素识别单》。	《环境因素识别单》
	环境因素评价		1.办公室收集各部门填写的《环境因素识别单》，组织相关人员进行环境因素的评价； 2.公司采取“综合打分法”对过程运行环境进行评价，制定《环境因素识别评价表》。	《环境因素识别评价表》
	环境因素的控制		公司根据不同性质、类别的环境因素，采取以下一种或多种措施进行控制： 1.对现有运行环境进行改进； 2.创建和更新成文信息进行管理； 3.通过宣传、培训方式； 4.现场张贴警示标志，进行监督检查； 5.发放相关劳保防护用品。	
	维护管理		1.各部门主管负责过程运行环境实施，监督部门员工执行，进行日常检查； 2.办公室负责组织各部门主管成立临时小组，每月进行一次正式检查，对不符合要求责令整改，执行《不合格和纠正措施管理流程》。	
	更新		1.办公室于每年管理评审会议召开前，组织相关部门对环境因素重新作出识别，并重新评价。 2.当公司出现以下情况时，应重新评价环境因素： a)公司产品、活动、服务有重大改变时； b) 环境法律、法规及有关要求有变更时； c) 相关方意见或要求有重大改变时； d）为提升产品和服务质量时。	《环境因素识别单》

表 3.6-1　环境因素识别单

QR/7.1.4-01　　　　　　　　　　　　　　　　　　No：

提出人员		提出部门		日期	
运行环境描述					
环境因素类别					
现有运行环境对产品和服务影响					
建议控制措施					
部门主管意见	签名 / 日期：				

表 3.6–2　环境因素识别评价表

QR/7.1.4–02　　　　No：

序号	环境因素	发生场所	环境影响	评分标准												综合评分	管理控制措施
				法规符合性			发生频率			影响程度			控制措施				
				偶然超标 3 分	基本符合 2 分	达标 1 分	持续发生 3 分	经常发生 2 分	偶尔发生 1 分	危害大 3 分	一般影响 2 分	影响小 1 分	无 3 分	运行不好 2 分	运行正常 1 分		

综合评分 = 法规符合性 + 发生频率 + 控制措施 + 影响程度。当综合评分≥ 10 分时，必须对现有运行环境进行改进，并创建和更新成文信息进行管理。

评价人：　　　　日期：

3.7 监视和测量资源管理流程

文件编号：QM/WI07 版本 / 改数：A/0 生效日期：20××年××月××日 第×页 / 共×页

过程流程 相关使用部门	质检部	总经理	采购部	内容描述	采用表单
新增监视测量设备	审核			产品测量设备的选用由使用部门根据需要提出申购，填写《监测设备需求申请单》。 质检部对监测设备的选型、技术先进性、适用性、可靠性做出评价并审核。	《监测设备需求申请单》
		批 准		申请部门将评估过的检验设备需求申请单报总经理批准。	《监测设备需求申请单》
			监视测量设备采购	购买测量设备时由质检部选择合适的供应商采购。	
	验 收			1.外购测量设备到厂后，由采购部办理入库手续等技术资料文件，由质检部保存。 2.一般的测量设备由质检部验收并在《监测设备验收单》上签名。 3.专用检具由技术部验收并在《监测设备验收单》上签名。	《监测设备验收单》
	校 准（OK / NG）			1.新购买的检验设备内部检验合格后需要经过检定或鉴定，检定合格的测量设备贴上合格标签后才能使用。 2.公司能自校的按《检测设备自校规定》作业，不能自校的送外校准。	《校验报告》
	编制操作指导文件	批准报废		不合格设备报总经理批准报废处理。	《监测设备报废单》
使用管理	标识发放			1.对检验设备进行标识，包括编号及有效期等，纳入检验设备台账并整理校准报告，发放到相关使用部门、使用者。 2.在使用过程中，当发现设备存在缺陷时，使用部门应确定是否对以前测量结果的有效性产生负面影响，进行重新检测已出厂的产品。	《监测设备台账》 《监测设备管理卡》
	校准计划			编制《监测设备周期检定计划》，并按检定计划委外检定，并记录于相应的检定记录表上。	《监测设备周期检定计划》
	送 校			质检部按照监测设备校验周期表确定监测设备检定日期，并负责委外鉴定或检定。	
	校 准（OK / NG）			检定合格后重新编制《监测设备周期检定计划》，确定下次检定或鉴定时间。	《监测设备周期检定计划》
	标识发放	批准报废		1.不合格设备报总经理批准报废处理。 2.对监测设备进行标识，包括编号及有效期等，纳入监测设备台账并整理校准报告，发放到相关使用部门、使用者。	
	定期检查			质检部的监测设备管理员，每月对所有监测设备进行一次检查，填写《监测设备定期检查记录》，发现问题及时采取措施。	《监测设备定期检查记录》
	记录归档			记录由质检部负责归档。	

表 3.7–1　监测设备需求申请单

QR/7.1.5–01　　　　　　　　　　　　　　　　　　No：

请购单位：________年______月______日________

编号	品名 / 规格	单位	数量	需求日期	请购原因简述

会审意见	办公室	生产部	销售部	质量部	技术部	总经理	董事长

备注

核准：　　　　　　　　　　采购主管：　　　　　　　　　　请 购 人：

表 3.7-2　测量设备验收单

QR/7.1.5-02　　　　　　　　　　　　　　　　　　　　No：

设备名称		规格 / 型号		制造厂商	
出厂日期		出厂编号		到厂日期	

1.0　文件资料点收

☐ 操作说明书　☐ 附图　☐ 合格证书　☐ 质保书

☐ 其他________________________　保修期限：________年

2.0 附件点收

附件名称	规格 / 型号	数量	备注

主管 / 日期：________________　点收者 / 日期：________________

3.0 实际操作验收

3.1 试机日期：_____年_____月_____日至_____年_____月_____日

3.2 电气 / 油路 / 气路 / 水路 / 传动：☐ 正常　☐ 不正常

3.3 试运行：☐ 正常　☐ 不正常

3.4 铭牌及各种指示仪、信号：☐ 正常　☐ 不正常

3.5 操作难易程度：☐ 简便　☐ 较难

3.6 外观：☐ 无损坏　☐ 有破损

3.7 其他：________________

主管：　　　　　　　　　　　　参与验收人员：

表 3.7–3　监测设备报废单

QR/7.1.5–03　　　　　　　　　　　　　　　　　　　　No：

设备名称		设备编号		起用时间	
型号规格		原价格		报废申请人	
报废原因：					
审批意见： 批准人：　　　　日期：					
备注：					

表 3.7-4　监测设备管理卡

QR/7.1.5-04　　　　　　　　　　　　　　　　　　No：

<table>
<tr><td>设备名称</td><td></td><td>规格型号</td><td></td><td>编号</td><td></td></tr>
<tr><td>校准日期</td><td>精确度</td><td>等级</td><td colspan="3">检定单位</td></tr>
<tr><td></td><td></td><td></td><td colspan="3"></td></tr>
<tr><td></td><td></td><td></td><td colspan="3"></td></tr>
<tr><td></td><td></td><td></td><td colspan="3"></td></tr>
<tr><td></td><td></td><td></td><td colspan="3"></td></tr>
<tr><td></td><td></td><td></td><td colspan="3"></td></tr>
<tr><td></td><td></td><td></td><td colspan="3"></td></tr>
<tr><td></td><td></td><td></td><td colspan="3"></td></tr>
<tr><td></td><td></td><td></td><td colspan="3"></td></tr>
<tr><td></td><td></td><td></td><td colspan="3"></td></tr>
<tr><td></td><td></td><td></td><td colspan="3"></td></tr>
<tr><td></td><td></td><td></td><td colspan="3"></td></tr>
<tr><td>修理及报废
情况记录</td><td colspan="5"></td></tr>
<tr><td>备注</td><td colspan="5">对于最新采购的计量器具，必须在起用前填写此记录。</td></tr>
</table>

表 3.7–5　监测设备台账

QR/7.1.5–05　　　　　　　　　　　　　　　　　　　　　　　No：

管理编号	设备名称	规格型号	制造单位	管理者（或使用者）	验收结论	检定周期（月）	启用日期	有效期

编制：　　　　　　　　　　　　日期：

表 3.7-6　监测设备周期检定计划

QR/7.1.5-06　　　　　　　　　　　　　　　　No：

序号	计量检测设备名称	型号规格	编号	上期检定时间	________年周期检定计划（月）											
					1	2	3	4	5	6	7	8	9	10	11	12

编制 / 日期：　　　　　　　　　　　　　批准 / 日期：

表 3.7–7　监测设备定期检查记录

QR/7.1.5–07　　　　　　　　　　　　　　　　　　　　　　No：

序号	设备名称	编号	没有损坏	在有效期内	检查日期	检查人员

备注“没有损坏、在有效期内”打上“√”；“损坏、不在有效期内”打上“×”。

3.8 知识管理流程

文件编号：QM/WI08 版本 / 改数：A/0 生效日期：20×× 年 ×× 月 ×× 日 第 × 页 / 共 × 页

过程流程 技术部 | 相关部门 | 总经理	内容描述	采用表单
企业所需知识范围	1.设计与开发标准、原则、工作规范，工艺标准、方法、参数、过程控制、工艺规范、工艺纪律和要求，产品标准等，由技术部负责。 2.知识产权（含专利）、科研成果、工艺成果、企业标准等,由技术部负责。 3.产品性能说明书、产品使用说明书、产品故障分析、产品维护指南等，由技术部负责。 4.制造过程管理规范，制造实践，制造过程文件信息，制造过程（典型、批量、惯性）问题的发生情况的处置方法、结果记录分析和结论意见等，由生产部负责。 5.先进的管理理念、管理方法、工作方法、技能技艺等，由办公室负责。 6.统计手法、检测方法、QC成果、质量汇总分析、不合格输出控制、纠正措施等，由质检部负责。 7.产品设计、工艺、制造过程、检验过程、试验过程中获取的经验教训，失效分析等（包括各类突发事件、特殊质量问题的应对措施等），由相关发生部门负责。	
↓ 知识获取	1.公司各部门应确定专人负责知识管理内容的获取。 2.各部门应识别并确定本部门知识管理内容，建立《知识信息管理台账》及相应知识管理信息库，由专人实施动态管理。 3.公司各部门应对所管理的知识信息，通过个人总结、项目总结、案例分析、专题讨论、会议评审、方法比对等方式和活动，将各类最佳做法（知识、经验等）进行识别，形成文件信息，作为知识管理的内容，并进行定期和不定期的收集、汇总、分析、提炼，加以完善。	《知识信息管理台账》
↓ 知识发布	1.各部门应对本部门的知识信息内容，包括现有、新增、废止等状态进行定期清理，经本部门主管审核确认后，报技术部汇总。 2.技术部负责汇总各部门提交的知识管理信息内容，报总经理批准后，由技术部通过企业内部网站、发文件、公告栏、广播等方式，每月统一发布一次。 3.各部门应对所归口管理的知识信息内容进行最新状态的识别、更新，确保信息的时效行和实用性，并在《知识信息管理台账》注明知识信息状态。 4.各部门对经识别确认已经过时或失去保存价值的知识信息，采取适当的方式进行销毁或有效隔离。	《知识信息管理台账》
↓ 知识应用	1.各部门开展知识信息的推广和应用，最大限度地发挥知识信息的作用，改进过程，提升产品质量，改善成本和交期及绩效。 2.各部门应定期或不定期的通过各种形式（传阅、会议、讨论会、座谈会、专题演讲等）对与本部门相关的知识信息进行推广和交流，并建立应用推广记录。 3.涉及需要多个部门共同推广应用的知识信息，应由技术部组织相关的信息的交流推广，并建立应用推广记录。 4.各部门应每年组织对知识信息的应用和发挥作用，进行分析、总结、评价知识信息的价值，提出改进意见，持续提升知识管理水平，并将总结报告送技术部。 5.技术部每年将各部门总结报告进行汇总整理，形成公司年度知识管理总结，并报总经理批准。	
↓ 知识考核	1.每年年底由技术部组织各部门主管，成立专门知识考核小组。 2.考核小组分别对各部门进行知识管理工作的检查、评价和考核，结果报总经理批准，并将结果予以公布。	
↓ 资料存档	所有知识资料，最后由办公室负责存档管理，保存至少5年以上。	

表 3.8–1　知识信息管理台账

QR/7.1.6–01　　　　　　　　　　　　　　　　　　　No：

单位：__________部门：__________专门负责人：__________

序号	编号	名称	发布日期	信息分类	审核	存放方式	状态确认	备注

3.9 能力管理流程

文件编号：QM/WI09 版本 / 改数：A/0 生效日期：20×× 年 ×× 月 ×× 日 第 × 页 / 共 × 页

过程流程			内容描述	采用表单
各部门	办公室	总经理		
培训需求			1.依据各部门工作需要，各部门可自行填写《培训申请表》交办公室。 2.办公室每年进行一次岗位能力需求、培训需求调查，填写《岗位能力需求矩阵》。	《培训申请表》 《岗位能力需求矩阵》
	培训计划	批准	1.办公室结合相关《培训申请表》《培训需求调查表》等需要，编制《培训计划》；呈报总经理批准组织实施。 2.培训计划应包括以下内容：培训对象、内容、要求、时间、地点、教材和教师、考核办法、经费预计等。	《培训计划》
	培训准备		办公室做好相关培训资料、人员等准备。	
	邀请讲师		办公室根据培训需要，邀请合适的培训讲师，可从公司内部邀请或外部邀请，做好《培训记录》。	《培训记录》
	培训实施		培训实施，维持纪律，做好培训签到和培训记录，协调好老师和其他有关事项，保证培训的正常进行。	
	有效性评价		有效性评价内容依据情况不同可采用笔试和操作测试两种，特定课程进行现场考试，提报考勤签到情况、试卷及成绩、培训总结、培训记录、培训效果评价等，填写《培训效果评估表》，由办公室统一保存。	《培训效果评估表》
	员工资格认定		1.办公室在员工任职前必须进行资格认定； 2.特种作业人员（电工作业、金属切割、金属焊接、起重机司机、货梯司机、叉车司机、2米以上登高架设、大型空压机操作等）必须持有市级主管部门统一颁发的资格证书； 3.关键岗位、重要岗位、办公室每年进行一次技能综合评定； 4.资格认定后，对不符合要求的员工需采取措施； 5.措施可以是再培训、辅导、重新分配任务、招聘信任的员工，分包给胜任的人员。	《员工技能评定表》
	员工满意与提案建议		1.每年定期对员工进行满意度调查，以提升企业员工积极性。 2.员工有意见、建议可按《提案改善管理规定》执行。	《员工满意度调查表》

表 3.9-1　岗位能力需求矩阵

QR/7.2-01　　　　　　　　　　　　　　　　No：

序号	岗位	学历和资格要求	岗位能力要求	培训要求
1	董事长	大专以上，有 10 年以上的相关工作经验；或相当于大专以上学历，15 年以上工作经验	具有很强的组织领导能力，良好的市场决策能力、分析能力，熟知本公司生产的各种产品，掌握 ISO 9001、理论知识，财务知识和相关的法律法规要求	ISO 9001 标准
2	总经理	大专以上，有 5 年以上的相关工作经验；或相当于大专以上学历，10 年以上工作经验	精通管理知识、具有很强的人际关系沟通协调能力以及良好的领导能力	ISO 9001 标准
3	管理者	代表大专以上，有 5 年以上工作经验；或中专以上，10 年以上工作经验	熟知 ISO 9001、理论，相关法律法规，并有监督执行能力和较强的组织能力和对外的协调能力	ISO 9001 标准 相关法规、内部审核员培训
4	办公室	主任大专以上，有 3 年以上相关工作经验；或中专以上，有 5 年以上相关工作经验	了解企业管理体系，具有较强的文字功底，一定的组织能力和对外协调能力，熟练应用计算机进行文字处理、编排	ISO 9001 标准 相关法规
5	财务部	部长中专以上，有 8 年以上的工作经验或相当于中专以上，10 年以上的工作经验	具备较强的经济分析能力，了解国家的有关法律法规常识，能够运用财务分析对企业产品制造成本进行控制，按规定履行财务监督职责	ISO 9001 标准 相关法规 会计专业
6	业务部部长	中专以上，有 5 年以上的工作经验或相当于中专以上，8 年以上的工作经验	具备较强的市场决策和分析能力，熟悉产品的生产周期及工艺特点，熟知市场营销的理论知识和具备沟通能力，掌握一定的财务知识，以及常用的法律法规常识等	ISO 9001 标准 相关法规 合同法
7	技术部部长	大专以上，有 8 年以上相关工作经验；或中专以上，有 15 年以上相关工作经验	具有较强的新产品开发能力，熟悉产品的结构、主要技术参数和工艺流程，有一定的组织管理能力和质量分析能力，了解相关的法律法规常识	ISO 9001 标准 相关法规 技术专业知识
8	采购部部长	高中或中专以上学历，8 年以上工作经验	了解采购材料的质量要求，具有一定的财务知识以及常用的法律法规常识等。掌握危险化学品的特性	ISO 9001 标准 相关法规 合同法

续表

序号	岗位	学历和资格要求	岗位能力要求	培训要求
9	生产部部长	中专以上学历，10 年以上工作经验	具有很强的组织生产能力，熟悉产品生产过程和工艺流程，能组织分析和提高产品质量，了解、执行相关的环境法律法规，掌握重要环境因素并控制	ISO 9001 标准 相关法规
10	设备部部长	高中或中专以上学历，8 年以上工作经验	了解主要生产设备的性能及维护保养周期等能及时排除设备故障	ISO 9001 标准 相关法规
11	质检部部长	大专以上，有 5 年以上的相关工作经验；或中专以上，有 8 年以上相关工作经验	较强的质量分析能力，了解企业产品的特性，熟知产品的生产工艺流程，检测试验的依据和方法及检测装置的管理。掌握 ISO 9001 理论知识并能应用	ISO 9001 标准 相关法规 产品质量法专业知识
12	业务员	中专以上，有 1 年以上的相关工作经验	能熟练运用销售技巧，完成销售任务公司相关管理制度、工作要求、合同法 13 车间主任高中以上有 5 年以上的工作经验或相当于高中以上，有 8 年以上的工作经验熟悉本企业的产品结构，有一定的生产组织能力和管理能力，熟知本车间的生产流程和工艺，具备较强的实际操作能力，了解产品的主要技术参数和质量控制要素	ISO 9001 标准 相关法规
14	车间副主任	高中以上有 2 年以上的工作经验或相当于高中以上，有 5 年以上的工作经验	熟悉本企业的产品结构，有一定的生产组织能力和管理能力，熟知本车间的生产流程和工艺，具备较强的实际操作能力，了解产品的主要技术参数和质量控制要素	ISO 9001 标准 相关法规
15	生产计划助理	大学专科以上学历，具有生产运作管理、计划管理、统计学和运筹学等相关知识，一年以上相关工作经验	具有产品成本控制经验和良好的突发事件管理能力。熟悉生产流程，品质，产量和交货期的控制	公司相关管理制度、工作要求等

续表

序号	岗位	学历和资格要求	岗位能力要求	培训要求
16	班组长	初中或以上学历，从事相关产品生产 5 年以上	熟悉产品加工流程和质量特性，办事果断严谨，勤奋敬业，任劳任怨	公司相关管理制度、工作要求、产品质量要求、5S 相关培训
17	文员	高中或以上学历，从事相关产品生产 3 年以上	熟练应用 office 办公软件，熟练 word 等相关软件，有良好的条理性、较强的记忆力	公司相关管理制度、工作要求等
18	绘图员	中专或以上学历，磨料模具专业，两年以上相关绘图经验	熟练使用 AUTOCAD 绘图并熟练操作计算机办公软件，熟悉产品加工流程和质量特性	公司相关管理制度、工作要求等
19	技术人员	大专以上，有 2 年以上的工作经验；或相当于大专以上，有 5 年以上工作经验	具有一定的新产品开发能力，熟悉产品的结构和各自的工艺流程，有 CAD 图纸设计能力和编排工艺的能力，能够运用专业设计	公司相关管理制度、工作要求等技术专业知识
20	采购员	高中以上，有 5 年以上的相关工作经验	熟悉本企业产品所需原辅件和质量要求，熟知合同法，具有洞察供方质量动态的能力	公司相关管理制度、工作要求、相关法规知识、产品特性
21	质检员	高中以上，有 5 年以上工作经验，受过相关职业培训	熟悉产品的工艺流程，了解检测和试验的依据，掌握产品的试验和检测方法，具有很好的检测、试验实际操作能力，有一定的质量分析能力	ISO 9001 标准检验规范
22	仓库管理员	高中以上，3 年以上工作相关经验	熟悉本企业零部件的品名和规格，以及仓库管理制度，具有细心认真负责的工作态度掌握危险化学品的安全特性	相关法规、产品质量要求、管理制度等
23	统计员	高中以上，有 3 年左右的工作经验	熟悉统计知识，了解统计方法，具有各项综合统计工作的能力，具有一定的分析能力	公司相关管理制度、工作要求、产品特性等
24	内审员	高中以上学历，有 5 年以上的工作经验	熟悉企业状况和产品的性能结构及生产流程，具有较强的文字功底，有一定的组织和分析能力，能洞察和处理企业质量环境管理方面的问题。对质量 / 环境管理标准的理解有一定的深度并熟悉企业管理体系文件的要求	ISO 9001 标准相关法规 内审员专业知识

续表

序号	岗位	学历和资格要求	岗位能力要求	培训要求
25	机床操作工	中技及以上学历，机械类相关专业，2年以上相关工作经验，持有相关机床上岗证或技能鉴定证书	能够熟练操作机床，会简单的编程，熟悉机床加工工艺和刀具的选择，能看懂图样	产品质量要求、相关操作要求、技能、专业知识等
26	电工	初中以上学历，有1年以上电工相关经历，有相关证书	能吃苦耐劳，协调配合及服务意识强。有工厂设备电气维修工作经验，会磨刀具，懂弱电，有电工钢操作证	产品质量要求、相关操作要求、技能、上岗证
27	机修工	机修工相关资格标准，从事设备维修工作二年以上	能承担机械设备的检修、安装能掌握机修钳工常用工具安全使用知识；能够阅读一般设备说明书及施工图样；能够更换设备中的易损件、密封件和清洗润滑系统；能够配合生产工人进行设备日常保养；能根据设备状况及时诊断出设备故障并排除	产品质量要求、相关操作要求、技能、专业知识等
28	电焊工	初中以上学历，一年以上相关电焊、铆焊经验，持焊工操作证	会亚弧焊，能焊接不锈钢、铝等材料。按照公司要求安装、维修公司设备	产品质量要求、相关操作要求、技能、电焊工证等专业知识表

表 3.9-2　培训申请单

QR/7.2-02　　　　　　　　　　　　　　　　　　No：

培训项目	培训对象	人数	课时	希望安排日期	备注

申请部门 / 人：　　　　　　　　　　　　日期：

表 3.9-3　培训计划

QR/7.2-03　　　　　　　　　　　　　　No：

序号	培训项目	讲师	培训方式	受培人员	计划时间	课时	考核方式
1							
2							
3							
4							
5							
6							
7							
8							
9							
10							
11							
12							
13							
14							
15							
16							
17							
18							
19							

制表 / 日期：　　　　　　　　审批 / 日期：

表 3.9–4　培训记录

QR/7.2–04　　　　　　　　　　　　　　　　　　　　No：

项目名称				
主要内容：				
日期		地点		
总时间		主讲人		
签到				
序号	部门	应出席人员	培训人员签名	迟到人员签名

表 3.9-5　培训效果评估表

QR/7.2-05　　　　　　　　　　　　　　　　　　　　　　　No：

受培训部门		培训组织部门			
培训记录：					
培训结果					
参加人数		考核合格数		合 格 率	
考核方式： 签名：　　　　日期：					
培训部门主管评语： 签名：　　　　日期：					

表 3.9-6　员工技能评定表

QR/7.2-06　　　　　　　　　　　　　　　　　　　　No：

<table>
<tr><td>姓名</td><td colspan="2"></td><td>评定阶段</td><td colspan="5">□试用期　□周期评定　□新上岗　□转岗</td></tr>
<tr><td>岗位</td><td colspan="2"></td><td>岗位年限</td><td></td><td>评定时间</td><td colspan="3"></td></tr>
<tr><td rowspan="2">序号</td><td colspan="3" rowspan="2">评价项目</td><td colspan="5">评价（分）</td></tr>
<tr><td>5</td><td>4</td><td>3</td><td>2</td><td>1</td></tr>
<tr><td>1</td><td colspan="3"></td><td></td><td></td><td></td><td></td><td></td></tr>
<tr><td>2</td><td colspan="3"></td><td></td><td></td><td></td><td></td><td></td></tr>
<tr><td>3</td><td colspan="3"></td><td></td><td></td><td></td><td></td><td></td></tr>
<tr><td>4</td><td colspan="3"></td><td></td><td></td><td></td><td></td><td></td></tr>
<tr><td>5</td><td colspan="3"></td><td></td><td></td><td></td><td></td><td></td></tr>
<tr><td>6</td><td colspan="3"></td><td></td><td></td><td></td><td></td><td></td></tr>
<tr><td>7</td><td colspan="3"></td><td></td><td></td><td></td><td></td><td></td></tr>
<tr><td>8</td><td colspan="3"></td><td></td><td></td><td></td><td></td><td></td></tr>
<tr><td>9</td><td colspan="3"></td><td></td><td></td><td></td><td></td><td></td></tr>
<tr><td>10</td><td colspan="3"></td><td></td><td></td><td></td><td></td><td></td></tr>
<tr><td>11</td><td colspan="3"></td><td></td><td></td><td></td><td></td><td></td></tr>
<tr><td>12</td><td colspan="3"></td><td></td><td></td><td></td><td></td><td></td></tr>
<tr><td>13</td><td colspan="3"></td><td></td><td></td><td></td><td></td><td></td></tr>
<tr><td>14</td><td colspan="3"></td><td></td><td></td><td></td><td></td><td></td></tr>
<tr><td>15</td><td colspan="3"></td><td></td><td></td><td></td><td></td><td></td></tr>
<tr><td>16</td><td colspan="3"></td><td></td><td></td><td></td><td></td><td></td></tr>
<tr><td>17</td><td colspan="3"></td><td></td><td></td><td></td><td></td><td></td></tr>
<tr><td>18</td><td colspan="3"></td><td></td><td></td><td></td><td></td><td></td></tr>
<tr><td>19</td><td colspan="3"></td><td></td><td></td><td></td><td></td><td></td></tr>
<tr><td>20</td><td colspan="3"></td><td></td><td></td><td></td><td></td><td></td></tr>
<tr><td></td><td colspan="3">总得分</td><td colspan="5"></td></tr>
<tr><td>评价</td><td colspan="8">优势：
建议：</td></tr>
<tr><td colspan="9">评价人 / 日期：</td></tr>
</table>

表 3.9-7　员工满意度调查表

QR/7.2-07　　　　　　　　　　　　　　　　　　　No：

尊敬的员工：______________

员工满意是本公司经营管理的宗旨。我们竭诚欢迎您的批评、指导和建议，请您填写此份调查表并及时回复公司总经办，我们将全力改善我们的各项工作和员工福利待遇。谨对您的配合和支持，表示衷心的感谢！

一、依据您对公司产品质量、交付或服务的理解和对公司的规章制度、福利待遇实际状况，请在合适的方格内打"√"：

序号	评价的内容 / 项目	评价等级					备注 / 说明
		非常满意	满意	尚可	差	极差	
1	对公司质量方针和质量目标的理解	□ 10 □ 9	□ 8 □ 7	□ 6 □ 5	□ 4 □ 3	□ 2 □ 1	
2	对公司年度质量目标和本部门年度质量目标的实施状况	□ 10 □ 9	□ 8 □ 7	□ 6 □ 5	□ 4 □ 3	□ 2 □ 1	
3	工作方面要求的知识	□ 10 □ 9	□ 8 □ 7	□ 6 □ 5	□ 4 □ 3	□ 2 □ 1	
4	参与质量活动的情况	□ 10 □ 9	□ 8 □ 7	□ 6 □ 5	□ 4 □ 3	□ 2 □ 1	
5	你自己所处的工作岗位	□ 10 □ 9	□ 8 □ 7	□ 6 □ 5	□ 4 □ 3	□ 2 □ 1	
6	健康和安全的预防措施方面	□ 10 □ 9	□ 8 □ 7	□ 6 □ 5	□ 4 □ 3	□ 2 □ 1	
7	假期方面	□ 10 □ 9	□ 8 □ 7	□ 6 □ 5	□ 4 □ 3	□ 2 □ 1	
8	培训方面（指员工对工作方面要求的知识、技能培训）	□ 10 □ 9	□ 8 □ 7	□ 6 □ 5	□ 4 □ 3	□ 2 □ 1	
9	主管方面（包括主管的领导方式和管理风格）	□ 10 □ 9	□ 8 □ 7	□ 6 □ 5	□ 4 □ 3	□ 2 □ 1	
10	其他方面	□ 10 □ 9	□ 8 □ 7	□ 6 □ 5	□ 4 □ 3	□ 2 □ 1	
备注：1. 员工每人一份问卷调查； 2. 员工以记名方式在 10 个"调查项目"的"员工满意程度"栏的相应处打√，且每项只能打一个√； 3. 全部问卷最后由部门汇总后交企划部。							

二、请提出您的意见和建议：______________

部门 / 车间：________ 姓名：________ 日期：________

3.10　意识管理流程

文件编号：QM/WI10　版本 / 改数：A/0　生效日期：20×× 年 ×× 月 ×× 日　　第 × 页 / 共 × 页

过程流程			内容描述	采用表单
总经理	质检部	其他部门		
方针			总经理应根据公司的宗旨、经营环境、企业战略制定公司的质量方针，形成书面文件，通过下面的方式进行沟通宣传： 1.下发《质量方针》文件，组织全体员工培训； 2.在公司网站上公示，为相关方所获取； 3.把质量方针做成宣传文字，贴在公司大门口正对面的办公大楼墙体上； 4.在公司宣传栏中进行公示宣传； 5.列入每年年度的培训计划，由办公室定时组织培训； 6.每年管理评审时进行评审。	《质量计划》
公司目标			总经理应根据公司的质量方针，制定公司的总体质量目标。考虑质量目标能量化可测量、与产品和服务合格，以及增强顾客满意度相关，形成《公司质量目标》文件信息，下发相关部门，指导各部门分质量目标的制定。每年管理评审时进行评审，适时更新。	
		制定各部门分目标	各部门及车间、班组、工段应根据《公司质量目标》和本工作实际情况制定各部门质量目标，制定时结合公司管理过程、质量目标、结果评价方式、评价依据、责任人、方便统计、考核周期等，具体执行《过程绩效指标（质量目标）规定》。	《过程绩效指标（质量目标）分解表》
审批			总经理对各部门制定的《过程绩效指标（质量目标）分解表》进行审批，考虑各部门目标的适宜性、合理性，并下发执行。	《过程绩效指标（质量目标）分解表》
		质量意识控制实现质量目标 A	1.树立标准化作业意识 1.1公司全体员工应树立标准化作业意识，公司建立的质量及其他管理体系，员工工作严格按管理手册、管理流程、管理程序、管理规范、管理制度等执行，对基层管理建立相关作业标准的文件化信息，如作业指导书、工艺卡、操作规程、检验指导书、图样、作业记录等。防止员工擅作主张、随意更改作业和工作方法，导致产品质量不一致以及工作效果不理想。 2.生产人员质量意识 2.1自检意识，产品质量是制造出来的，而非检验出来的。产品制程过程中，每一位员工必须树立上工序要为下工序服务的质量意识，从而为下工序提供优质的半成品。要求员工对自己岗位加工的零件进行自检，确认合格后才可以流入下工序，发现不合格零件时，要做好标示并单独存放。通过自检可以及时发现本工序存在的质量问题，并及时采取相应的纠正措施，减少不合格的数量，杜绝不合格的半成品流入下工序。 2.2互检意识，对于上工序流过来的半成品，员工加工前要进行检验或在加工过程中边做边检，认为合格才可以进行本工位加工等。如果查到上工序流下来的零件存在质量问题，应及时反馈上工序或QC，以便及时采取措施处理，坚决做到不制造不合格产品、不接收不合格产品、不传递不合格产品，防止盲目地加工不合格品，产生大量废品，浪费人力和物力。 2.3监督抽检意识，车间班组长、主任、主管对加工过程的产品，在线随时抽取样品，进行监督检验，了解产品质量实时信息，掌握生产过程质量状态，确保产品加工顺畅，以利于控制好生产节奏。 3.检验人员质量意识 3.1首检意识，QC在产品正式批量加工前，应对开始加工的前几件产品进行首件确认检验，合格后方可批量加工，不合格要查找原因，及时采取措施纠正，并更新首检，直到合格才可批量生产。防止该工序大批量加工不合格品，造成重大损失。	

续表

过程流程			内容描述	采用表单
总经理	质检部	其他部门		
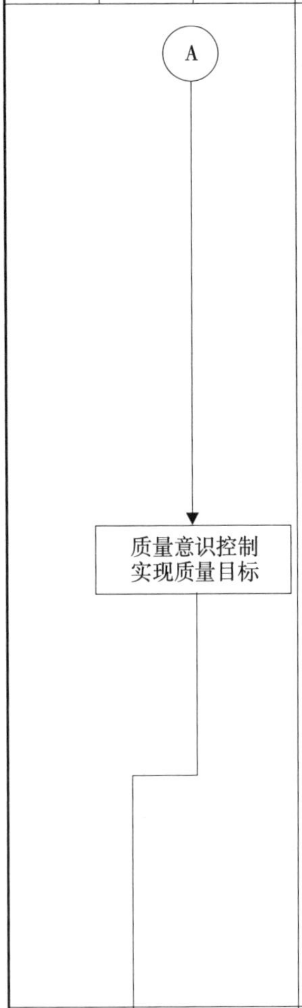			3.2巡检意识，QC应按检验指导书要求，按规定时间，对加工的产品抽取规定数量进行检验，及时发现问题、及时处理。 3.3抽检意识，产品加工完成，在转序或入库前，操作人员应及时通知QC进行检验，QC应按检验指导书要求，抽取规定数量的产品进行检验。减少不合格半成品流入下工序，造成产品的报废及返工处理，产生重复检验和二次加工的时间。 3.4全检意识，对国家标准要求、法规要求、顾客有要求、新产品质量不稳定、产品加工工艺不成熟等特殊情况，质量部应安排QC对产品进行倒数100%，确保出厂产品100%合格。 4.通过培训提高员工质量意识 4.1做好新员工培训，在新员工上岗之前进行质量意识和岗位技能知识的培训。新员工没有从事过相关工作，对产品加工的认知度较低，上岗前对新员工进行相关岗位知识的培训，如作业指导书、工艺卡、操作规程、安全操作、操作技巧、产品质量合格标准、不合格品的区别、分类，产品的相关标准、相关法律法规等。由班组长负责进行培训，也可采取传统的“师傅带徒弟”模式，师傅应选用岗位上操作技能最强、操作最规范的员工来担任，让新员工从开始就养成良好的习惯，然后再慢慢地影响其他新员工。 4.2转岗、换岗员工也应按“新员工”方式进行培训。 4.3在岗位员工应按《能力管理流程》安排好培训计划，定时组织进行培训，并对培训效果进行评估、确认，防止学习流于形式。 4.4利用开早会或班前班后时间进行质量意识宣传培训，班组长作为生产基层管理人员，大部分时间在生产第一线，容易发现质量问题、不规范行为，应在班前或班后进行通报，让员工及时了解，防止类似行为再犯。 5.建立质量激励机制,加大质量考核力度 5.1公司制定并实施《质量考核办法》，直接与每月工资挂钩，实施责任连锁机制,下级的处罚上级应承担相应责任。鼓励员工为质量管理体系的有效性做出贡献，包括改进绩效的益处，对员工所做工作不符合质量管理体系要求的后果进行惩罚。充分调动员工的积极性，真正做到全员参与质量管理，从而进一步提高员工质量意识。	《质量考核办法》
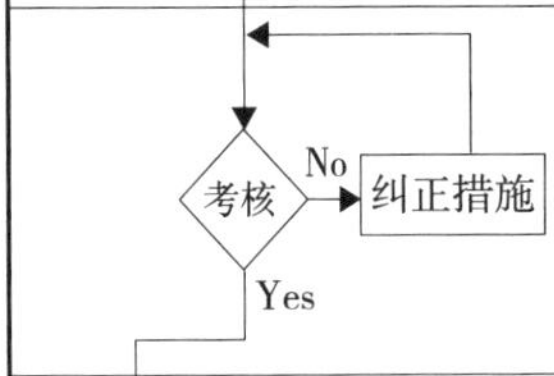			质检部负责日常质量意识管理工作，通过日常质量意识控制，实现质量目标。每月组织对质量目标进行统计考核，包括公司质量目标与各部门的质量目标，填写《过程绩效指标（质量目标）考核表》，对未达到要求的质量目标责任部门，发出《不合格和纠正措施单》，跟踪整改进程，对最终纠正效果验证。	《过程绩效指标（质量目标）考核表》
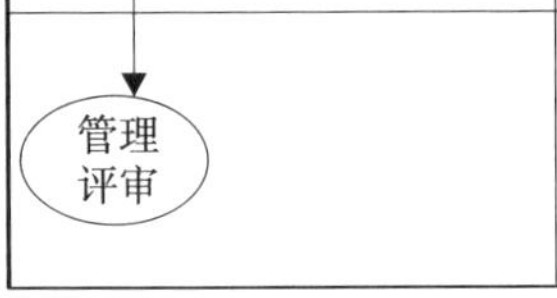			质检部制定的《过程绩效指标（质量目标）考核表》报总经理审批，并对每月考核表进行汇总，作为管理评审输入。	《过程绩效指标（质量目标）考核表》

3.11　沟通管理流程

文件编号：QM/WI11　版本 / 改数：A/0　生效日期：20×× 年 ×× 月 ×× 日　　第 × 页 / 共 × 页

过程流程（采购部、技术部、质检部、业务部、生产部）	内容描述	采用表单
质量信息分类	1.按信息来源方式： 1)内部质量信息是指由公司内部各部门产生的质量信息； 2)外部质量信息是指供方、顾客、消费者等处与产品质量相关的信息。 2.按信息作用： 1)动态质量信息，是指日常公司生产经营中反映产品质量状态及其变化的各种信息； 2)质量指令信息，是指来自国家上级机关、监督机构等的指示和规定，以及公司各高中管理层的决策指标和目标要求； 3)质量反馈信息，是指有关部门在执行质量决策过程中所反映决策目标的正确性或偏离程度，以及顾客对产品质量的反映。 3.按信息影响后果： 1)正常质量信息，是指反映产品实现过程中满足规定要求的质量信息； 2)严重异常质量信息，是指反映产品实现过程中严重影响完成规定的任务、导致或可能导致人或物重大损失的质量信息； 3)一般异常质量信息，是指反映产品实现过程中不满足要求，但不致严重影响完成规定的任务和不导致人或物造成重大损失的质量信息。	
收集质量信息要求	收集质量信息的要求： 1.及时性，是指由质量信息的时效性决定,影响安全和可能造成重大后果的严重异常质量信息,一经发现要立即提供; 2.准确性，是指如实反映客观事实的特征及其变化情况,收集过程中采取核对、筛选和审查等防错措施; 3.完整性，是指能全面、真实反映客观事实的全貌，对质量信息的内容要全，不能缺项和数量要完整； 4.连续性，是指在产品实现过程中，连续不断地产生反映产品质量状态及其变化的信息。	
收集产品质量信息 产品开发 外部顾客 制造过程 外协/外购 Ⓐ　Ⓐ	1.营销人员每天要定期到顾客装配生产现场进行调查、询问，了解所发生质量问题或改进的建议； 2.各销售员要调查、收集已售出的产品在消费者处发生的质量问题、存在的隐患或改进的建议。	《质量信息反馈单》
	1.营销人员要跟踪新产品装配的过程，便于及时了解装配的效果或存在问题点； 2.在顾客特殊要求的情况下，项目经理也要参与新产品装配的过程，便于解决产生的质量问题并与顾客进行沟通； 3.项目经理组织新产品试制和试生产，并现场指导、协调和跟踪全过程。	《开发产品质量问题单》
	1.产品不符合或偏离过程检验指导书上规定的质量特性； 2.与对首件装配不符合规定要求，现场性能检测或试验不满足规定的要求； 3.在同样的条件（公差范围）下，与样件对比存在较大差异。	《制程异常报告》 《不合格品评审表》

续表

过程流程（采购部、技术部、质检部、业务部、生产部）	内容描述	采用表单
Ⓐ Ⓐ → 审查/筛选	1.审查质量信息的完整性和准确性，对不符合要求的质量信息要重新提供或加以剔除； 2.项目经理根据开发产品存在的质量问题，召集项目小组进行讨论、分析，并根据产品问题的紧急程度和公司本身要求进行时间、资源上的排序； 3.质量改进员根据质量问题的紧急程度、改进的重要性进行分类排序，在特殊情况下，可召集相关部门人员进行讨论、分析。	《制程异常报告》 《优先减少计划》
质量改进	相关部门人员按照质量信息问题点改进的时间进度要求实施改进、验证，具体操作按《不合格与纠正措施管理流程》执行。	《不合格与纠正措施单》
贮存信息	1.各部门文件将各类质量信息进行分类，外部顾客可按不同顾客或地点进行，内部顾客可按不同部门或车间进行； 2.对质量信息贮存管理要遵循实用有效性、系统性、经济可行性和循序渐进性等原则； 3.安全、可靠和完整地保管好质量信息有关的记录，便于查询和检索，按分级职能型或集中管理型原则进行管理，具体操作按《形成文件的信息管理流程》执行。	
信息汇总	1.每月28日之前对本月所有的质量信息进行分类汇总，观察公司本月产品质量变化的趋势； 2.汇总过程中对已严重超过质量目标或增加较大成本的项目列出初步的原因分析和改进措施。	《质量信息汇总表》
召开月度质量会议	每月5号组织质检部、采购部、生产部相关人员召开质量月度会议，讨论上月公司产品质量变化趋势并制定改进措施。	《会议记录》
信息归档	每月28号之前对所有的质量信息进行定点存放。	《归档记录清单》

表 3.11-1　质量信息反馈单

QR/7.4-01　　　　　　　　　　　　　　　　　　No：

发出单位名称：__________　发出日期：__________

发生问题过程：□进货　□库存　□生产　□检验　□顾客　□其他：______

质量信息描述： 签名 / 日期：		
本公司的直接损失：	间接损失：	累计损失：
处理建议： 签名 / 日期：		
原因分析： 签名 / 日期：		
短期措施： 签名 / 日期：		
长期措施： 签名 / 日期：		
验证： 签名 / 日期：		

表 3.11-2　质量信息汇总表

QR/7.4-02　　　　　　　　　　　　　　　　　　　　No：

不合格与纠正处理单序号	内容摘要	责任部门	发出日期	完成日期	验证人	验证结果	备注

制 表：

3.12　成文信息管理流程

文件编号：QM/WI12　版本 / 改数：A/0　生效日期：20×× 年 ×× 月 ×× 日　　第 × 页 / 共 × 页

过程流程 各部门 | 办公室 | 质检部 | 总经理	内容描述	采用表单
成文信息编写	1.质量管理体系由质检部负责编写； 2.其他成文信息由使用、需求部门负责编写。	
审核 → 批准	各部门经理审核，总经理批准。	
文件发行归档 成文信息实施	1. 有效文件须具备如下可辩识性标识： 1.1文件编号（例如CJ/QM–01）； 1.2文件版号（例如版次A，修改码1）； 1.3发文序号（例如分发号：01）； 1.4时效标识或特殊用途标识（例如实施日期2017年1月5日）。 2. 文件编号 2.1【质量管理体系】的编号：XX /QM–01企业汉语拼音声母组合/文件类别号(QM表示质量管理体系文件)– 该文件流水号如01; 2.2【作业文件】编号：QM/WI–□□质量管理体系字母缩写/文件类别号（WI 表示管理性文件、GY表示工艺文件，JY表示检验文件，QR表示记录表格）–该文件流水号如01; 2.3编制人员应确保文件编号和发放号，是唯一性的。 3.文件经批准后由办公室发文并存档案，填写《受控文件清单》，发放时填写《文件收发记录》，并在文件上填写发文序号，发放人在发放文件上加盖红色“受控”印章，以便追溯。 4.技术文件由编写部门负责发放，发放时由发放人在发放文件上加盖红色“受控”印章，以便追溯。 5.外来文件的接收需登记《外来文件清单》，经总经理评审后，办公室确定发放部门，进行发放。	《受控文件清单》 《文件收发记录》 《外来文件清单》
有效性评价	成文信息有效性评价： 办公室组织文件编制单位相关人员参与文件意见的评审，包括文件实施过程出现问题时，管理评审时。	
成文信息更改	各部门文件需要修改时应先填写《文件更改申请表》，由各部门经理审核，总经理批准。	《文件更改申请表》
发行	更改后的文件由文控中心负责发放，修改《受控文件清单》；文件的发放部门为原发放部门。	
更改签收确认/并回收旧文件	各相关部门收到更改后的文件时，需签收确认；办公室需收回更改前的文件，并加盖“作废”章后集中销毁。文件借阅填写《成文信息借阅申请表》并批准才执行。	《成文信息借阅申请表》
归档	办公室需将更改后下发的文件存档，同时将更改前作废的文件进行登记，并加盖“作废”章，填写《文件作废归档登记表》。	《文件作废归档登记表》

表 3.12-1　受控文件清单

QR/7.5-01　　　　　　　　　　　　　　　　　　　　No：

序号	文件名称	文件编号	版本 / 改次	分发部门							合计
				总经理	办公室	质检部	生产部	采购部	业务部	财务部	

编制：　　　　日期：　　　　审批：　　　　日期：

表 3.12–2　外来文件清单

QR/7.5–02　　　　　　　　　　　　　　　　　　　　No：

序号	文件名称	文件编号	文件提供单位	收文部门	收到日期	保存部门	有效识别

编制：　　　　　　日期：　　　　　　审批：　　　　　　日期：

表 3.12-3 文件收发记录

QR/7.5-03　　　　　　　　　　　　　　　　No：

序号	文件编号	文件名称	版本 / 改次	发放序号	收文部门	发放签收	日期	收回签收	日期

编制：　　　　日期：　　　　审批：　　　　日期：

表 3.12–4　文件更改申请表

QR/7.5–04　　　　　　　　　　　　　　　　　　　　No：

<table>
<tr><td>文件名称</td><td colspan="2"></td><td>版本</td><td></td></tr>
<tr><td>文件编号</td><td colspan="2"></td><td>申请部门</td><td></td></tr>
<tr><td>更改位置</td><td colspan="4"></td></tr>
<tr><td>更改原因</td><td colspan="4"></td></tr>
<tr><td rowspan="2">更改内容</td><td colspan="4"></td></tr>
<tr><td>更改人</td><td></td><td>日期</td><td></td></tr>
<tr><td rowspan="2">审核意见</td><td colspan="4"></td></tr>
<tr><td>审核人</td><td></td><td>日期</td><td></td></tr>
<tr><td rowspan="2">批准意见</td><td colspan="4"></td></tr>
<tr><td>批准人</td><td></td><td>日期</td><td></td></tr>
</table>

表 3.12-5 成文信息借阅申请表

QR/7.5-05 No：

持有文件部门				
借阅部门 / 人	借阅文件名	借阅原因	归还时间	验收人 / 日期

表 3.12-6　文件作废归档登记表

QR/7.5-06　　　　　　　　　　　　　　　　　　No：

序号	文件名称	文件编号	作废原因	作废日期	批准人
1					
2					
3					
4					
5					
6					
7					
8					
9					
10					
11					
12					
13					
14					
15					
16					
17					
18					
19					
20					
21					
22					

制表：　　　　　　　　日期：

3.13 运行的策划和控制管理流程

文件编号：QM/WI13 版本 / 改数：A/0 生效日期：20×× 年 ×× 月 ×× 日 第 × 页 / 共 × 页

过程流程（业务部 / 技术部 / 质检部 / 其他部门）	内容描述	采用表单
产品和服务要求	1.外部要求，包括： 1）客户的产品订单信息； 2）投标信息； 3）供方的要求； 4）协会、政府等相关方的要求。 2.内部要求，包括： 1）企业产品和服务要求； 2）技术更新； 3）产品和服务升级； 4）员工提出的改善方案。 3.质量体系标准的要求。 4.风险和机遇的应对措施需求。	
过程准则；接收准则	1.过程准则： 1）技术部应按质量管理体系标准4.4条款要求，为实施产品和服务，确定相关过程。尽量明细化，各子过程清晰，逻辑性强，表达方式可多样，如流程图、结合图片、语音等。 2）外包过程按质量管理体系标准8.4条款进行控制。 2.接收准则： 质检部应结合法规、国家标准、顾客、公司对产品和服务的要求，及企业实际运行需要，制订合理可行的接收方案，明确指标，做到能量化方便考核，责任到岗到人。	
资源需求	在策划过程，权衡产品和服务要求与企业实际运行能力，准确、经济地确定所需资源，合理控制运行成本，尽量利用现有资源，对企业资源进行优化。	
实施过程控制	相关实施的部门，要严格按策划的过程执行，确保达到目标。相关信息要及时沟通、反馈。发现的运行问题要及时提出，组织相关部门协商解决，并实施质量管理体系标准第6章所确定的措施。	
更改控制	1.技术部或其他主责部门应控制策划的更改，及时了解运行过程发生变化的信息，评审非预期变更的后果，对于重大更改应上报总经理处理，或组织相关部门进行评审。 2.必要时，采取相关措施，消除不利影响。 3.保持更改的相关文件信息。	
成文信息	策划及实施过程所产生的成文信息，由技术部门负责收集、归档，以便： 1）证实过程已经按策划进行。 2）证明产品和服务符合要求。	

3.14　产品和服务的要求管理流程

文件编号：QM/WI14　版本/改数：A/0　生效日期：20××年××月××日　　第×页/共×页

过程流程				内容描述	采用表单
各部门	业务部	财务部	生产部		
	合同订单信息接收			1.合同、订单信息的接收： 各单位在接到顾客的合同或订单信息时，应确保所接到的合同或订单的各项要求都明确、具体，并将其记录于“合同/订单信息记录”中；当接到顾客以口头（电话）陈述、进厂拜访所订购的业务时，相关单位应对顾客的要求进行记录，并将其记录于《顾客信息记录表》中；必要时，需将其传真给顾客签字确认或与顾客电话确认口头订单的各项供货要求。	《顾客信息记录表》
	与产品有关要求的确定 合同接受汇总			2. 与产品有关的要求的确定： 2.1当合同签订单位接收到顾客的合同或订单后，应会同相关部门对以下与产品有关的要求进行确定，并对公司产品与国家、政府所涉及的产品安全和环保法规及相关标准进行收集、保存和归档，以充分了解顾客的要求及期望，确保公司提供的产品质量、交付和服务能符合和满足顾客的要求，使顾客满意。 2.1.1顾客明显规定的要求：包括对产品固有质量特性的要求（如：使用性能、可靠性等）和顾客指定的特殊特性、对产品交付后及交付后活动的要求（如：交货时间及日期、产品包装方式等）、对产品支持要求 2.1.2顾客隐含的要求：即顾客虽然未加以明确规定，但对预期或规定用途所必要的要求，包括通过市场调研，针对顾客需求公司所做出的承诺。 2.1.3 产品的责任与义务：包括与产品有关的法律法规的要求（如：某些产品的安全性、环保要求等）和其他社会要求。 2.1.4公司自己内部所规定的其他任何附加要求等。 2.2对顾客指定的特殊特性，技术部门应将其在与该产品有关的图纸、DFMEA、PFMEA、控制计划、技术资料（如：检验标准、操作标准）、作业指导书上做相应的明确标识和规定。	
	合同分类			3. 合同分类： 3.1 新产品合同（包括技术开发协议）； 3.2 标准产品合同； 3.3 标书； 3.4 非正规合同（口头、电话订货等）； 3.5 外贸产品合同； 3.6 书面订单或传真。	
	老产品	新产品制造可行性和风险分析		4. 新产品制造可行性和风险分析及评估： 4.1 如公司接到顾客的合同、订单为新产品时，则由合同签订单位从顾客方或相关渠道索取新产品项目设计（如：订单、报价单、样品、产品图样、产品标准、产品规范、电话或口头要求的相应记录等）并对其进行新产品制造可行性和风险分析及评估，并将分析和评估报告的数据和结果记录于《新产品制造可行性和风险分析报告》中。	《新产品制造可行性和风险分析报告》
	Ⓐ	作成本核算 成本核算报价 Ⓑ		5.新产品的成本核算报价作业： 5.1如公司接到顾客的合同、订单为新产品时，则在“新产品制造可行性报告”完成后由财务部门对其进行新产品成本核算作业，并将其报价的数据和结果记录于《产品成本核算报价表》中，由财务部长审查、总经理核准。	《产品成本核算报价表》

续表

过程流程				内容描述	采用表单
各部门	业务部	财务部	生产部		
				6. 合同评审： 合同签订单位在接到顾客的合同后，由主管人员根据合同的类别，决定合同的评审方式。合同评审的内容主要是合同所涉及的条款，包括：产品名称、规格、型号、交货数量、交货方式、交付日期、产品质量要求、技术要求、验收规范、接收准则、价格、付款方式、产品包装方式及要求、违约责任等。合同评审的内容包括对顾客要求的识别的评审。评审人员要填写《合同订单评审表》。 6.1新产品合同的评审采用集中评审的方式，评审资料由各相关单位自行保存。 6.2标准产品合同的评审：合同金额大于30万元的产品合同，采取集中评审的方式。评审结论由总经理签字认可。其他采取自行评审方式。 6.3标书的评审：采取集中评审方式。评审结论由总经理签字认可。 6.4非正规合同（电话定货等）的评审： 对于非正规合同，由合同签订单位持有法人委托证书的合同签订人员将顾客要求形成书面文件，并及时征得顾客对合同具体内容的确认（如通过复述等方式），采用自行评审方式。 6.5外贸合同的评审： 外贸合同采取集中评审方式。评审结论由总经理签字认可。 6.6书面订单或传真的评审： 顾客定期发出的书面订单，由分厂厂长评审并直接在订单上签名确认。顾客要求时，分厂应将已签字的订单回传给顾客。对传真件，要复印保存。 6.7通过合同评审要确保： 6.7.1各项要求都有明确规定并形成文件；在以口头（电话）方式接到的订单，而对要求没有书面说明的情况下，公司应确保订单的要求在被接受之后同意； 6.7.2任何与投标不一致的合同或订单的要求已经得到解决； 6.7.3公司具有满足合同或订单要求的能力； 6.7.4如顾客要求时，公司必须满足顾客特殊要求。	《合同订单评审表》《常规合同订单评审单》
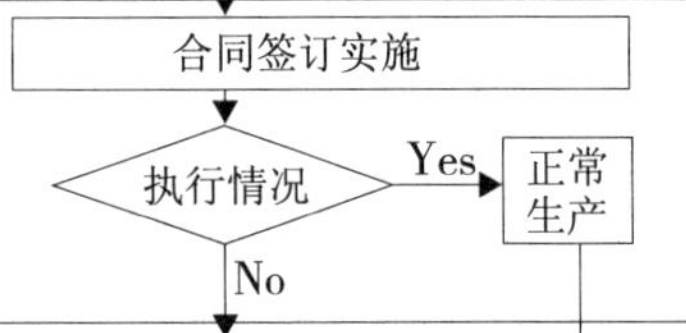				7.合同签订和实施： 7.1合同必须经评审通过后，方可签订。 7.2 合同签订后，合同签订单位负责将相关的资料根据各部门的需要将其传递到相关部门，以作为产品生产、采购、检验和出货等之依据。 7.3合同签订单位对合同的履行情况负主要职责。	《顾客要求更改单》
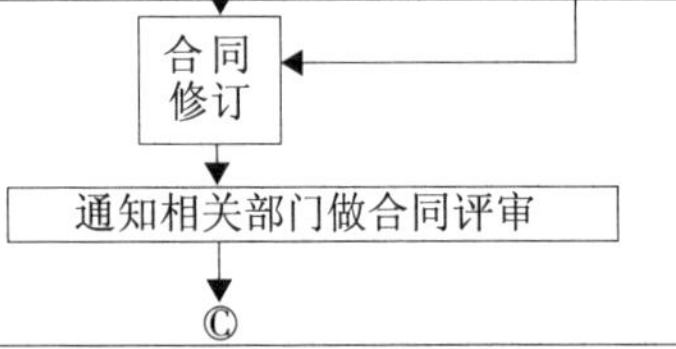				8.合同修订： 合同的修订由合同签订单位在与对方协商一致的基础上进行。合同在修订之前必须按原评审方式进行评审，并填写《合同订单评审表》，合同修订内容可在“说明”栏中陈述。修订后的合同所涉及的相应变动情况应及时通知变动涉及单位。	《合同订单评审表》

续表

过程流程				内容描述	采用表单
各部门	业务部	财务部	生产部		
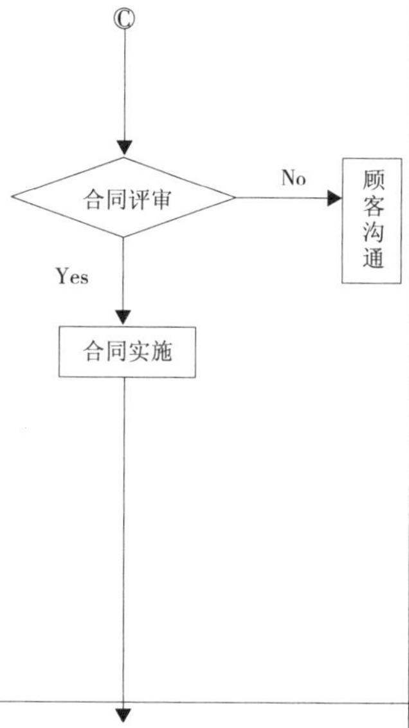				9.与顾客沟通： 9.1当公司在产品服务提供过程中，合同签订单位必须以传真、电话和邮件等方式与顾客进行沟通、协调，以充分和准确掌握顾客对公司的产品和服务满意程度的有关信息。 9.2研究所和分厂市场部必须针对以下方面与顾客进行沟通和协调，以获得顾客对公司产品和服务有关的信息： 9.2.1顾客关于产品要求的信息（如：产品质量要求、技术要求、验收标准、接收准则等）； 9.2.2询问合同或订单的处理，包括对其的修改； 9.2.3在产品实现过程中，以及向顾客提供产品后顾客的反馈信息，包括顾客抱怨和投诉。 9.3当顾客有要求时，公司必须按顾客规定的语言和要求的方式来传递必要的信息和数据资料，同时使产品质量的相关信息和说明资料在公司组织内得到沟通和交流，以确保公司的产品质量、交付、服务符合和满足顾客的要求和需求。	《顾客信息记录表》
				10. 与合同有关的质量记录的保存与归档。	《合同订单台账》

表 3.14-1　顾客信息记录表

QR/8.2-01　　　　　　　　　　　　　　　　No：

顾客名称		联系人	
日期		主题	
信息来源	□电话　□走访　□传真　□邮件　□短信　□微信　□ QQ　□其他________		
内容： 签名：日期：			
信息转换与传递要求： 签名：日期：			
审批意见： 签名：日期：			

表 3.14–2　新产品制造可行性和风险分析报告

编号：QR8.2–02

评估部门		评估日期	
新产品名称		开发产品数量	
新产品规格 / 型号		顾客名称	
一、顾客概况（包括：人员、工厂规模、现有主要产品、年产量、企业性质、生产经营状况、近几年发展情况等）：			
二、顾客对新产品开发项目的质量和技术要求及其他要求（包括：外观、尺寸、功能、性能、材料、装于何种产品、进度、数量等基本要求；特殊要求。）：			
三、顾客对新产品的竞争选点情况（包括：有几家竞争对手与顾客配套、竞争对手的质量和技术状况、竞争对手的设计和开发能力状况等）：			
四、顾客对新产品定点及认可程序：			
五、市场预测（包括：新产品开发进度、何时产品试验、产量计划等）：			
六、顾客有关部门 / 人员的联系电话和地址情况（包括：设计和开发部门、质量管理部门、采购部门、工程技术部门等主要负责人的联系电话和地址）：			
七、对新产品的基本构思和采用先进技术的设想及目前现有系统存在的问题：			
八、新产品先行试验和关键技术问题及风险分析：			
九、新产品开发的进度安排：			
十、新产品的预计年产量、成本估算、价格预算：			
十一、投资预算（包括：人员投资、设施 / 设备投资等）：			
十二、销售渠道及其他情况：			
十三、结论：			

核准		审查		制表	

表 3.14–3　产品成本核算报价表

报价部门：　　　　报价编号：　　　　报价单位：人民币（元）　　　　报价日期：　　年　　月　　日　　　　编号：QR8.2–03

<table>
<tr><td>产品名称</td><td colspan="4"></td><td colspan="2">规格/型号</td><td colspan="4"></td><td colspan="2">产品编号</td><td colspan="3"></td><td colspan="2">图纸编号</td><td></td></tr>
<tr><td>产品数量</td><td colspan="4"></td><td colspan="2">顾客名称</td><td colspan="4"></td><td colspan="2">联系电话</td><td colspan="3"></td><td colspan="2">传真</td><td></td></tr>
<tr><td>固定成本</td><td colspan="2">投资成本（包括硬件/软件）</td><td colspan="2"></td><td colspan="2">设备消耗及折旧成本</td><td></td><td colspan="2">房屋设施租赁及折旧成本</td><td></td><td colspan="2">无形资产摊销成本</td><td></td><td colspan="2">通讯费成本</td><td></td><td>其他成本</td><td></td></tr>
<tr><td rowspan="6">直接成本（外协/原料/辅料）</td><td colspan="2" rowspan="2">名称</td><td colspan="2" rowspan="2">规格/型号</td><td colspan="2" rowspan="2">编号/仁号</td><td rowspan="2">报价单价</td><td rowspan="2">议定单价</td><td colspan="2">供应来源</td><td colspan="5">本产品所使用零件/材料用量</td><td colspan="3">实际报价价格小计</td></tr>
<tr><td>国产/进口</td><td>关税</td><td>数量</td><td colspan="2">报价价格</td><td colspan="2">议定价格</td><td>报价价格</td><td colspan="2">议定价格</td></tr>
<tr><td colspan="2"></td><td colspan="2"></td><td colspan="2"></td><td></td><td></td><td></td><td></td><td></td><td colspan="2"></td><td colspan="2"></td><td></td><td colspan="2"></td></tr>
<tr><td colspan="2"></td><td colspan="2"></td><td colspan="2"></td><td></td><td></td><td></td><td></td><td></td><td colspan="2"></td><td colspan="2"></td><td></td><td colspan="2"></td></tr>
<tr><td colspan="2"></td><td colspan="2"></td><td colspan="2"></td><td></td><td></td><td></td><td></td><td></td><td colspan="2"></td><td colspan="2"></td><td></td><td colspan="2"></td></tr>
<tr><td colspan="6">合　计</td><td></td><td></td><td></td><td></td><td></td><td colspan="2"></td><td colspan="2"></td><td></td><td colspan="2"></td></tr>
<tr><td rowspan="6">生产加工成本</td><td colspan="2" rowspan="2">零部件/材料名称</td><td colspan="2" rowspan="2">加工项目/内容</td><td colspan="2">机器设备加工</td><td colspan="2">作业人数</td><td colspan="2">生产/加工时间</td><td colspan="2">加工费率</td><td colspan="2">其　他</td><td colspan="4">实际报价价格小计</td></tr>
<tr><td>报价价格</td><td>议定价格</td><td>报价价格</td><td>议定价格</td><td>报价价格</td><td>议定价格</td><td>报价价格</td><td>议定价格</td><td>报价价格</td><td>议定价格</td><td colspan="2">报价价格</td><td colspan="2">议定价格</td></tr>
<tr><td colspan="2"></td><td colspan="2"></td><td></td><td></td><td></td><td></td><td></td><td></td><td></td><td></td><td></td><td></td><td colspan="2"></td><td colspan="2"></td></tr>
<tr><td colspan="2"></td><td colspan="2"></td><td></td><td></td><td></td><td></td><td></td><td></td><td></td><td></td><td></td><td></td><td colspan="2"></td><td colspan="2"></td></tr>
<tr><td colspan="2"></td><td colspan="2"></td><td></td><td></td><td></td><td></td><td></td><td></td><td></td><td></td><td></td><td></td><td colspan="2"></td><td colspan="2"></td></tr>
<tr><td colspan="4">合　计</td><td></td><td></td><td></td><td></td><td></td><td></td><td></td><td></td><td></td><td></td><td colspan="2"></td><td colspan="2"></td></tr>
<tr><td rowspan="3">间接成本</td><td colspan="2">外协件及劳务</td><td colspan="2">燃料动力消耗</td><td colspan="2">材料管理费</td><td colspan="2">加工管理费</td><td colspan="2">包　装</td><td colspan="2">运　输</td><td colspan="2">税　金</td><td colspan="2">销售成本</td><td colspan="2">其　他</td></tr>
<tr><td>报价价格</td><td>议定价格</td><td>报价价格</td><td>议定价格</td><td>报价价格</td><td>议定价格</td><td>报价价格</td><td>议定价格</td><td>报价价格</td><td>议定价格</td><td>报价价格</td><td>议定价格</td><td>报价价格</td><td>议定价格</td><td>报价价格</td><td>议定价格</td><td>报价价格</td><td>议定价格</td></tr>
<tr><td></td><td></td><td></td><td></td><td></td><td></td><td></td><td></td><td></td><td></td><td></td><td></td><td></td><td></td><td></td><td></td><td></td><td></td></tr>
<tr><td>工装/模具新作</td><td colspan="2">套　元</td><td>工装/模具修改</td><td colspan="2">套　元</td><td colspan="2">夹治具制作</td><td colspan="2">套　元</td><td colspan="2">夹治具修改</td><td colspan="2">套　元</td><td>检具制作</td><td colspan="2">套　元</td><td>检具制作</td><td>套　元</td></tr>
<tr><td>报价总价格</td><td colspan="8"></td><td colspan="2">议定总价格</td><td colspan="8"></td></tr>
<tr><td>核准</td><td colspan="5"></td><td colspan="2">审　查</td><td colspan="5"></td><td colspan="2">制　表</td><td colspan="4"></td></tr>
</table>

表 3.14-4　合同订单评审表

QR/8.2-04　　　　　　　　　　　　　　　　No：

<table>
<tr><td>顾客名称</td><td></td><td>合同性质</td><td></td><td>评审阶段</td><td></td></tr>
<tr><td>品名 / 型号</td><td colspan="5"></td></tr>
<tr><td>信息来源</td><td colspan="5"></td></tr>
<tr><td colspan="6">顾客对产品明示与潜在的要求（技术要求、质量要求、支持服务、价格等）：

签名：　　　　　　日期：</td></tr>
<tr><td colspan="6">技术部：（评审工艺技术要求）

签名：　　　　　　日期：</td></tr>
<tr><td colspan="6">采购部（评审物料供应能力）：

签名：　　　　　　日期：</td></tr>
<tr><td colspan="6">质检部（评审质量检测能力）：

签名：　　　　　　日期：</td></tr>
<tr><td colspan="6">生产部（评审生产能力及交货期）：

签名：　　　　　　日期：</td></tr>
<tr><td colspan="6">业务部（评审标书或合同的合法、完整性、明确性）

签名：　　　　　　日期：</td></tr>
<tr><td colspan="6">评审结论

签名：　　　　　　日期：</td></tr>
</table>

填写说明：样品开发时，生产部和品管部不需要参加，正式生产阶段全部参加评审。

表 3.14–5　常规合同订单评审单

QR/8.2–05　　　　No：

接单日期	顾客名称	产品名称 / 型号	数量	交货时间	顾客要求记录	合同评审记录	评审人员

表 3.14-6 顾客要求更改单

QR/8.2-06　　　　　　　　　　　　　　　　　　　　No：

顾客名称	
原合同编号	
变更内容：	
评审意见	
生产部： 签名：　　　　　日期：	
质检部： 签名：　　　　　日期：	
评审结论： 签名：　　　　　日期：	

表 3.14–7　合同订单台账

QR/8.2–07　　　　　　　　　　　　　　　　　　　　No：

顾客名称：____________________

序号	订单编号	订货日期	产品名称	型号规格	产品图号	订货数量	交货期限	交货时间 / 数量				完成情况

记录人：　　　　时间：　　年　　月　　日至　　年　　月　　日

3.15 产品和服务的设计和开发管理流程

文件编号：QM/WI15 版本 / 改数：A/0 生效日期：20×× 年 ×× 月 ×× 日 第 × 页 / 共 × 页

过程流程（业务部 / 技术部 / 质检部 / 生产部 / 总经理）	内容描述	采用表单
设计和开发项目来源	1.业务部与顾客签定的新产品合同或技术协议，市场调研或分析，提出《项目建议书》； 2.质检部根据国内、外同行业质量水平调查、权衡公司内产品质量改进需要，提出《项目建议书》； 3.技术部对国内、外同行业技术水平调查、索取，内部/其他技术信息调查，提出《项目建议书》； 4.生产部根据技术革新需要，产品性能指标改进需要，提交《项目建议书》。	《项目建议书》
批准（No → 设计和开发项目来源；Yes → 设计和开发任务书）	总经理批准后，下达《设计和开发任务书》，并将与新产品有关的技术资料转交技术部。	《设计和开发任务书》
设计和开发的策划 → 批准（No → 设计和开发的策划；Yes →）	技术部经理根据《设计和开发任务书》及相关项目来源信息，确定项目负责人，组建项目小组，制定《设计和开发计划书》，报总经理批准后执行。计划书内容包括： 1）设计和开发活动的性质、周期、复杂性； 2）划分过程阶段的要求，包括适用的设计和开发评审； 3）设计和开发验证和确认活动的要求； 4）产品和服务的设计和开发所需的内部和外部资源。如人员、信息、设备、资金保证等及其他相关内容。 5）参加设计和开发过程人员的接口控制需求； 6）对顾客和用户参与设计和开发过程的需求； 7）对后续生产和服务提供的要求； 8）顾客和其他利益相关方对设计和开发过程所期望控制的程度。	《设计和开发计划书》
设计和开发人员接口控制	1.设计开发的不同小组可能涉及公司不同职能或不同层次，也可能涉及公司外部，如顾客参与设计。 2.对于日常的设计开发信息，设计开发人员应填写《设计和开发信息联络单》，由设计组负责人审批后发给相关小组。需要技术部经理进行协调工作的，由技术部经理审批后组织协调。 3.对于重要的设计开发信息，技术部经理可以组织各小组的协调会议或图样会审会议等方式进行沟通。应及时将有关信息传递到各相应部门，以便采取相应的措施予以改进。 4.业务部负责与顾客的联系及信息传递。	《设计和开发信息联络单》
设计和开发的输入 → Ⓐ	1.设计开发输入应包括以下内容： 1）产品主要功能、性能要求，这些要求主要来自顾客或市场的需求与期望，一般应包含在合同、定单或项目建议书中； 2）适用的法律、法规要求，对国家强制性标准一定要满足； 3）以前类似设计和开发活动提供的信息； 4）企业对外宣称、承诺遵守的标准或行业准则； 5）因产品和服务性质导致的潜在失效后果分析； 2.设计开发的输入应形成文件，并填写《设计和开发输入清单》，附有各类相关资料。	《设计和开发输入清单》

续表

<table>
<tr><th colspan="5">过程流程</th><th rowspan="2">内容描述</th><th rowspan="2">采用表单</th></tr>
<tr><th>业务部</th><th>技术部</th><th>质检部</th><th>生产部</th><th>总经理</th></tr>
<tr><td colspan="5">
</td><td>3.技术部经理组织有关设计开发人员和相关部门对设计开发输入进行评审，对其中不完善、明确，输入间的冲突，要求做出澄清和解决，确保设计开发的输入满足设计和开发的目的。</td><td></td></tr>
<tr><td colspan="5">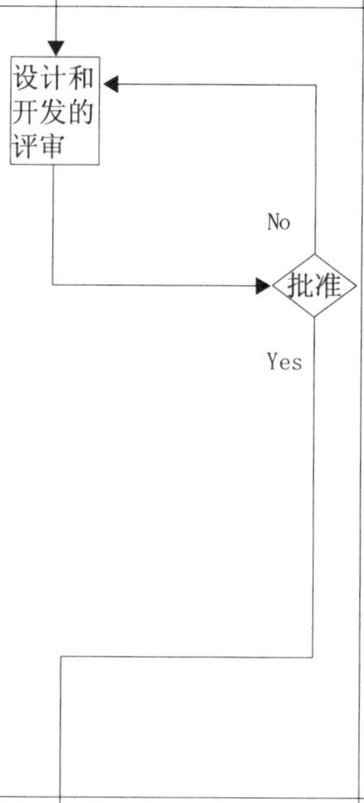
</td><td>1.在设计开发的适当阶段应依据所策划的安排，进行系统的、综合的评审，确保设计和开发结果满足要求的能力。一般由项目负责人提出申请，技术部经理批准，并组织相关人员和部门进行评审。
1）应在设计开发计划中明确评审的阶段、达到的目标、参加人员及职责等，并按照计划进行评审。
2）评审的目的是评价满足阶段设计开发要求的能力及对于内外部资源的适宜性，满足总体设计输入要求的充分性及达到设定目标的有效性；识别和预测问题的部位和不足，提出相应的纠正措施，以便在早期避免产品的各种不合格和缺陷。
3）根据需要也可安排计划外的适当阶段评审，但应提前明确时间、评审方法、参加人员及职责等。
4）评审的方式可采用会议评审、专家评审、逐级审查、同行评审等。
2.项目负责人根据评审结果，填写《设计和开发评审报告》，对评审做出结论，报技术部经理审核、总经理批准后发到相关单位，根据需要采取相应的改进或纠正措施，技术部负责跟踪记录措施的执行情况，填写在《设计和开发评审报告》的相应栏目内。</td><td>《设计和开发评审报告》</td></tr>
<tr><td colspan="5">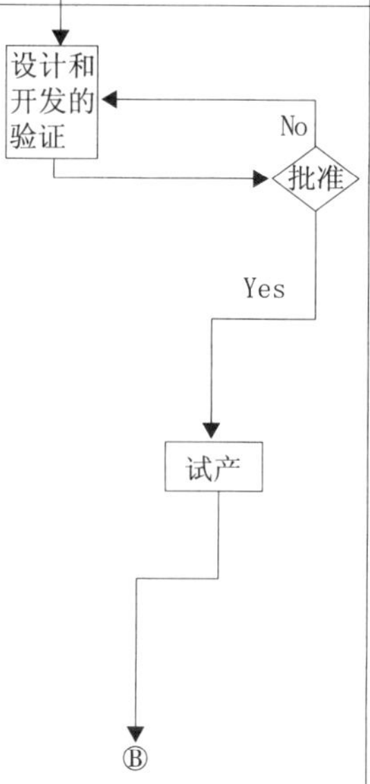
</td><td>1.为确保设计和开发输出满足输入要求，应依据策划的安排对设计和开发进行验证。验证的方式可以为：
1）根据评审通过的设计开发初稿制作样机。质检部负责对样机进行型式试验或送权威检测机构检测，并出具检测报告。对样机的部分设计或功能、性能，可引用已证实的类似设计的有关证据，作为本次设计的验证依据。
2）在设计开发的适当阶段也可以进行验证，可采用与已证实的类似设计进行比较、计算验证、模拟试验等。
2.项目负责人综合所有验证结果，编制《设计和开发验证报告》，记录验证的结果及跟踪的措施，报总经理批准，确保设计开发输入中每一项性能、功能指标都有相应的验证记录。
3.样机验证通过后，技术部组织各相关部门对小批生产的可行性进行评审，根据产品的特点，填写《试产记录》，报部门经理审核、总经理批准后，技术部指导生产部进行小批试产(数量不大于10件)。
4.质检部对小批试产的产品进行检验或试验，出具相应的检测报告，生产部对其工艺进行验证并出具工艺验证报告；采购部出具物资批量供应可行性报告；财务部出具成本核算报告；技术部综合上述情况，填写《试产总结报告》,报部门经理审核、总经理批准后，作为批量生产的依据。</td><td>《设计和开发验证报告》
《试产记录》
《试产总结报告》</td></tr>
</table>

续表

过程流程					内容描述	采用表单
业务部	技术部	质检部	生产部	总经理		
	Ⓑ ↓ 设计和开发确认				1.确认的目的是证明产品和服务能够满足规定的或已知的预期用途的要求。应依据策划的安排对设计和开发进行确认。只要可行，确认通常应在产品交付之前(如单件产品)或产品实施(如批量产品)之前完成。如需经用户使用一段时间才能完成确认工作的，应在可能的适用范围内实现局部确认，如采用模拟或其他方式完成。 2.可以选择下述几种确认方式之一： 1）技术部组织召开新产品鉴定会，邀请有关专家、用户参加，提交《新产品鉴定报告》即对设计开发予以确认。 2）试产合格的产品，由业务部联系顾客使用一段时间，业务部提交《客户使用报告》，说明顾客对试样符合标准或合同要求的满意程度及对适用性的评价，顾客满意即对设计开发予以确认。 3）新产品可送往国家授权的试验室进行型式试验并出具合格报告，并提供用户使用满意的报告，即为对设计开发予以确认。 上述报告及相应资料为确认的结果，技术部对此结果进行分析，根据需要采取相应的跟踪和改进措施，并填写在《设计和开发信息联络单》上传递给相关部门执行，以确保设计开发的产品满足顾客预期的使用要求。 3.通过设计开发确认后，技术部项目负责人将所有的设计开发输出文件进行整理，送交档案室归档。	《新产品鉴定报告》 《客户使用报告》 《设计和开发信息联络单》
	↓ 设计和开发输出 Ⓒ				1.设计开发人员根据设计开发任务书、方案及计划等开展设计开发工作，并编制相应的设计开发输出文件。 2.设计开发输出文件应以能针对设计开发输入进行验证的方式提出，以便于证明满足输入要求，对后续的产品和服务提供过程是充分的。设计开发输出文件因产品不同而不同，可包括： 1）指导生产、包装等活动的图样和文件，如零件图、部件图、总装图、电气原理图、生产工艺及包装设计等； 2）包含或引用监视和测量的要求和接收准则； 3）采购物资分类明细表、外协件清单； 4）质量重要度分级明细表； 5）产品技术规范或企业标准； 6）用户手册。规定对于预期目的及其安全和适当地使用所必要的产品和服务的特性，包括安全、包装、运输、贮存、维护对产品的安全和正常使用必需的产品特性。 3.项目负责人对输出文件进行审核，并填写《设计和开发输出清单》。输出文件经开发部经理批准后，才能发放。	《设计和开发输出清单》

续表

过程流程					内容描述	采用表单
业务部	技术部	质检部	生产部	总经理		
	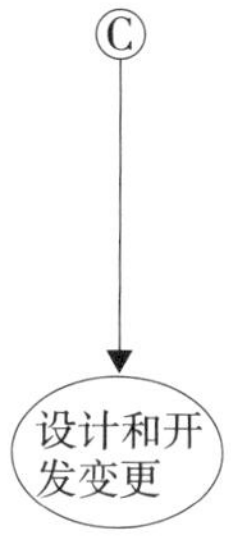				1.设计开发的更改发生在设计开发、生产和保障的整个寿命周期中，设计开发人员应正确识别和评估设计更改对产品的原材料使用、生产过程、使用性能、安全性、可靠性等方面带来的影响。 2.设计开发的更改提出部门应填写《文件更改申请单》，并附上相关资料，报总工程师批准后方可进行更改。 1）在设计开发过程中的更改：在设计开发过程中，设计开发人员可在设计开发输出文件上直接划改(应签名)或重新编制相应的文件，执行《文件化信息管理流程》。 2）在设计开发定型后的更改：产品定型后如需要改设计，更改建议人可将更改的建议填写在《设计和开发信息联络单》中提交技术部，由相关设计人根据可行性和必要性填写《文件更改申请单》：并附上相关资料，报总经理批准后方可进行更改，执行《文件化信息管理流程》。 3）当更改涉及主要技术参数和功能、性能指标的改变，或人身安全及相关法律法规要求时，应对更改进行适当的评审、验证和确认，经总经理批准后才能实施。评审应包括评价更改对产品组成部分和已交付产品的影响。 4）对更改的评审结果及任何必要的措施的记录。 3.以下文件化信息由技术部保存： 1）设计和开发的变更； 2）评审的结果； 3）变更的授权； 4）为防止不良影响所采取的措施。	《文件更改申请单》

表 3.15-1　项目建议书

QR/8.3-01　　　　　　　　　　　　　　　　　　　　No：

提出部门		建议人	
项目名称		型号规格	
项目类型	□ 新品开发　□ 技术改进　□ 产品性能改进 □ 产品质量改进　　　　　　□其他：______	建议日期	
设计和开发需求：			
设计和开发基本要求（包括主要功能、性能、结构、外观包装、技术参数说明）：			
可引用原来技术：			
可行性分析（包括技术、采购、工艺、成本等方面）：			
项目所需费用，参加人员：			
部门经理审核： 签名：　　　　日期：			
总经理批示： 签名：　　　　日期：			
注：所列各项内容可另加页叙述：			

表 3.15–2　设计和开发任务书

QR/8.3–02　　　　　　　　　　　　　　　　　　No：

项目名称		起止日期	
型号规格		预算费用	
依据的标准、法律法规及技术协议的主要内容：			
设计内容（包括主要功能、性能、技术指标、主要结构等）：			
设计部门及项目组员及负责人：			
部门经理审核： 签名：　　　　日期：			
总经理批示： 签名：　　　　日期：			
备注：			

表 3.15-3　设计和开发计划书

QR/8.3-03　　　　　　　　　　　　　　　　　　　　No：

项目名称		起止日期	
型号规格		预算费用	
职责	设计开发人员	职责	设计开发人员

内外部资源配置（包括人员、生产及检测设备、设计经费预算分配及信息交流手段等）

设计开发阶段的划分及主要内容	设计开发人员	负责人	配合部门	完成期限

备注：

编制		审核		批准	
日期		日期		日期	

表 3.15–4　设计和开发输入清单

QR/8.3–04　　　　　　　　　　　　　　　　　　　　No：

项目名称		型号规格			
设计开发输入清单（附相关资料：________份）					
编制		审核		批准	
日期		日期		日期	

表 3.15-5　设计和开发信息联络单

QR/8.3-05　　　　　　　　　　　　　　　　　　　　No：

发出部门		发出人		发出时间	
接收部门		接收人		接收时间	
要传递设计开发信息描述：					
接收部门意见：					
本表单适用于设计开发不同组别或不同相关部门之间的信息联络； 本表单一式三份，发出部门、接收部门各一份，项目负责人一份； 本表单也适用于产品定型，各相关部门提出设计开发更改建议。					

表 3.15-6　设计和开发评审报告

QR/8.3-06　　　　　　　　　　　　　　　　　　　No：

项目名称			型号规格		
设计开发阶段			日期		
评审人员	部门	职责或职务	评审人员	部门	职责或职务
评审内容：“□”内打“√”表示评审通过，“?”表示有建议或疑问，“×”表示不同意					
1 合同、标准符合性□　2 采购可行性□　3 加工可行性□　4 结构合理性□					
5 可维修性□　6 可检验性□　7 美观性□　8 环境影响□					
存在问题及改进建议：					
评审结论：					
对纠正、改进措施的跟踪验证结果： 验证人：　　　　日期：					

表 3.15-7　设计和开发验证报告

QR/8.3-07　　No：

项目名称		型号规格	
验证单位		参加人员	
试验样品编号		试验起止日期	
设计开发输入综述（性能、功能、技术参数及依据的标准或法律法规等）：			
针对要求各项的专项试验、检测报告内容摘要及结论： 验证人：　　日期：			
设计开发验证结论： 验证人：　　日期：			
对验证结论的跟踪结果： 验证人：　　日期：			

表 3.15-8　设计和开发输出清单

QR/8.3-08　　　　No：

项目名称		型号规格			
设计开发输出清单（附相关资料：________份）：					
编制		审核		批准	
日期		日期		日期	

表 3.15-9　试产记录

QR/8.3-09　　　　　　　　　　　　　　　　　　　　No：

产品名称		试产日期	
型号规格		试产数量	

试产人员分工：

总负责人		生产设备负责人		材料供应负责人	
技术指导		工序控制负责人		装配作业人员	
工艺负责人		质量控制负责人		调试作业人员	

工艺及可行性评审：

现有过程能力评估及增加或调配的资源：

结论：

评审参加人员	单位	职务或职称	评审参加人员	单位	职务或职称

表 3.15–10　试产总结报告

QR/8.3–10　　　　　　　　　　　　　　　　　　　　No：

<table>
<tr><td>项目名称</td><td></td><td>试产数量</td><td></td></tr>
<tr><td>型号规格</td><td></td><td>试产起止日期</td><td></td></tr>
<tr><td colspan="4">试产过程简介（由样品到小批量试制转化主要的困难及克服办法、主要质量控制点、工艺合理性评价、设备加工能力评价、人员能力是否满足要求等）：

签名：　　　　日期：</td></tr>
<tr><td colspan="4">产品检验、试验结果简介及结论（附各阶段的检测报告记录）：

签名：　　　　日期：</td></tr>
<tr><td colspan="4">试产结论及建议：

签名：　　　　日期：</td></tr>
<tr><td colspan="4">部门经理审核：

签名：　　　　日期：</td></tr>
<tr><td colspan="4">总经理批示：

签名：　　　　日期：</td></tr>
<tr><td colspan="4">备注：</td></tr>
</table>

表 3.15-11　客户使用报告

QR/8.3-11　　　　No：

项目名称		试样数量	
型号规格		生产日期	
客户名称		试用时间	
地址		电话 / 联系人	
客户试用意见：（包括对产品的适用性、符合标准或合同要求的评价意见）			
客户试产结论及建议： 客户签名：________ 公章：________ 日期：________			
备注：			

表 3.15-12 新产品鉴定报告

QR/8.3-12　　　　　　　　　　　　　　　　No：

<table>
<tr><td>项目名称</td><td colspan="2"></td><td>型号规格</td><td colspan="2"></td></tr>
<tr><td>鉴定方式</td><td colspan="5"></td></tr>
<tr><td>会审时间</td><td colspan="2"></td><td>会审时间</td><td colspan="2"></td></tr>
<tr><td colspan="6">鉴定过程及主要内容：</td></tr>
<tr><td colspan="6">鉴定结论及建议：</td></tr>
<tr><td>鉴定人员</td><td>单位</td><td>职务或职称</td><td>鉴定人员</td><td>单位</td><td>职务或职称</td></tr>
<tr><td></td><td></td><td></td><td></td><td></td><td></td></tr>
<tr><td></td><td></td><td></td><td></td><td></td><td></td></tr>
<tr><td></td><td></td><td></td><td></td><td></td><td></td></tr>
<tr><td></td><td></td><td></td><td></td><td></td><td></td></tr>
<tr><td></td><td></td><td></td><td></td><td></td><td></td></tr>
<tr><td></td><td></td><td></td><td></td><td></td><td></td></tr>
</table>

3.16 外部提供的过程产品和服务管理流程

文件编号：QM/WI16 版本 / 改数：A/0 生效日期：20×× 年 ×× 月 ×× 日 第 × 页 / 共 × 页

过程流程				内容描述	采用表单
需求部门	采购部	质检部	总经理		
	供方开发			1.供方的开发 采购部以所需物料的规格及质量要求、数量需求、交期和价格等因素为依据，寻找有能力供货之供方，供方应尽量符合以下所有或部分条件： 1）供方在该产品领域有明显领先优势； 2）供方获得质量体系认证或必要的产品认证； 3）供方的生产经营活动合法守约； 4）质量管理/生产能力/财务管理健全有效； 5）客户指定的供方。	
	供方调查			2.供方调查 供方须填写《供方调查（自评）表》，应包含以下方面的详细资料： 1）注册法人代表身份和财政信用； 2）供方资历、营业范围内的相应资质证明； 3）供方的资源和设施； 4）现有的质量保证体系或获认证标志的产品。 5）《供方调查（自评）表》由采购部门发出并负责收回。	《供方调查（自评）表》
	供方选择			3.供方评价选择 采购部门在对《供方调查（自评）表》进行初步分析后，从中筛选部分优势明显的供方，提请质检部对其进行评鉴。评鉴一般采用以下所有或部分手段： 1）材料符合性的确认。对于原材料、产品配件、包装物，质检部依据材料的重要性，要求供方按适合等级要求提供相关文件及样品；并对样品符合性进行检测。 2）实地考查。适当时，采购（可由质检部协助进行）可以对供方之生产经营场所进行实地考查，考查结果填入《供方实地考查记录表》，考查内容应全部涵盖《供方调查（自评）表》内的内容。 3）客户意见。采购可根据具体情况向客户通报供方状况，并征求客户意见，客户意见可分为“反对供货”“不反对供货”及“指定供货”三种状态。	《供方实地考查记录表》
		合格供方	批准	4.合格供方的产生 采购根据“样品检测记录”“质量评核结果”以及必要时的“实地考核结果”进行有针对性的综合性考评，符合我公司要求的，签定相关《委外加工协议》《质量技术保证协议》，则列为合格供方。《合格供方名录》经总经理批准后实施。	《合格供方名录》 《委外加工协议》 《质量技术保证协议》
	业绩控制			5.供方业绩的控制和监视 采购部对供方日常业绩进行控制和监视，填写《合格供方日常管理记录》。	《合格供方日常管理记录》
	绩效评价 Ⓐ			6.供方绩效评价 采购部门负责将所有的分供方按生产需求分为：一类供方——主要原材料，二类供方——辅料，三类供方——总务杂项。一类供方每月评价一次，二类供方每	《供方业绩评价表》

续表

过程流程				内容描述	采用表单
需求部门	采购部	质检部	总经理		
	Ⓐ			年评价一次，三类供方可不予评价。填写《供方业绩评价表》。	《供方业绩评价表》
Yes	重新评价			7.供方重新评价 质检部针对合格供方业绩每年做一次汇总，填写《合格供方年度考核汇总表》，并要求采购部门会同相关部门每年对合格供方做一次实地复核，以验证供方之持续改善及100%交货能力的承诺。应建立供应商体系开发计划，建设符合本公司需求的供应链。	《合格供方年度考核汇总表》
	No 资格取消			8.合格供方资格的取消。当供方业绩达不到公司考核要求时，供方的供货状态无法满足本公司或客户要求时，可以取消其合格供方资格。采购部门、质检部及客户均可提出合格供方资格取消建议，其中客户要求是取消合格供方的充分条件。	
采购需求				9.采购需求提出： 1）各个部门根据本部门生产或各种活动的需要填写《采购申购单》； 2）采购部根据产品销售订单及预测和计划部拟定的当月生产计划、产品材料消耗定额和库存调查结果，核算出当月采购物资的需用计划，并做出《采购计划》。	《采购申购单》《采购计划》
			批准	10.采购审批： 采购部经理根据仓库的库存状况，以及单件消耗状况和采购需求及采购周期等要求对《采购计划》和《采购申购单》进行审批。	《采购计划》
	选择供方			11.选择供方 1）选择供应商时，采购员按照上面要求进行选择合格的供应商； 2）无需选择新供应商时，则采购员直接从《合格供方名录》中选择供应商； 3）当顾客合同或协议要求选择其指定的供应商时，采购员须选择顾客批准的供应商。	《合格供方名录》
	实施采购			12.实施采购 1）向新的外协件供应商或年初进行采购外协件时，需跟供应商签订采购合同/质量协议，然后下发《采购订单》。 2）向老的供应商进行采购时，以传真/E-mail/直接向选择的供应商下发《采购订单》； 3）对于小量零星采购，则直接按《采购申购单》或《采购计划》上的要求，电话通知供应商送货或上门购货。通知的时间、联系人及认可情况直接记录在《采购计划》或《采购申购单》上。	《采购订单》 《采购申购单》 《采购计划》
	物资进厂			13.物资进厂：当采购的产品进入到公司后，需先放入待检区，然后由仓库保管员通知检验员进行检验。	
入库	Yes	材料检验 No 不合格输出控制流程		14.材料检验 1）当顾客要求或本公司需要到供应商现场验证时，则通知供应商或在《采购订单》《采购计划》上明确验证标准及规则。 2）供应商提供的采购产品进厂，仓库管理员对采购产品进行数量点收、品名核对后，进货检验员依《进货检验指导书》之规定进行验收，产品质量检验合格后，仓库管理员办理入库手续。 3）经检验不合格的产品，则按《不合格品控制程序》进行作业。 4）与采购管理有关的相关质量记录之保存/归档，由相关部门依《文件化信息管理流程》进行作业。	《采购订单》 《采购申购单》 《采购计划》

表 3.16–1　质量技术保证协议

QR/8.4–01　　　　　　　　　　　　　　　　　　　　　　No：

甲方（需方）：________________　　对应合同编号：________________

乙方（供方）：________________

产品名称：________________

产品型号：________________

1. 目的

为了促进产品或备件质量的稳定和提高，促进甲乙方共同发展，明确双方质量责任及快速解决质量纠纷，甲方和乙方根据双方业务交往准则及合同规定，经协商一致，特签订此协议。

2. 责任

2.1 甲方负责向乙方提供订购产品图纸、标准，并确认封样样品（需方）及其他技术要求等。

2.2 乙方保证向甲方提供满足双方确认质量要求的产品。

2.3 乙方应妥善保存甲方提供的图纸、标准及其他技术文件。未经甲方允许，乙方不得泄露甲方提供的技术文件资料。

3. 技术要求

3.1 乙方提供的产品应符合以下技术要求：

技术参数：__________________________

质量要求：__________________________

3.2 技术支持和服务

3.2.1 产品安装期间，乙方负责对甲方进行关于产品的使用要求及日常维护、注意事项等方面的培训；

3.2.2 对产品的质量事故问题，乙方在接到甲方的书面反馈后，应在 2 个工作日内委派相关人员到达甲方现场进行解决；

3.2.3 属产品的一般性质量问题，乙方在接到甲方的书面反馈后，应迅速做出解决方案，并在 3 个工作日内将问题解决；

3.2.4 保修期过后，乙方可向甲方提供有偿维修服务。

4. 质量要求

4.1 产品实现三包：关于产品的质量问题，乙方应保证产品安装后三个月内包退，六个月内包换，十二个月内免费维修。

4.2 关键器件的质量保证：除整机产品的三包外，乙方应对以下产品内关键或易损器件的质量保证。

4.3 当产品的使用或质量问题超标时，经双方确认使用环境及操作方法满足《产品使用说明书》要求的条件下，乙方不得以任何理由推脱责任，若使用条件有特殊要求，须在本协议签订时注明。

5. 产品质量责任判定

5.1 甲方判定批量合格产品，但装配过程中或成品检验中发现供货不合格数（属乙方责任）超过5%时，此批仍为不合格物料，损失由乙方承担；

5.2 乙方质量责任并不因为甲方批量检验合格而得到任何减免，质量责任周期为配件寿命周期。

6. 对质量责任事故的处理

6.1 凡因乙方供件的质量问题造成甲方产品在装配、流通、消费过程中产生质量问题和事故，其一切经济损失及法律责任均由乙方承担；

6.2 因乙方供件的质量问题造成甲方在装配现场产生的重大质量事故（5万元以上），乙方担负付款5000元人民币或损失费的50%的经济损失；

6.3 因乙方供件质量问题导致顾客批量投诉或退货，一切责任和损失由乙方承担，并扣款5000元人民币以上；

6.4 因乙方供件质量问题甲方要求退货或换货的，乙方应无条件执行；

6.5 对乙方出现的质量问题乙方应按照甲方要求即时进行整改，整改合格后可继续供货。对乙方引起重大质量事故的，甲方有权终止合同。

7. 违约责任

7.1 乙方未按照双方确认的技术及性能要求提供产品，甲方有权将产品退回，同时，乙方有责任退回货款；

7.2 乙方如接到甲方的质量反馈后，未在指定时间内进行处理，乙方有责任按每逾期壹日500元向甲方支付违约金；

7.3 如因产品的质量问题导致甲方产品的质量事故，甲方有权向乙方提交索赔函。

8. 保密条款

甲乙双方未经对方同意，均不得对外提供、纰漏对方的技术信息。

9. 本协议适用于甲方向乙方采购的产品质量（指所有时期）责任事故的处理都具有追溯力。

10. 本协议作为双方《采购合同》附件，与采购合同同时生效，其效力并不因为采购合同的终止而终止。

11. 本协议一式两份，双方各执一份，双方代表签字盖章有效，具有同等法律效力。

甲方：______________（盖章）	乙方：______________（盖章）
签约代表：___________（签字）	签约代表：___________（签字）
地址：____________________	地址：____________________
_______年_______月_______日	_______年_______月_______日

表 3.16-2　委外加工协议

QR/8.4-02　　　　　　　　　　　　　　　　No：

定作方：________________________（以下简称甲方）

加工方：________________________（以下简称乙方）

甲、乙双方本着诚实信用、互惠互利原则在平等、自愿、协商一致基础上达成如下协议，以资共同遵守。

一、甲方委托乙方对______________产品进行电镀加工，乙方同意为甲方电镀加工。此合同系甲乙双方进行委托电镀加工的基本交易合同，具体甲方委托乙方进行电镀加工的产品名称、数量、品质、单价（该价款为不含税价）、交货期、交货地点及其他条款在具体《加工订单》《报价单》《送货单》中列明；未被列明的项目，以本合同为准。

二、甲方负责提供半成品给乙方电镀加工，运输方式为以下方式：由乙方派车到甲方工厂处收取半成品电镀，同时将电镀好的成品送回甲方，即由乙方提供接货、送货服务。但因甲方原因造成需自行将货物运送、速递到乙方工厂或派车到乙方工厂取货，该运输费用由甲方自负。

三、乙方按甲方品质要求进行电镀，保证所电镀好的成品质量达到双方约定的标准。若因乙方原因造成质量事故，乙方承担该产品的成本费，但不承担因此而产生的连带损失和责任。质量验收要求：

验证 / 检验项目	抽样方案	验证 / 检验方法	验证 / 检验标准
外观	抽 2%	目测	镀层表面清洁、透亮、无明显颗粒状，无色斑、镀层表面均匀
性能试验	抽 2%	目测	用胶带纸粘贴在镀层表面，撕下无脱落
镀层材料	/	目测	铝
镀层厚度	/	目测	≥ 0.015mm

四、乙方保证将甲方电镀产品的正常损耗率控制在 0.5% 以内，否则超标损耗部分乙方承诺给予补偿成本费。

五、甲方应于签订本合同时提供以下资料给乙方，并保证具有合法有效的资质：

1. 营业执照影印本（需出示原件供乙方核对）、生产许可证；

2. 法定代表人或负责人身份证影印本。

六、甲方应自收货后及时对所电镀产品品质进行检验，若存在品质问题应自收货后10日内提出书面质量异议，否则视为电镀产品品质合格。在该期限内经检验不合格的产品甲方有权送回乙方处返镀；甲方在已验收电镀成品超过壹个月后因存放环境等各种客观或人为因素的影响提出质量问题退回乙方处返镀的，乙方不承担返镀责任。

七、加工费结算方式及期限：□现金付款　□月结　□其他方式：__________

八、本合同解除的条件：

1. 甲方不按期支付乙方加工费用。

2. 乙方所电镀产品存在严重的品质问题，经双方多次沟通仍未妥善解决。

3. 乙方原因造成拖延甲方电镀产品交货期，经甲方及时通知仍未明显改善；若系甲方原因造成乙方不能按期交货或不合格电镀产品出现的，不能视乙方违约，同时乙方仍有权要求甲方按期支付全额电镀加工费。

九、违约责任：

1. 甲方不按期支付乙方加工费用，应承担违约责任，每逾期1天应向乙方支付逾期款项总金额千分之五的违约金。

2. 甲方保证对委托乙方加工产品不侵犯第三方知识产权，否则由此造成损失由乙方承担。

3. 乙方所电镀产品存在质量问题导致甲方遭受经济损失的，甲方有权要求乙方赔偿，但索赔金额不得超过电镀费用的50%。

4. 乙方属于专业的电镀加工厂，因意外导致甲方产品电坏、遗失、欠数现象发生，乙方免收损失部分加工费用，并承担相应的成本费用。

十、合同争议的解决方式：若在履行本合同发生争议，由双方当事人协商解决，协商不成，可向人民法院起诉。

十一、合同期限：________年____月____日到________年____月____日。

十二、本合同自双方签字盖章之日起生效。合同如有未尽事宜，应由双方共同协商，做出补充规定，补充规定与本合同具有同等效力。

十三、本合同一式二份，甲、乙方双方各执一份。

甲方：________________（盖章）　　乙方：________________（盖章）

签约代表：____________（签字）　　签约代表：____________（签字）

地址：______________________　　地址：________________________

________年________月________日　　________年________月________日

表 3.16-3　供方调查（自评）表

QR/8.4-03　　　　　　　　　　　　　　　　　　　No：

<table>
<tr><td>分供方</td><td colspan="3">（盖章）</td><td colspan="2">法人代表</td><td></td><td>企业性质</td><td colspan="2"></td></tr>
<tr><td>地址</td><td></td><td></td><td></td><td colspan="2">注册资金</td><td></td><td>创立日期</td><td colspan="2"></td></tr>
<tr><td>联系人</td><td></td><td>电话</td><td></td><td>传真</td><td></td><td>邮编</td><td></td><td>厂休日</td><td></td></tr>
<tr><td>员工数</td><td colspan="7">管理人员人，工程技术人员人，专职质检人员人</td><td>占地</td><td></td></tr>
<tr><td colspan="10">主要产品生产能力 / 自制能力 / 原材料购入来源</td></tr>
<tr><td colspan="2">产品名称</td><td colspan="2">生产能力（件 / 天）</td><td colspan="2">是否外包</td><td colspan="4">原材料购入来源（%）</td></tr>
<tr><td colspan="2"></td><td colspan="2"></td><td colspan="2"></td><td>国内</td><td></td><td>进口</td><td></td></tr>
<tr><td colspan="2"></td><td colspan="2"></td><td colspan="2"></td><td>国内</td><td></td><td>进口</td><td></td></tr>
<tr><td colspan="2"></td><td colspan="2"></td><td colspan="2"></td><td>国内</td><td></td><td>进口</td><td></td></tr>
<tr><td colspan="2"></td><td colspan="2"></td><td colspan="2"></td><td>国内</td><td></td><td>进口</td><td></td></tr>
<tr><td colspan="2"></td><td colspan="2"></td><td colspan="2"></td><td>国内</td><td></td><td>进口</td><td></td></tr>
<tr><td colspan="2"></td><td colspan="2"></td><td colspan="2"></td><td>国内</td><td></td><td>进口</td><td></td></tr>
<tr><td rowspan="6">主要生产检验设备</td><td>生产设备名称</td><td colspan="2">规格型号</td><td>数量</td><td colspan="2">检测设备名称</td><td colspan="2">规格型号</td><td>数量</td></tr>
<tr><td></td><td colspan="2"></td><td></td><td colspan="2"></td><td colspan="2"></td><td></td></tr>
<tr><td></td><td colspan="2"></td><td></td><td colspan="2"></td><td colspan="2"></td><td></td></tr>
<tr><td></td><td colspan="2"></td><td></td><td colspan="2"></td><td colspan="2"></td><td></td></tr>
<tr><td></td><td colspan="2"></td><td></td><td colspan="2"></td><td colspan="2"></td><td></td></tr>
<tr><td></td><td colspan="2"></td><td></td><td colspan="2"></td><td colspan="2"></td><td></td></tr>
<tr><td rowspan="4">技术合作</td><td>合作对象公司名称</td><td colspan="2">合作项目内容</td><td colspan="2">契约期限</td><td rowspan="4">通过何种质量体系认证</td><td colspan="3"></td></tr>
<tr><td></td><td colspan="2"></td><td colspan="2"></td><td colspan="3"></td></tr>
<tr><td></td><td colspan="2"></td><td colspan="2"></td><td colspan="3"></td></tr>
<tr><td></td><td colspan="2"></td><td colspan="2"></td><td colspan="3"></td></tr>
<tr><td rowspan="7">主要业务单位</td><td colspan="3">公司名称</td><td colspan="6">主要产品</td></tr>
<tr><td colspan="3"></td><td colspan="6"></td></tr>
<tr><td colspan="3"></td><td colspan="6"></td></tr>
<tr><td colspan="3"></td><td colspan="6"></td></tr>
<tr><td colspan="3"></td><td colspan="6"></td></tr>
<tr><td colspan="3"></td><td colspan="6"></td></tr>
<tr><td colspan="3"></td><td colspan="6"></td></tr>
</table>

编制：　　　　　　　　　　　年　　月　　日

表 3.16–4　供方实地考查记录表

表单编号：QR/8.4–04　　　　　　　　　　　　　　　No：

供应商：________　供应产品：________　供方级别：________

评审（考查）项目	得分
一、组织环境	
1. 企业是否对外部和内部因素进行了收集、分析和应用？	
2. 是否有针对性地识别了相关方的需求和期望并加以分析？	
二、领导作用	
3. 企业是否制定了质量方针，并组织员工沟通？	
4. 是否制定了组织结构图？各岗位是否规定了职责权限？	
三、策划	
5. 是否在各部门和管理各层次制定了质量目标？并进行考核？	
四、支持	
6. 是否制定了人员招聘、培训的相关规定并实施？	
7. 是否建立了设施台账？是否建立设施的维护保养计划？是否得到实施？	
8. 检查企业现场：生产、仓库、检验、实验、办公系统的环境？	
9. 是否制订了计量或检定计划？是否校准合格？是否做出了相应状态的标识？	
10. 是否制订培训计划，进行了培训？是否确认员工达到上岗能力？	
11. 是否明确了内部、外部沟通内容与方式？	
12. 是否建立文件化管理机制？文件是否审批签字？是否对保密文件的管理？	
五、运行	
13. 客户合同信息是否记录保管？对订单要求进行评审？更改后是否重新评审？	
14. 产品和服务的设计和开发是否制定书面文件？抽查几个项目执行情况？	
15. 对供方是合格评定制定名单？能否覆盖绝大部分供方？对业绩是否评审？	
16. 检查车间、仓库的标识管理？产品信息是否可追溯？	
17. 查产品防护有什么要求？是否对产品进行了防护？	
18. 查产品放行人员的授权书？包括检验员和例外放行批准人？	
19. 如何防止不合格品混淆？如何处置不合格品？如果有返工，是否再次检验合格？	
六、绩效评价	
20. 如何获得顾客满意度？查顾客满意度结果的评审及产生的措施？	
21. 查产品的合格率、退货率、返工率等分析和评价记录？	
22. 内部审核是否一年内进行？是否审核了标准的全部要求？	
23. 管理评审是否按规定的时间进行？是否形成建设意义的管理评审报告？	
七、持续改进	
24. 抽查纠正措施单，是否采取了临时措施？不合格的原因是什么？是否分析了其他类似情况会发生？是否采取措施？措施是否实施并评审有效？	
25. 企业采取了哪些改进的要求？是否实施？	

1. 计分方法：没有达到要求，或在实施中出现严重不符合“0 分”；达到要求，但实施中出现一般不符合“1 ~ 2 分”；达到要求，并且有效实施“3 ~ 4 分”。

2. 供应商评级：A 级：80 分（含）以上；B 级：80 ~ 60 分之间；C 级 60 分（含）以下。不合格供应商：60 分以下，每个要素的得分最少是 1 分才能通过评定。

3. 供应商最终评定：□有 1 分以下得分项目，不通过；□ A 级；□ B 级；□ C 级。

审核组人员：________　日期：________

表 3.16-5　供方业绩评分表

QR/8.4-05　　　　　　　　　　　　　　　No：

<table>
<tr><td>供应商名称</td><td colspan="4"></td><td></td></tr>
<tr><td>考核时间</td><td colspan="4">______年____月____日 ~ ______年____月____日</td><td></td></tr>
<tr><td>考核项目</td><td colspan="4">计算公式</td><td>得分</td></tr>
<tr><td rowspan="3">交货产品质量
（A：30 分）</td><td>不良率</td><td>得分</td><td>不良率</td><td>得分</td><td rowspan="3"></td></tr>
<tr><td>≤ 1%</td><td>30</td><td>1.6% ~ 2%</td><td>10</td></tr>
<tr><td>1% ~ 1.5%</td><td>20</td><td>≥ 2%</td><td>0</td></tr>
<tr><td rowspan="3">交货产品准时率
（B：20 分）</td><td>准时率</td><td>得分</td><td>准时率</td><td>得分</td><td rowspan="3"></td></tr>
<tr><td>75% ~ 100%</td><td>20</td><td>25 ~ 49%</td><td>10</td></tr>
<tr><td>50% ~ 74%</td><td>15</td><td>0 ~ 24%</td><td>5</td></tr>
<tr><td rowspan="3">产品价格水准
（C：10 分）</td><td>价格水准</td><td>得分</td><td>价格水准</td><td>得分</td><td rowspan="3"></td></tr>
<tr><td>经济实惠</td><td>10 ~ 9</td><td>稍微偏高</td><td>5 ~ 3</td></tr>
<tr><td>公平合理</td><td>8 ~ 6</td><td>较高</td><td>2 ~ 0</td></tr>
<tr><td rowspan="3">纠正问题及时性
（D：20 分）</td><td>及时率</td><td>得分</td><td>及时率</td><td>得分</td><td rowspan="3"></td></tr>
<tr><td>0 ~ 10%</td><td>20</td><td>21 ~ 30%</td><td>10</td></tr>
<tr><td>11 ~ 20%</td><td>15</td><td>≥ 31%</td><td>5</td></tr>
<tr><td rowspan="3">技术水准评分
（E：10 分）</td><td>技术水准</td><td>得分</td><td>技术水准</td><td>得分</td><td rowspan="3"></td></tr>
<tr><td>不断改进</td><td>10 ~ 9</td><td>问题延时解决</td><td>5 ~ 3</td></tr>
<tr><td>问题及时解决</td><td>8 ~ 6</td><td>不能解决</td><td>2 ~ 0</td></tr>
<tr><td rowspan="3">售后服务
（F：10 分）</td><td>售后服务</td><td>得分</td><td>售后服务</td><td>得分</td><td rowspan="3"></td></tr>
<tr><td>当天内完成</td><td>10 ~ 9</td><td>超期限完成</td><td>5 ~ 3</td></tr>
<tr><td>期限内完成</td><td>8 ~ 6</td><td>没完成</td><td>2 ~ 0</td></tr>
<tr><td>考核总成绩</td><td colspan="4">总分 = A+B+C+D+E +F =</td><td></td></tr>
<tr><td>考核成绩</td><td colspan="4">☐ A 级　☐ B 级　☐ C 级　☐ D 级</td><td></td></tr>
<tr><td>备注</td><td colspan="4">1. A 级供应商：90 分（含）以上；
2. B 级供应商：80 分（含）~ 90 分（不含）之间；
3. C 级供应商：70 分（含）~ 80 分（不含）之间；
4. D 级供应商：70 分（不含）以下，停止供应。</td><td></td></tr>
</table>

制表 / 日期：　　　　　　　　批准 / 日期：

表 3.16-6　合格供方日常管理记录

QR/8.4-06　　　　　　　　　　　　　　　　　　　　　No：

供方名称							联系人						
序号	订购时间	材料名称	规格	合同号	要求到货日期	实际到货日期	订购数量	到货数量	价格	抽样检验结果	生产挑出不良数	不良率	售后服务

制表：

表 3.16-7 ____年度合格供方名录

QR/8.4-07　　　　　　　　　　　　　　　　　　　　No：

序号	供方名称	地址	联系人	联系电话	主供产品	初次登入时间	评定级别

表 3.16-8　合格供方年度考核汇总表

QR/8.4-08　　　　　　　　　　　　　　No：

序号	供应商名称	______年度考核得分 / 考核等级											
		1	2	3	4	5	6	7	8	9	10	11	12

制表：　　　　日期：　　　　审批：　　　　日期：

3.17　生产和服务提供的控制管理流程

文件编号：QM/WI17　版本 / 改数：A/0　生效日期：20×× 年 ×× 月 ×× 日　　第 × 页 / 共 × 页

过程流程（业务部、生产部、车间、仓库）	内容描述	采用表单
顾客订单；仓库库存	1.业务部根据订单与预测在每月25号前将下月的《月销售计划》下达至生产部。 2.仓库每月底把《仓库盘点报表》交生产部，包括：成品、半成品、原材料、配套件的盘存数量。 3.生产计划员根据各库存情况和产能情况制作《月生产计划表》。 4.《月生产计划表》变更时，要及时通知各单位。 5.月生产计划应覆盖所有车间。	《月销售计划表》 《仓库盘点报表》 《月生产计划表》
生产计划 → 生产作业计划	1.各生产单位车间根据总的月生产计划进行分解,订制适合自己单位的《周生产作业计划表》。 2.按照《周生产作业计划表》安排生产任务。对变动情况及时提出，找相关部门解决。	《周生产作业计划表》
产前准备	1.清理工艺，工装夹具、道具检具是否到位； 2.清查设备是否完好； 3.是否具备有资格的人员； 4.待加工材料或产品是否到位； 5.当（自制或完全外协采购）产品样品制作和第一次批量生产前事务安排，防止遗漏。	
首件确认（No → 产前准备）	1.按工艺要求调试工装夹具开始生产； 2.测量，再次调试工装夹刀具到第一件合格品为止； 3.作业初步运行、材料更换、作业更改等必须重新首件生产； 4.材料烘干在生产前必须进行确认； 5.生产工艺参数进行确认。 首件车间主管检验后，交品管员确认。	
Yes → 特殊过程确认	当生产和服务提供的过程输出不能由后续的监视或测量加以验证，使问题在产品使用后或服务交付后才显现时，公司应对任何这样的过程实施确认。确认要求如下： 1.制定特殊工序操作准则（包括设备认可）。 2.对操作员进行上岗培训合格后方可操作。 3.生产管理人员对特殊工序进行定期确认并记录。	《特殊工序验证单》 《特殊岗位人员资格认可表》 《特殊岗位设施验证单》
正式生产 → Ⓐ	1.首件合格后进行批量生产。 2.各工序流转做好转序检验,合格后方能转序。 3.作业指导书须置于现场，并使操作者易于得到。 4.生产设备的使用及维护保养按《设备维护保养规定》执行。 5.工装的使用及维护保养按《工装模具管理规定》执行。 6.生产中的不合格品按《不合格输出的控制管理流程》执行。 7.生产过程中的搬运、贮存、保护、包装按《产品防护管理流程》执行。 8.生产过程中的产品标识、检测状态标识和可追溯性按《标识和可追溯性管理流程》执行。 9.监视和测量装置的配置和使用按《检测设备管理规定》执行。 10.现场工作环境执行《过程运行环境管理流程》，以确保制造现场的清洁有序。 11.生产过程中出现停电、停水、停气、劳动力短缺、关键设备故障、原材料短缺及顾客退货时，由相关部门执行《应急计划管理规定》。	

续表

过程流程（业务部／生产部／车间／仓库）	内容描述	采用表单
A → 下道工序	1.产品流入下道工序需自检确认。 2.各车间班组长对生产作业计划完成情况进行跟踪监督，填写《周生产作业计划表》。 3.计划员对生产计划的完成情况进行跟踪监督，填写《月生产计划表》。 4.各单位对生产数据进行报告。	《周生产作业计划表》 《月生产计划表》
装配包装	1.装配车间按照《生产日报表》进行产量统计，包括不良品统计。 2.班组按照《周生产作业计划表》进行领料。 3.按照首件生产、正式生产流程实施。	《生产日报表》 《周生产作业计划表》
入库	将按客户要求包装好的产品送成品库,按时发货。	《入库单》

表 3.17–1　月销售计划表

QR/8.5.1–01　　　　　　　　　　　　　　　　No：

承办人				计划日期											
项次	品名	料号	客户名称	备货数量		出货需求									备注
						第一周		第二周		第三周		第四周			
				计划	完成	计划	完成	计划	完成	计划	完成	计划	完成		

核准：　　　　　　　　　日期：

表 3.17–2　月生产计划表

QR/8.5.1–02　　　　　　　　　　　　　　　　No：

序号	产品名称	产品图号	本月生产计划数	第一周进度 %	第二周进度 %	第三周进度 %	第四周进度 %	本月入库数量	计划完成率 %	进度失控的原因分析	措施	备注
制订 / 日期				审核 / 日期					批准 / 日期			

表 3.17–3 周生产作业计划表

QR/8.5.1–03　　　　　　　　　　　　　　　　No：

____月____周								日期：____日 ~ ____日										
序号	产品名称	周合计		一		二		三		四		五		六		日		备注
		计划	实绩	计划	实绩	计划	实绩	计划	实绩	计划	实绩	计划	实绩	计划	实绩	计划	实绩	
1																		
2																		
3																		
4																		
5																		
6																		
7																		
8																		
9																		
10																		
11																		
12																		
13																		
14																		
15																		
16																		
总　计																		
计划产品耗用时间（H）																		

注：“红字”更改计划。

制表 / 日期：　　　　　　　　　　审批 / 日期：

表 3.17–4　生产日报表

QR/8.5.1–04　　　　　　　　　　　　　　　　　　　No：

日期	产品名称	产品编号	作业员	计划数量	实际产量	良品数	不良数	不良率	异常状况记录

班长：　　　　　　　　　　　　车间主任：

表 3.17–5　特殊工序验证单

QR/8.5.1–05　　　　　　　　　　　　　　　　　　　　No：

工序名称		设备名称	
操作员工		验证日期	
工艺参数确认	要求控制范围	实际控制范围	有效性
设备状态			
操作员工合格上岗			
产品检测			
验证人员			

表 3.17-6　特殊岗位人员资格认可表

QR/8.5.1-06　　　　　　　　　　　　　　No：

<table>
<tr><td>岗位名称</td><td></td><td>操作员工</td><td></td></tr>
<tr><td colspan="4">考核内容：

1. 类似岗位的工作经验一年以上：　□ 合格　□ 不合格
2. 上岗培训考核：　□ 合格　□ 不合格
3. 实际工作能力考核：　□ 合格　□ 不合格
4. 有国家认可的资格证书（必要时）：　□ 合格　□ 不合格
5. 其他项目：　□ 合格　□ 不合格</td></tr>
<tr><td colspan="4">考核结论：

□合格上岗
□不合格，重新培训后再考核
□不合格，调换岗位

签名：　　日期：　　年　月　日</td></tr>
</table>

表 3.17-7　特殊岗位设施验证单

QR/8.5.1-07　　　　　　　　　　　　　　　　　　No：

<table>
<tr><td colspan="2">设施名称</td><td></td><td>设备编号</td><td></td></tr>
<tr><td colspan="2">型号（规格）</td><td></td><td>进厂日期</td><td></td></tr>
<tr><td colspan="2">生产厂家</td><td></td><td>使用部门</td><td></td></tr>
<tr><td colspan="5">验证过程</td></tr>
<tr><td>序号</td><td>验证项目</td><td>验证内容</td><td>验证记录</td><td>验证结果</td></tr>
<tr><td>1</td><td></td><td></td><td></td><td></td></tr>
<tr><td>2</td><td></td><td></td><td></td><td></td></tr>
<tr><td>3</td><td></td><td></td><td></td><td></td></tr>
<tr><td>4</td><td></td><td></td><td></td><td></td></tr>
<tr><td>5</td><td></td><td></td><td></td><td></td></tr>
<tr><td>6</td><td></td><td></td><td></td><td></td></tr>
<tr><td>7</td><td></td><td></td><td></td><td></td></tr>
<tr><td>8</td><td></td><td></td><td></td><td></td></tr>
<tr><td>9</td><td></td><td></td><td></td><td></td></tr>
<tr><td>10</td><td></td><td></td><td></td><td></td></tr>
<tr><td colspan="5">设施验证结论：

验证人员：　　　　日期：　　　年　　月　　日</td></tr>
</table>

3.18　产品标识和可追溯性管理流程

文件编号：QM/WI18　版本 / 改数：A/0　生效日期：20×× 年 ×× 月 ×× 日　　第 × 页 / 共 × 页

过程流程				内容描述	采用表单
采购部	生产部	质检部	仓库		
进料标识				外供方材料到仓库，仓库管理员按照《质量状态标识卡》进行品名、零件号、数量、批次点收，并通知质检部进行质量检验。 质检部进货检验员按照《进货检验指导书》规定的内容进行检验。所测量的数据记录在《进货检验报告》，并判定合格与否。其检验结果依下列规定进行标识： 1）进料检验合格时，在《质量状态标识卡》盖合格印。 2）不合格品：经检验不合格时，在《质量状态标识卡》盖不合格印，放置不合格品区，进行隔离。	《物料标识卡》 《质量状态标识卡》
	过程标识			生产部依销售《月备货通知》排定《生产计划》，下发《生产流程卡》，并依生产计划开立《生产制造单》和《采购申请单》。采购依《采购申请单》查核库存开立《订购单》，仓管人员依《订购单》进行物料验收。生产部依《生产制造单》之批号开立《领料单》，生产完毕依批号填写《生产日报表》，并依生产实际状况增开《入库单》。 半成品完工后，按《过程检验指导书》规定的内容进行检验，其检验结果以下列规定进行标示： 1）半成品检验合格时，在装有半成品的容器上贴上《质量状态标识卡》内容为：批号、零件名称、零件号、日期、数量、操作者、检验员。检验合格后在《质量状态标识卡》上盖合格印。 2）半成品不合格时，在《质量状态标识卡》上盖不合格印，放置隔离区。	《生产流程卡》 《质量状态标识卡》
	成品标识			成品完工后，按《总成检验指导书》规定的内容进行检验，其检验结果以下列规定进行标示： 1）成品合格时，须在外箱上贴上《质量状态标识卡》，并盖合格印。 2）成品不合格时，在《质量状态标识卡》上盖不合格印，放置隔离区。	《质量状态标识卡》
			出货标识	以本公司的成品标签或客户指定的标签进行标示。 检验合格时，维持原合格标识状态。 检验不合格时，将更换原标签,在新的《质量状态标识卡》上盖不合格印，并依《不合格输出的控制流程》程序处理。	《质量状态标识卡》
		产品追溯		追溯品的发现 1）客户抱怨：记录产品生产批号、生产日期、数量。 2）成品不良：根据客户提供的批号和生产日期追溯各零件。 3）过程不良：根据各零件上的标签追溯各操作工段、制造日期和数量。 4）进料不良：根据各零件的制造日期追溯到原料。 5）外供方：根据原料标识卡上的生产日期、生产批号进行追溯。	《质量状态标识卡》

质量状态标识卡

零件名称：________________

零件号：________________

批号：________________

产品数：________________

操作者：________　日期：________

检验员：________　日期：________

质量状态：________________

表 3.18-1　生产流程卡

QR/8.5.2-01　　　　　　　　　　　　　　　　No：

产品名称				产品型号			
批次号				生产总数			
合格数				不合格数			
______年		工序	收入数量	发出合格数	不合格数	经办人	备注
月份	日期						

表 3.18-2　物料标识卡

QR/8.5.2-02　　　　　　　　　　　　　　　　　No：

规格				名称			
批次				装箱数			
区域				供应商			
______年		摘要	收入数量	发出数量	结存数量	经办人	备注
月份	日期						

3.19 顾客或外供方的财产管理流程

文件编号：QM/WI19 版本 / 改数：A/0 生效日期：20×× 年 ×× 月 ×× 日 第 × 页 / 共 × 页

过程流程					内容描述	采用表单
采购部	业务部	质检部	生产部	仓库		
外供方财产	顾客或外供方财产				顾客财产可包括材料、零件、工具和设备、顾客的场所、知识产权，以及个人资料。 业务部经理审查客户供料基本资料，以联络单或其他方式通知客户提供的产品进行管理，列进BOM中，和客户协商客户供料领料作业方式，并跟催沟通联系。	《客户财产管理记录》
				收料	1.仓库收到客户提供的产品时，包括客户提供的材料、半成品、模、治、检具、包装材料，依客户的送货单由仓库填写《检验入库单》并进行数量点收。 2.若有客户供应品短缺情形，则由业务部通知客户协调处理。	
		验收			质检部接到检验入库通知后，依图面或样品等规格资料做检验，填写《客供品检验单》，如发现产品号不符、质量异常时，则填写《客户提供产品协调单》通知客户。	《客供品检验单》
				储存与维护	仓库管理人员按仓库管理制度进行管理，做好防压、防锈、防晒、防潮等工作。	
			制造加工		生产部各班组依计划生产，并依作业指导书要求进行生产并做好自检，做好标识。	
		检验			检验员按检验指导书要求进行检验，如检验出客户提供产品不良则隔离，并由过程检验员通知客户协调处理。	
				入库管理	1.仓库管理员按不同顾客或外供方产品区域放置。 2.有关客户提供的模、治、检具须赋予永久性标记，以便所有权一目了然。 3.客户提供产品若有遗失损坏或不适用的情况，则要主动通知客户，采取相应的改善措施。 4.仓库管理员应积极配合客户做好盘点的工作，并且为了防止长期使用对产品造成损害，使用部门应定期对包装进行适当维护（如：清洗、重新油漆等）。	
				出货	资料存档	

表 3.19–1　客户财产管理记录

QR/8.5.3–01　　　　　　　　　　　　　　　　　　　　No：

序号	客户名称	财产名称	等级	数量	记日期	登记人	验收结果	验收人	保存位置	异常处理记录

表 3.19-2　客供品检验单

QR/8.5.3-02　　　　　　　　　　　　　　　　　　　　　　No：

<table>
<tr><td colspan="2">订单号</td><td colspan="2"></td><td>到货日期</td><td></td></tr>
<tr><td colspan="2">名称、规格</td><td colspan="2"></td><td>总数量</td><td></td></tr>
<tr><td colspan="2">提供单位名称</td><td colspan="2"></td><td>抽检数</td><td></td></tr>
<tr><td>No.</td><td colspan="2">检验要求</td><td>检验结果</td><td>不合格数量</td><td>不合格描述</td></tr>
<tr><td></td><td colspan="2"></td><td></td><td></td><td></td></tr>
<tr><td></td><td colspan="2"></td><td></td><td></td><td></td></tr>
<tr><td></td><td colspan="2"></td><td></td><td></td><td></td></tr>
<tr><td></td><td colspan="2"></td><td></td><td></td><td></td></tr>
<tr><td></td><td colspan="2"></td><td></td><td></td><td></td></tr>
<tr><td></td><td colspan="2"></td><td></td><td></td><td></td></tr>
<tr><td></td><td colspan="2"></td><td></td><td></td><td></td></tr>
<tr><td></td><td colspan="2"></td><td></td><td></td><td></td></tr>
<tr><td rowspan="3">不合格数</td><td>A 类</td><td></td><td colspan="3" rowspan="3">判定：
□合格
□不合格

检验员 / 日期：</td></tr>
<tr><td>B 类</td><td></td></tr>
<tr><td>C 类</td><td></td></tr>
<tr><td colspan="6">不合格品处置：
□退货
□挑选
□让步接受
批准 / 日期：</td></tr>
<tr><td colspan="6">检测报告编号 / 合格证明文件编号：</td></tr>
<tr><td colspan="6">备　注：</td></tr>
</table>

3.20　防护管理流程

文件编号：QM/WI20　版本 / 改数：A/0　生效日期：20××年××月××日　　第×页 / 共×页

过程流程				内容描述	采用表单
技术部	生产部	质检部	仓库		
产品防护要求				1. 技术部根据产品特点、运输方式负责产品包装设计，明确包装技术要求，编制《产品包装工艺规程》《产品防锈工艺规程》《产品清洗工艺规程》《标识和可追溯性管理流程》《仓库管理制度》等有关产品防护的技术性文件。 2. 当顾客对产品防护有特殊要求时，业务部负责将其特殊防护要求及时转达给技术部、生产部和执行单位等相关单位。	
	产品防护前准备			1. 产品防护前，各单位根据产品防护要求或顾客特殊要求，在搬运前应按产品的性质准备相关的防护材料，适用的起重设备、工位器具、搬运车辆等搬运设备和运输工具，以满足防潮、防震、防碰撞、防划伤、防腐蚀变质等要求。 2. 各单位对搬运设备应定期进行检定和维修，做好检定和维修记录，确保搬运设备的完好。	
		产品接收		各单位按产品流转管理流程，完成相关手续后接收产品。	
	产品防护措施 ↓ A			1. 标识，按《标识和可追溯性管理流程》执行。 2. 搬运。 1）搬运人员要经过培训，使其熟悉作业要求。必要时搬运单位应编制搬运规程； 2）搬运时应采用适宜的搬运方法，做到轻拿轻放，防止野蛮装卸，以保证搬运的安全和产品受损； 3）为确保搬运，应制定产品搬运的安全措施。 4）在搬运过程中，操作工必须按《领料单》《入库单》等相关凭证搬运产品，搬运前操作工应对产品标识和检验试验状态标识进行确认，防止出现错搬、漏搬、不经检验或检验不合格的产品流入下道工序的现象　搬运的产品应经责任人签字认可； 5）有堆放标识的产品，应按标识搬运和堆放，相近产品同时搬运时，必须按标识隔离，防止出现混装、混放、混卸。 3. 包装。 1）包装车间根据相关技术文件对产品实施包装作业；并对包装质量负责；对不符合规定的包装产品，供销部应予以拒收，不得组织发货。 2）如果顾客有特殊包装标准要求时，包装车间要按照顾客的包装标准进行包装和标识，以确保满足顾客要求； 3）产品的包装要根据运输的方式、路程、时间、气候等情况，以及顾客的特殊要求，采取相应的保护措施，防止在运输过程中产品受到损坏和锈蚀，确保产品完好到达交付目的地； 4）包装中发现的不合格品，按《不合格品管理流程》执行； 4. 贮存。 1）贮存应有适宜的贮存场地或库房，贮存场地或库房要根据产品的特性提供相应的清洁　通风、防雨、干燥，具有消防、安全设施等适宜的环境条件；	

续表

过程流程				内容描述	采用表单
技术部	质检部	生产部	仓库		
	A 产品防护监督			2）库房应有仓库管理制度；贮存产品应做到账目齐全、清楚，账、卡、物相符；验收入库、发放出库都要按照《仓库管理制度》执行； 3）产品的贮存应根据需要选择适宜的贮存方法，按照定置要求分库分区管理，不同规格（图号）、不同批次、不同检验状态的产品分别堆放；贮存摆放的高度、距离要符合安全和防损坏要求；码放稳固整齐，场地清洁，做到存取方便，先进先出； 4）要严格按照产品的不同使用特性，对超储存周期的产品进行处置； 5）贮存中发现的不合格品，按《不合格品管理流程》执行。 5.运输。 由业务部对运输单位进行合格评定，对日常管理按《外部提供的产品和服务的控制管理流程》管理。 6. 保护。 1）车间在产品的搬运、贮存、包装过程中均按《“7S”管理规定》，保持清洁生产、贮存环境，以确保产品的外观不被污染、功能等不被损害； 2）合同对保护有特殊要求时，应按合同要求进行保护； 3）保护的要求包括产品的组成部分。 7. 对于化学品、有毒品、易燃易爆品搬运、贮存、包装、保护、标识按国家的有关规定执行。 8.传送。 公司数据传送过程，防止意外中断而丢失，应备份原数据，并采取安全方式传送，防止失密、外涉。	
		产品防护评价		生产部负责对产品整个防护过程进行监督检查和考核。并将检查结果填写在《贮存产品检查记录》。	《贮存产品检查记录》
			产品交付	1. 各车间、班组要定期检查贮存条件和贮存产品状态，以便能及时发现产品短缺、损坏、超期使用或变质（含包装箱）等情况，并做好《贮存产品检查记录》。 2. 对更改图样、损坏、超出使用期限等原因不再使用的产品，应报相关部门组织处理。不合格品按《不合格输出的控制流程》执行。	
				生产部对产品的交付按顾客或《产品交付管理流程》执行。	《入库单》

表 3.20-1　贮存产品检查记录

QR/8.5.4-01　　　　　　　　　　　　　　　　　　　　No：

仓库名称			仓库负责人		
序号	物资名称	型号	库存数	质量检查记录	备注

检查人 / 日期：　　　　　　　　　　　批准 / 日期：

3.21　产品交付管理流程

文件编号：QM/WI21　版本 / 改数：A/0　生效日期：20×× 年 ×× 月 ×× 日　　第 × 页 / 共 × 页

过程流程				内容描述	采用表单
生产部	业务部	财务部	仓库		
产品完工			入库	1.入库：将经过质量检验合格的产品及时交到仓库，没有办理入库手续的产品不能直接交付发货；对于订单要求的产品，应标记注明，避免与其他产品混淆；产品入库前要采取必要的防护措施（防压、防撞等）。	《入库单》
	通知发货			2.通知发货：业务部门发货前，应通知生产部做好发货准备。	
	销售清单			3.开具销售清单：货物装车前，业务部门必须将销售清单交至生产部。	
	安排车辆			4.安排车辆：业务部负责联系物流公司及取货车辆的安排，安排车辆应遵循比价原则。	
			出库验证	5.出库验证：产品出库时仓库和业务部应派专人对所发物品进行核对，包括产品名称型号、数量、顾客提出的特殊要求等。	
装车搬运				6.装车搬运：生产部接到销售清单后，安排人员装车，生产部负责人现场指挥搬运过程，避免因搬运措施不当而造成产品损坏的现象。装车时应与司机沟通，采取必要措施以确保产品在运输途中不受到损伤，如合同有关于产品包装与运输方式的特殊要求，应按照顾客要求采取相应措施进行运输。	
货物出厂				7.货物出厂：装车完毕后，由生产部开具出门证，将其交到门卫放行出厂。	
	确认到货			8.确认按期到货：为保证发出货物能按期到货，销售部需做好以下几方面的工作： 1）预计货物到达目的地的时间、了解运输方式，并告知顾客； 2）负责交付过程中出现的突发性事件的应急处理措施和方法； 3）当生产、运输任何环节出现问题使公司未能按顾客要求100%按期发货时，业务部门要与顾客及时沟通，以取得顾客的谅解，并按顾客的要求进行处理。同时各相关责任部门要进行检讨，要求相关部门针对其做原因分析和提出纠正和改善措施。	
		统计分析		9.统计分析：业务部于每月产品交付后在下月5日前针对上月的产品交付情况做统计、汇总，并将统计、汇总结果记录于《产品交付跟踪记录表》中，对未能100%按时交付的产品要求相关责任部门做原因分析和提出纠正与预防措施，并对其执行状况做效果验证和确认，直到此问题得到有效处理和解决。	《产品交付跟踪记录表》
	售后服务			业务部负责交付后活动管理，包括诸如担保条件下的措施、合同规定的义务，如维护服务以及附加服务，如回收或最终处置。执行《售后服务管理规定》，填写《顾客信息反馈表》。	《顾客信息反馈表》

表 3.21-1　产品交付跟踪记录表

QR/8.5.5-01　　　　　　　　　　　　　　　　　　　　No：

顾客名称：________________________________

产品名称	零件号	订单数量	实发数量	要求到货日期	货运单位	发出日期	实际到货日期	质量验收	突发性事件

制表人：

表 3.21-2　顾客信息反馈表

QR/8.5.5-02　　　　　　　　　　　　　　　　　　　No：

客户名称：__________　产品名称：__________　产品编号：__________

接收时间：_____年___月___日___时　　　联系人：______________

主要内容摘要	签名 / 日期：
拟办意见	签名 / 日期：
办理结果	签名 / 日期：
跟踪检查	签名 / 日期：
备注	

3.22 生产和服务提供的更改管理流程

文件编号：QM/WI22 版本 / 改数：A/0 生效日期：20×× 年 ×× 月 ×× 日 第 × 页 / 共 × 页

过程流程（生产部、质检部、技术部、业务部、采购部）	内容描述	采用表单
提出更改	1.生产部提出以下更改： 1）人员更改：员工新入职、离岗复岗、季节性临时工上岗时更改；以及因作业者缺勤、调动、离职，由另一个新作业者代岗引起的更改。 2）工艺更改：生产过程中的工艺流程、设备参数、材料配比、加工方式、包装方法、流转顺序等更改。 3）设备设施更改：指生产过程中的设备、模具、工装、夹具、检具的新增、修理、代用更改。 4）材料更改：是指生产过程中的加工原物料、辅料、包装物资等更改。 5）作业环境更改：指作业过程环境发生变化，包括温度、噪声、照明、空气流动等。 2.质检部：负责对检验方法、产品标准、检验项目、监视和测量资源等提出更改。 3.技术部：负责对新产品、产品改型、产品升级等引起的技术更改，以及原料及介质异动引起的产品更改。 4.业务部：负责受理客户提出的更改，收集和反馈客户更改信息；订单完成后，提出多余库存呆滞品的更改。 5.采购部：提出原料、零部件、外加工产品的更改，提出供应商的更改。	《生产和服务提供更改申请单》
更改评审	1. 各部门的更改申请，部门内部进行评审，部门负责人审核后提交技术。 2.技术部负责对各部门提出更改信息组织评审，填写《生产和服务提供更改评审表》。根据更改内容对产品品质的影响程度进行必要的研讨，确认更改可行性。 3.同时对更改过程及更改后产生的风险进行评价、分析。	《生产和服务提供更改评审表》
制定方案	1.技术部应提出相应的更改方案，考虑更改对产品的影响程度，必要时更改信息由业务部转发客户，征询更改意见，得到客户同意后执行更改。 2.考虑需修订更改引起的相关事项（如图纸、作业指导书、FMEA、控制计划、检验指导书、BOM清单、QC工程图、工艺流程图等），一并进行更改。	
实施更改更	1.技术部组织实施设计更改，修改产品设计引起的图样资料、工艺、作业标准、BOM清单等；下发更改后的成文信息到相应部门；组织相关部门进行更改培训；保留相关更改履历资料。 2.生产部负责将更改后生产作业文件资料下发各车间、班组执行，并在ERP软件上更改生产加工信息。 3.采购部根据技术部下发BOM清单，调整采购计划，以及更改外供方。 4.质检部根据更改后的检验标准、检验指导书执行相关检验工作。 5.业务部将更改信息及时反馈到客户。 6.更改产品的首次交货，需在外包装箱加贴“更改后首批出货”，并连续3批做出标识。更改产品与原来产品在同一批交货时，原来产品与更改品的外包装必须分开。 7.更改发生不良的处理，公司内部或外供方应迅速采取措施，并按《不合格品输出管理流程》执行作业。	
更改验证	技术部负责对所有更改事项进行监督及对更改的有效性进行跟踪确认。汇总更改结果，应建立更改总台账。	

表 3.22-1　生产和服务提供更改申请单

QR/8.5.6-01　　　　　　　　　　　　　　　　No：

产品名称		规格 / 型号		产品编号	
提出部门		提出人员		提出日期	
更改阶段	□ 产品确认以前的更改　□ 产品确认以后的更改　□ 制造过程确认以后的更改				
质量特性	□关键特性　□重要特性　□一般特性				
更改理由					
更改内容	更改前：				
	更改后：				
同时更改文件	□控制计划　□ FMEA　□ BOM 清单　□检验文件　□作业文件 □其他：________________				
对成本影响	材料费：				
	人工费：				
	设备、工装费：				
更改后要求	提供更改后的样件要求：				
	更改后生产切换时间：				
	更改库产品处理：				
	更改后产品的标识：				
	其他要求：				

表 3.22-2　生产和服务提供更改评审表

QR/8.5.6-02　　　　　　　　　　　　　　　　　　No：

产品名称		规格 / 型号		产品编号	
提出部门		提出人员		提出日期	
更改理由					
更改内容	更改前：				
	更改后：				
本部门评审	评审人员签到：				
	评审意见：				
	评审结论：				
技术部门评审（考虑更改过程及更改后产生的风险）	评审人员签到：				
	评审意见：				
	评审结论：				

3.23　产品和服务的放行管理流程

文件编号：QM/WI23　版本 / 改数：A/0　生效日期：20×× 年 ×× 月 ×× 日　　第 × 页 / 共 × 页

过程流程			内容描述	采用表单
仓库	生产部	质检部		
		信息收集	仓库收集该批次产品材料、半成品、包装材料的入库、出库单，核对批次号、数量无误； 生产部收集该批次产品生产过程的《生产记录》《包装批次记录》核对无误； 质检部检验员，收集该批次产品生产过程的《检验记录》核对无误。	《生产记录》 《包装批次记录》 《检验记录》
		评审	质检部主管经总经理授权，为公司产品放行决定人员。对仓库、生产部、质检部相关记录进行最终审核，无误出具《成品放行审核单》。	《成品放行审核单》
产品出货			仓库收到《成品放行审核单》后安排出货。	《成品放行审核单》

表 3.23–1　生产记录

QR/8.6–01　　　　　　　　　　　　　　　　No：

品名 / 型号		流水线号		日期	
原料批号			本厂批号		

关键参数	规定值	每小时一次监控记录									
		:	:	:	:	:	:	:	:	:	:

生产异常记录	

填写：　　　　　　　　　　　　　　审核：

表 3.23-2　包装批次记录

QR/8.6-02　　　　　　　　　　　　　　　　　　　　No：

订单号	包装产品批号	日期	型号	数量	配件	客户	不良品记录	操作人

表 3.23-3　检验记录

QR/8.6-03　　　　　　　　　　　　　　　　No：

产品名称		工序名称		生产批次	
产品型号		生产日期		操作人员	

时间	检验方式	抽样数量	检验记录			
			检验项目	技术质量要求	结论	不合格记录

注：首件检验抽 5 件；巡检每次抽 10 件 /2 小时；末件检验抽 5 件。

检验员：＿＿＿＿＿＿　审核：＿＿＿＿＿＿　日期：＿＿＿＿＿＿

表 3.23-4　成品放行审核单

QR/8.6-04　　　　　　　　　　　　　　　　No：

<table>
<tr><td colspan="2">品名</td><td></td><td>订单号</td><td></td><td>规格</td><td></td><td>批量</td><td></td></tr>
<tr><td colspan="4">审核项目</td><td colspan="4">标准</td><td>结果</td></tr>
<tr><td rowspan="5">生产部审核</td><td colspan="3">1. 起始物料单</td><td></td><td></td><td></td><td></td><td></td></tr>
<tr><td colspan="3">2. 生产记录</td><td></td><td></td><td></td><td></td><td></td></tr>
<tr><td colspan="3">3. 包装记录</td><td></td><td></td><td></td><td></td><td></td></tr>
<tr><td colspan="3">4. 物料平衡偏差处理</td><td></td><td></td><td></td><td></td><td></td></tr>
<tr><td>审核人</td><td colspan="2"></td><td>审核日期</td><td colspan="2"></td><td>结论</td><td></td></tr>
<tr><td rowspan="7">质检部审核</td><td colspan="3">1.QA 现场监督记录</td><td></td><td></td><td></td><td></td><td></td></tr>
<tr><td colspan="3">2. 进料检验记录</td><td></td><td></td><td></td><td></td><td></td></tr>
<tr><td colspan="3">3. 半成品检验记录</td><td></td><td></td><td></td><td></td><td></td></tr>
<tr><td colspan="3">4. 成品检验记录</td><td></td><td></td><td></td><td></td><td></td></tr>
<tr><td colspan="3">5. 成品检验报告</td><td></td><td></td><td></td><td></td><td></td></tr>
<tr><td>备注</td><td colspan="7"></td></tr>
<tr><td>审核人</td><td colspan="2"></td><td>审核日期</td><td colspan="2"></td><td>结论</td><td></td></tr>
</table>

3.24　不合格输出管理流程

文件编号：QM/WI24　版本 / 改数：A/0　生效日期：20×× 年 ×× 月 ×× 日　　第 × 页 / 共 × 页

<table>
<tr><th colspan="4">过程流程</th><th rowspan="2">内容描述</th><th rowspan="2">采用表单</th></tr>
<tr><th>采购部</th><th>生产部</th><th>质检部</th><th>总经理</th></tr>
<tr><td colspan="4">发现不合格</td><td>应由发现不合格输出的控制的部门填写《不合格品评审表》。</td><td>《不合格品评审表》</td></tr>
<tr><td colspan="4">临时措施</td><td>生产过程发现不合格产品时，应对当前加工制止，已生产出产品隔离、并做好不合格标识；交付的产品发现不合格产品时，应停止供应产品和提供服务，及时与顾客协商，必要时召回产品，执行《产品召回管理规定》。
可疑产品由所在的责任部门直接通知对应的部门或车间的质量检验人员进行质量状态的确认，经确认合格的可以按正常生产流程转序或交付，检验判定为不合格的，按以上程序处理。</td><td></td></tr>
<tr><td colspan="4">评审</td><td>经公司总经理授权的检验员、调试员、班组长、技术人员、各部门主管为公司不合格品审理委员会成员，质检部根据不合格的严重性，临时组成“不合格品评审委员会”。</td><td></td></tr>
<tr><td colspan="4">返工返修　重新服务　退货　继续使用　报废　放行　降级　让步接收
再验证（OK / NG）　审批（OK / NG）</td><td>1.返工及返修：由生产部制定返工及返修作业指导书，车间执行。完工后由质检部重新验证。合格方可继续使用。
2.重新服务：服务过程出现不合格，应由原服务人员或更换服务人员重新服务，部门主管应对服务质量进行验证，达到顾客满意。
3.退货：对于进货检验中发现的不合格品，不合格品审理意见为退货的，由采购部直接通知生产厂家退货。
4.继续使用：加工过程产生轻微不良现象，加工过程不影响产品性能、外观等，交付后不会影响顾客审美、使用等。
5.报废：由质检部开据报废单，责任单位签字，总经理批准。检验员对废品进行标识，并将不合格品放入废品箱内或废品区。
6.让步接收需具备以下条件：
1）生产急需；
2）让步接收的产品对于最终产品的精度、安全性、可靠性及重要功能/性能不得有危害，且不得有让步接收后的顾虑；
3）必须符合国家安全和环境法规等强制性要求。
7.公司内部让步接收手续的办理由生产部填写《让步接收申请单》，经品质部经理批准后才可让步接收，获准让步接收的产品必须附带《不合格品评审表》随产品一道入库。
8.需向顾客办理让步接收时，首先由业务部与顾客沟通，征得对方同意后，按顾客要求，填写让步接收申请单，得到对方批准后方可发货，检验员应在该批次产品外包装上做好恰当的标识。
9.降级：按公司等级分类执行。
10.客户或市场退回产品也应按以上程序进行处理，退货原因如果属于客户的问题，由业务部与客户进行沟通处理，直至客户满意。</td><td>《让步接收申请单》</td></tr>
</table>

表 3.24-1　不合格品评审表

QR/8.7-01　　　　　　　　　　　　　　　　　　No：

<table>
<tr><td>产品名称
及型号</td><td colspan="3"></td><td rowspan="3">发现
阶段</td><td rowspan="3">□进货检；□生产线上；□成品检；□首检；
□巡检；　□末检；　□出库检；
□产品审核；　□用户使用时发现；
□其他：________________</td></tr>
<tr><td>发生工序</td><td></td><td>批次号</td><td></td></tr>
<tr><td>不合格数量</td><td></td><td>总数量</td><td></td></tr>
<tr><td colspan="6">不合格情况介绍：

部门：__________　签名 / 日期：__________</td></tr>
<tr><td colspan="6">责任部门意见：
□ 1. 退货；□ 2. 报废；□ 3. 挑选后退货 / 报废；□ 4. 挑选后返工，请技术部提出返工方案；
□ 5. 降级；□ 6. 特采；□ 7. 让步接收；□ 8. 挑选后返修，返修合格则让步接收；
□ 9. 其他意见：________________

部门：__________　签名 / 日期：__________</td></tr>
<tr><td colspan="6">评审意见：
1. □ a. 返工工艺为：________________
□ b. 同意本批让步接收，接收范围为：________________
□ c. 同意本批返修，返修工艺为：________________
返修后接收范围为：________________
2. 对于可能影响的已装配、已发出或客户处的产品处置方案为：
□ a. 更换；
□ b. 提请注意；
□ c. 无关。
3. 需由______部门在___年___月___日前提出纠正措施。
4. 其他意见：________________
5. 批不合格率统计：
□列入；
□不列入。
技术部签名 / 日期：__________　质检部签名 / 日期：__________</td></tr>
<tr><td>处置情况
验证记录</td><td colspan="5">1. □已按评审意见处置完毕；
2. □返工 / 返修后检查情况：________________
检查人 / 日期：__________
3. □返工 / 返修后处置意见：________________
签名 / 日期：______附原始凭证_____张，分别是__________</td></tr>
</table>

表 3.24–2　让步接收申请单

QR/8.7–02　　　　　　　　　　　　　　　　　　　　No：

<table>
<tr><td>订单号</td><td></td><td>客户名称</td><td></td><td>送验单位</td><td></td></tr>
<tr><td>产品名称</td><td></td><td>型号规格</td><td></td><td>数量</td><td></td></tr>
<tr><td>申请部门</td><td></td><td>申请人</td><td></td><td>日期</td><td></td></tr>
<tr><td colspan="6">异常内容：

检验员 / 日期：</td></tr>
<tr><td colspan="6">申请让步理由：

主管 / 日期：</td></tr>
<tr><td colspan="6">质检部意见：

主管 / 日期：</td></tr>
<tr><td colspan="6">技术部意见：

主管 / 日期：</td></tr>
<tr><td colspan="6">总经理：

批准 / 日期：</td></tr>
</table>

3.25 顾客满意管理流程

文件编号：QM/WI25 版本 / 改数：A/0 生效日期：20×× 年 ×× 月 ×× 日 第 × 页 / 共 × 页

过程流程		内容描述	采用表单
业务部	质检部		
顾客基本信息		业务部对本公司的顾客建立相应的顾客档案，并详细记录其名称、地址、电话、联系人及订购产品的型号规格、数量、反馈质量信息等，见《客户档案》。	《客户档案》
顾客满意度策划		1.调查频率：每年覆盖所有顾客一次。 2.被调查人范围：过去与现有顾客。 3.调查内容： 1）已交付产品的质量绩效； 2）交付产品对顾客造成的干扰（包括：供货信誉和售后市场的退货）； 3）交付时间安排的绩效（包括发生的超额运费）； 4）与产品质量和交付问题有关的顾客通知（即：反应速度）等。 4.调查方式：问卷。	
顾客满意度实施		业务部每年针对过去与现有顾客发出《顾客满意度调查表》，调查顾客对本公司的产品品质、服务、交货期、客户投诉处理等项目的评价。	《顾客满意度调查表》
顾客满意度信息数据分析		业务部根据各顾客回复的《顾客满意度调查表》《顾客信息反馈表》《客户档案》等相关顾客满意信息，对各指标进行汇总，对顾客不满意现象进行讨论分析，记录《顾客满意度分析表》。	《顾客满意度分析表》
	提出改善方案	通过对顾客满意度信息数据的分析，提出相应的改进措施，编制《不合格和纠正措施单》，质检部做好跟踪实施。	
改善方案验证		业务部每年定期针对顾客满意的纠正改善措施进行分析总结，检查是否确定每项抱怨的落实执行情况及效果。	

表 3.25–1　客户档案

QR/9.1.2–01　　　　　　　　　　　　　　No：

基本情况	客户名称			
	法人代表		联系电话	
	业务联系人		联系电话	
	传真		邮箱地址	
	公司网站			
	主要经营业务			
	客户类别	□ A 类　□ B 类　□ C 类		
	同业地位	□领导者　□具有影响　□一级　□二级　□三级		
	业务情况	旺季月______上期销量______；淡季月______上期销量______。		
	信用等级	□ A 级　□ B 级　□ C 级		
客户资料	客户资料名称	件数	客户资料名称	件数
	客户合同 / 订单		成品退货单	
	产品报价表		特殊合同评审表	
	顾客财产台账		客户样品需求单	
	顾客满意度调查表		样品及样品照片	
	客户（反馈）联络信息处理单		客户图纸 / 文件	
	合同订单评审表		客户更改文件	
	合同订单汇总表		客户付款清单	
	客户出货记录		其他	
备 注				

编制 / 日期：　　　　　　　　　　审核 / 日期：

表 3.25–2　顾客满意度调查表

QR/9.1.2–02　　　　　　　　　　　　　　　　　　　　No：

<table>
<tr><td>顾客名称</td><td colspan="4"></td><td colspan="2">联系人</td><td colspan="2"></td></tr>
<tr><td>电话</td><td colspan="4"></td><td colspan="2">传真</td><td colspan="2"></td></tr>
<tr><td>E–mail</td><td colspan="4"></td><td colspan="2">调查日期</td><td colspan="2"></td></tr>
<tr><td colspan="9">尊敬的顾客：
感谢您长期以来的合作和支持，为不断改善和提高本公司的产品品质和服务水平，以最大限度地满足您的要求。烦请您认真填写此调查表并将其返回本公司。谢谢合作！</td></tr>
<tr><td colspan="9">满意度请打“√”表示（顾客填写部分）</td></tr>
<tr><td rowspan="2">序号</td><td rowspan="2" colspan="2">调查项目</td><td>满意</td><td>较好</td><td>尚可</td><td>较差</td><td rowspan="2">不予置评</td><td rowspan="2">说明理由</td></tr>
<tr><td>10</td><td>8</td><td>6</td><td>4</td></tr>
<tr><td>1</td><td colspan="2">产品质量（符合性）</td><td></td><td></td><td></td><td></td><td></td><td></td></tr>
<tr><td>2</td><td colspan="2">产品功能（使用、适宜性）</td><td></td><td></td><td></td><td></td><td></td><td></td></tr>
<tr><td>3</td><td colspan="2">产品性能（安全、可靠性）</td><td></td><td></td><td></td><td></td><td></td><td></td></tr>
<tr><td>4</td><td colspan="2">价格</td><td></td><td></td><td></td><td></td><td></td><td></td></tr>
<tr><td>5</td><td colspan="2">交付及时性（准时性）</td><td></td><td></td><td></td><td></td><td></td><td></td></tr>
<tr><td>6</td><td colspan="2">顾客生产中断</td><td></td><td></td><td></td><td></td><td></td><td></td></tr>
<tr><td>7</td><td colspan="2">退货情况</td><td></td><td></td><td></td><td></td><td></td><td></td></tr>
<tr><td>8</td><td colspan="2">产品包装、标识与防护</td><td></td><td></td><td></td><td></td><td></td><td></td></tr>
<tr><td>9</td><td colspan="2">产品外观（表面质量）</td><td></td><td></td><td></td><td></td><td></td><td></td></tr>
<tr><td>10</td><td colspan="2">生产服务、售后服务</td><td></td><td></td><td></td><td></td><td></td><td></td></tr>
<tr><td>11</td><td colspan="2">沟通方式及有效性</td><td></td><td></td><td></td><td></td><td></td><td></td></tr>
<tr><td>12</td><td colspan="2">附加运费</td><td></td><td></td><td></td><td></td><td></td><td></td></tr>
<tr><td>得分</td><td></td><td>与同行相比较而言</td><td colspan="4">□较好　□持平　□较差</td><td>顾客签名</td><td></td></tr>
<tr><td colspan="9">顾客的改进意见：</td></tr>
</table>

注：“得分”采取 100 分制，得分 =12 项累加分 0.83× 系数

表 3.25-3　顾客满意度分析表

QR/9.1.2-03　　　　　　　　　　　　No：

调查项目 / 顾客名称	产品质量（符合性）	产品功能（使用、适宜性）	产品性能（安全、可靠性）	价格	交付及时性(准时性)	顾客生产中断	退货情况	产品包装、标识与防护	产品外观（表面质量）	生产服务、售后服务	沟通方式及有效性	附加运费	总分
总 分													
分析：													

注：满意 10 分；较好 8 分；尚可 6 分；较差 4 分。

3.26　分析与评价管理流程

文件编号：QM/WI26　版本 / 改数：A/0　生效日期：20×× 年 ×× 月 ×× 日　　第 × 页 / 共 × 页

过程流程			内容描述	采用表单
总经理	质检部	其他部门		
	分析评价要求		公司应利用分析结果评价以下方面： 1）产品和服务要求的符合性信息：如关键工序、特殊工序、不合格物资、不合格工序等； 2）顾客满意信息：如产品质量、交付和服务等方面的顾客反映、顾客需求的变化、市场需求变化、顾客投诉等； 3）质量管理体系的绩效和有效性有关的信息：如审核结论、日常监督检查结果、不合格项分布、内审外审不合格项等； 4）相关策划活动的实施情况，如质量目标及其实现的策划、变更的策划、运行的策划、设计开发策划、生产服务提供的策划等； 5）应对风险和机遇所采取措施的有效性有关的信息：如风险识别记录、风险评价表、风险分析报告等； 6）外部供方的业绩与绩效相关的信息：如供方调查表、业绩评定记录等； 7）质量管理体系改进的需求信息。	
	策划		质检部对分析评价活动进行策划，制定《分析与评价方案》，明确数据收集部门、收集范围、收集频次、分析方法、责任部门、传递范围等。	《分析与评价方案》
	统计技术选择		1. 质检部编制《统计技术应用表》指导统计技术应用，各部门可根据需要，选择相应统计技术，包括（但不限于）以下方面： 1）用于原因分析的因果图、系统图、关联图； 2）用于寻找主要问题的排列图； 3）用于分析和判断工序是否处于控制状态的控制图； 4）用于分析和掌握质量数据的分布状况的直方图； 5）其他统计技术；流程图、网络计划、水平对比法、头脑风暴法、调查表、对策表等； 2. 质检部负责对各部门统计技术应用的培训，具体执行《能力管理流程》。	《统计技术应用一览表》
	数据资料收集		1.技术部负责公司新产品开发完成状况、技术工艺数据的收集，相关策划活动实施情况的收集，应对风险和机遇所采取措施的有效性有关信息的收集。 2.采购部负责外部供方业绩与绩效相关数据的收集。 3.业务部负责销售业绩、顾客信息的收集，包括满意、抱怨、投诉、交付、退货等。 4. 生产部负责生产计划完成、各工序产能/能力、设备维护保养的数据收集。 5. 办公室负责人员管理、环境运行、企业知识方面数据的收集。 6. 质检部负责产品和服务要求的符合性信息收集，质量管理体系的绩效和有效性有关的信息的收集，并负责汇总各部门发生变化的数据。	
	数据统计分析 ↓ A		1. 顾客信息（包括顾客满意和不满意的信息）。 1）《顾客满意度调查表》由业务部负责收集，并将顾客意见整理反馈到质检部，运用统计述方法对收集的数据进行分析，识别改进的机会； 2）《顾客质量信息反馈处理单》由业务部负责收集，传递至相关部门，由责任部门进行限时纠正，并传递给质检部采取统计技术（调查表、排列图、因果图）进行分析，并按月份或季度做出趋势分析，达到短期纠正、长期预防的目的； 3）业务部利用通过走访、信函、传真、订货会等形式收集到的顾客信息，应使用《顾客质量信息反馈处理单》及时传递给相关领导，并协调相关部门采取相应分析方法，找出改进的途径。 2. 产品质量控制指标实现情况。 1）产品质量关键特性（特殊过程和关键工序的特性要求）由质检部检验员负责按规定实施检验，进行记录整理，按月份由质检部收集，并利用趋势图做出趋势分析。 2）产品质量的一般特性要求，由工序巡检人员负责按规定实施检验，并做好检验记录，由车间负责保存相关记录。	《顾客满意度调查表》 《不合格品评审表》

续表

过程流程			内容描述	采用表单
总经理	质检部	其他部门		
	A ↓ 数据统计分析		3. 不合格品信息（包括返工、废品、顾客退货等）。 1）车间发生的不合格品，包括返工、返修、作废的处置情况由车间填写《不合格品汇总表》，每月汇总报告质检部，由质检部采取统计技术方法进行分析，及时纠正趋势性的倾向。 2）顾客退货由业务部负责记录，对顾客退货的不合格原因进行记录，并协同质检部对顾客退货进行复验，填写《不合格品汇总表》《不合格品评审表》，按顾客要求进行 8D 处理，采取措施立即纠正，便于长期加以预防。 4. 过程能力信息（过程能力信息包括 CPK、PPK 等有关信息）。 1）初始工序能力情况由技术部根据顾客要求确定控制特性，质检部配合进行初始研究，当 PPK≤1.67，应编制《持续改进计划》，强制提高改进工序能力，运用 X–R 控制图进行判稳分析。 2）判稳后，由质检部延长 X–R 控制图控制线对工序进行控制，指导车间在 X–R 控制图上打点，识别过程信息。 3）过程能力的相关信息，PPAP 需要的 CPK/PPK 资料由质检部保存，并监督改进；过程控制使用的 CP 和/或 CPK 资料由质检部保存。 4）MSA 由质检部负责实施，并记录所有资料。 5. 产品计划完成及交付的信息。 1）由生产部按计划期对产品计划完成数据进行统计报质检部，并做出与同期的趋势对比。 2）由业务部根据顾客订单要求，进行产品交货期完成数据的统计报质检部，并与计划对比，进行趋势分析。 6. 采购信息：包括交付、价格、质量信息。 由采购部按发生的月份整理有关供方供货交付、价格、质量信息，采用《调查表》的形式对供方的交付能力、产品价格、质量状况进行统计分析，进行优化排序，为供方业绩评价与质量体系开发提供依据。 7. 质量成本信息：主要控制内部不良成本和外部不良成本信息。 1）由质检部指导建立二级科目，主要包括：废品的工废、料废损失价值；不合格品的返修、返工工时费用，分选的费用，复检的费用，以及不合格品处理所发生的费用，由生产部按月份填写《车间质量损失费用汇总表》向质检部传递，进行汇总。 2）质检部对每月发生的外部不良成本损失，包括：索赔损失费、保修或退换损失费、让步接受降价损失费、外部故障处理损失费等，设立科目建账记录，填写《不良质量成本报告表》。 3）每月由质检部将不良成本损失统计后与当月的销售收入、产值进行比较，按季度进行趋势分析，提供给总经理进行决策，或作为管理评审的输入资料。 8. 质量体系运行信息。 1）由质检部按照体系的要求收集内审（包括体系审核、过程审核、产品审核）有关信息，负责对不符合项改进的跟踪验证。 2）由质检部按经营计划的要求收集各部门质量目标完成情况的分析报告，并填写公司的《过程绩效指标（质量目标）考核表》。 9. 设备（工装）运行信息。 主要包括设备（工装）精度检验/验证记录；设备正常运行台时/维修台时的记录；设备（工装）预先性维护记录（包括维修计划的实施、设备工装的点检、特殊工序设备的再确认等），由质检部收集，作为进行 PPK/CPK 分析的依据。	《持续改进计划》 《车间质量损失费用汇总表》 《不良质量成本报告表》
	↓ 数据分析报告汇总		1. 质量业绩数据和技术业绩数据及分析报告送交质检部；经营业绩数据及分析报告送交业务部；产能、过程能力数据及分析报告送交生产部。 2. 数据归口管理部门将各部门送交的数据分析报告汇总整合后，使用电子版文件格式传递给质检部，根据需要共享给公司内各相关部门。	《数据分析报告》
	↓ 改进		各部门根据数据分析报告，制订纠正措施方案，具体按照《不合格和纠正措施管理流程》执行。数据分析输出资料作为持续改进的机会，执行《持续改进管理流程》。	

表 3.26–1　分析与评价方案

QR/9.1.3–01　　　　　　　　　　　　　　　　　　　　No：

序号	数据收集部门	数据收集范围	数据收集频次	分析评价方法	责任部门	发放范围

编制 / 日期：　　　　　　　　　　审批 / 日期：

表 3.26-2　统计技术应用一览表

QR/9.1.3-02　　　　　　　　　　　　　　　　No：

序号	统计方法	应用场合	使用部门	数据来源	发放范围	归档部门

编制 / 日期：　　　　　　　　　　　　审批 / 日期：

3.27　内部审核管理流程

文件编号：QM/WI27　版本 / 改数：A/0　生效日期：20×× 年 ×× 月 ×× 日　　第 × 页 / 共 × 页

过程流程（相关部门 / 质检部 / 内审组 / 总经理）	内容描述	采用表单
编制审核计划	质检部每年年初根据公司体系运行情况的需要和顾客的要求编制公司《内部质量体系审核计划》。	《内部质量体系审核计划》
批准（no / yes）	《内部质量体系审核计划》报最高管理者批准。当发生以下情况时，应适当增加审核频次。 1）组织机构、管理体系发生重大变化； 2）出现重大质量事故或用户对某一环节连续投诉或严重抱怨； 3）内部质量体系审核中发现某一活动或部门出现问题较多时； 4）最高管理者认为有必要增加的审核。	
组建审核组	总经理任命审核组长。审核组长选择审核员，成立审核组，审核组成员应与受审核方无直接责任的审核员担任。内审人员不得审核自己或涉及的相关工作。 体系内审人员的资格条件：必须具有ISO9001标准的审核员的能力，且必须理解涉及客户质量体系方面的特殊要求。	
内审实施计划；确认（no）	审核组成立后，由审核组长编制此次审核的《内审实施计划》，经最高管理者批准后，提前一周通知受审核部门。受审部门对《内审实施计划》予以确认，如果对审核日期和审核的内容存有异议，可在接到通知的两个工作日内与审核组取得联系，双方协商解决。	《内审实施计划》
（yes）编检查表	审核前，审核员应根据分工编制《质量管理体系内审检查表》，检查表应覆盖质量管理体系的全部职能过程，ISO9001标准中所有适用的要求、包括公司顾客的一些特殊要求。	《质量管理体系内审检查表》
召开首次会议	现场审核前召开首次会议，由审核组全体成员、受审核部门负责人及相关人员参加。会议由审核组组长主持，与会人员需签到。首次会议时间不超过半小时。	《会议签到表》
实施内审	审核员对照《内审检查表》,通过交谈、提问、查阅文件和记录、检查现场等方式，有目的、有重点地收集客观证据，检查体系的运行情况。客观证据包括： 1）存在的客观事实； 2）与被审核的过程、活动负有责任的人的谈话； 3）现行有效的文件和记录。	
开具不符合报告	审核员在发现不合格时，开具《不符合项报告》，经受审核部门负责人确认，交审核组长批准后发至责任部门。责任部门接到《不符合项报告》后，对产生不合格的原因进行调查、分析，在五个工作日内制定纠正措施，报审核组审核后，组织实施。具体参照《不合格和纠正措施管理流程》实行。	《不符合项报告》
不符合项纠正；召开末次会议	审核结束后召开末次会议，由审核组全体成员和受审核部门相关人员参加，审核组通报审核结果。末次会议结束后一周内，审核组长编制《内部质量管理体系审核报告》，报最高管理者批准后，分发至公司各部门。 质检部对审核中出现的不符合项，按纠正措施中提出的时间安排，验证其有效性，将验证结果填入《不符合项报告》“验证栏”中，并及时反馈至最高管理者。验证无效的，由责任部门重新制定纠正措施进行整改，直至不符合得到纠正。	《不符合项分布表》 《内部质量管理体系审核报告》
编制审核报告；批准	为使公司高阶管理层支持和参与内部审核工作，内部审核之结果由质检部在每年度召开的管理评审会议中提报管理层进行管理评审；其具体执行工作参照《管理评审管理流程》进行作业。	
资料归档	资料归档。	

表 3.27-1　内部质量体系审核计划

QR/9.2-01　　　　　　　　　　　　　　　　　　No：

________年度内审												
月份 部门	1 月	2 月	3 月	4 月	5 月	6 月	7 月	8 月	9 月	10 月	11 月	12 月

编制：　　　　审核：　　　　批准：　　　　日期：

表 3.27-2　内审实施计划

QR/9.2-02　　　　　　　　　　　　　　　　　　　　No：

1. 审核目的：______

2. 审核依据：______

3. 审核覆盖产品：______

4. 审核时间：______

5. 首次会议时间：______

6. 现场审核期间请被审核方有关人员参加下列活动：______

7. 审核组成员：A 组成员：______　B 成员：______

8．审核时间安排表：

项目 时间		过程	条款	流程名称	审核员	受审部门
开始	结束					

编制/日期:　　　　　　　　　　　　　　批准/日期:

表 3.27-3　质量管理体系内审检查表

QR9.2 –03　　　　　　　　　　　　　　　　　　　　　　　　　　No:

<table>
<tr><td rowspan="3">管理过程
□COP
□MP
□SP</td><td colspan="4">1）过程特性:
是否已规定过程的负责人（执行者）？　是□ 否□
是否已对过程给以定义？　是□ 否□
过程是否已文件化？　是□ 否□
是否已对过程的接口给以明确？　是□ 否□
过程是否被监控？　是□ 否□
记录是否保持？　是□ 否□</td><td colspan="5">2）是否对下述有关支持性过程的问题加以阐明？
用什么？（原材料、设备）　是□ 否□
由谁做？（能力、培训）　是□ 否□
用哪些主要衡量指标？（测量、检验）　是□ 否□
如何做？（方法、技术）　是□ 否□</td></tr>
<tr><td rowspan="2">3）
管理过程、支持性过程或子过程</td><td rowspan="2">4）
责任部门</td><td rowspan="2">5）
期望或要求的关键参数、测量</td><td rowspan="2">6）
相关质量文件</td><td rowspan="2">7）
相关的ISO9001：2015条款</td><td rowspan="2">8）
对审核观察到的、证据、潜在或实际的发现的描述（审核记录)</td><td colspan="3">9）评估</td></tr>
<tr><td>1</td><td>2</td><td>3</td></tr>
<tr><td></td><td></td><td></td><td></td><td></td><td></td><td></td><td></td><td></td><td></td></tr>
<tr><td></td><td></td><td></td><td></td><td></td><td></td><td></td><td></td><td></td><td></td></tr>
<tr><td></td><td></td><td></td><td></td><td></td><td></td><td></td><td></td><td></td><td></td></tr>
<tr><td></td><td></td><td></td><td></td><td></td><td></td><td></td><td></td><td></td><td></td></tr>
<tr><td></td><td></td><td></td><td></td><td></td><td></td><td></td><td></td><td></td><td></td></tr>
<tr><td></td><td></td><td></td><td></td><td></td><td></td><td></td><td></td><td></td><td></td></tr>
<tr><td></td><td></td><td></td><td></td><td></td><td></td><td></td><td></td><td></td><td></td></tr>
<tr><td></td><td></td><td></td><td></td><td></td><td></td><td></td><td></td><td></td><td></td></tr>
</table>

〖备注〗1．符合（合格）；2．需改进；3．不符合（不合格）。　审核员：　　　　　日期：

表 3.27-4　不符合项报告

QR/9.2-04　　　　　　　　　　　　　　　　　　　　No：

受审核部门		部门负责人	
审核员		审核日期	

不合格事实陈述：

不符合体系文件程序：________________

标准条款：________________

不合格类型：________________

审核员：________________　　部门负责人：________________

审核组长确认：________________　　日期：________________

原因分析：

部门负责人：________________日期：________________

建议的纠正措施计划：

部门负责人：__________　审核员认可：__________

日期：__________　日期：__________

批准纠正措施计划：

最高管理者：__________

日　　期：__________

纠正措施完成情况：

部门负责人：__________　日期：__________

纠正措施的验证：

审核员：__________　日期：__________

表 3.27–5　不符合项分布表

QR/9.2–05　　　　　　　　　　　　　　　　　　　　　　No：

部门 标准要求		总经理	生产部	技术部	质检部	办公室	采购部	业务部

编制：　　　　　　　日期：　　　　　　　审批：　　　　　　　日期：

表 3.27-6　内部质量管理体系审核报告

QR/9.2-06　　　　　　　　　　　　　　　　　　　　　　No：

受审核部门		部门负责人	
审核组长		审核组员	
审核目的		审核日期	
审核范围		上次审核日期	
审核依据		上次审核报告编号	
不合格项汇总结果及质量体系的有效性结论： 签名：＿＿＿＿（审核组长）　日期：＿＿＿＿			

批准：＿＿＿＿　　　职务：＿＿＿＿　　　日期：＿＿＿＿

表 3.27–7　会议签到表

QR/9.2–07　　　　　　　　　　　　　　　　　　　　No：

会议时间				
会议地点				
会议性质	□首次会议　　□末次会议			
参加人员签名				

3.28 管理评审管理流程

文件编号：QM/WI28 版本 / 改数：A/0 生效日期：20×× 年 ×× 月 ×× 日 第 × 页 / 共 × 页

过程流程			内容描述	采用表单
相关部门	办公室	总经理		
		提出管理评审	1.1通常每年年底，由总经理提出安排管理评审的具体时间，但遇下列情况时可随时进行： 1.1.1当公司环境发生重大变化时； 1.1.2当公司的经营战略、市场需求发生重大变化时； 1.1.3本公司出现严重问题（质量、安全）时或有重大投诉时； 1.1.4新管理体系在进行第三方认证审核前。	
	编制评审计划		2.1 管理评审前，办公室根据总经理的意图和要求组织策划活动，编制《管理评审计划》，其主要内容有：a.评审的目的；b.评审的范围；c.评审的内容；d.评审的准备内容及要求；e.评审时间安排；f.参加人员；g.地点；h.主持人。	
		批准	3.1《管理评审计划》需经最高管理者审核、总经理批准，否则办公室重新编制，直至通过。	《管理评审计划》
	发放计划		4.1办公室将审批后的《管理评审计划》发布或打印后分发公司各部门并存档一份。	《管理评审计划》
准备管理评审资料	Ⓐ		5.1各部门按照管理评审的要求，准备评审材料。各部门在整理资料时，应运用统计图表，用数据说话，也可制作幻灯片。管理评审的输入包括以下资料： 5.1.1下列质量管理体系绩效包括其趋势的信息： a.顾客及利益相关方的投诉、抱怨情况及顾客满意度调查情况； b.质量目标的考核记录； c.过程绩效指标考核、产品符合性； d.不合格与纠正措施实施情况； e.产品检验和试验情况； f.公司内部管理体系审核、过程审核、产品审核以及第二方、第三方审核的结果； g. 外供方的绩效考核记录。 5.1.2公司资源的充分性。 5.1.3为应对风险和机会所采取措施的有效性。 5.1.4管理体系运行过程中，不合格与纠正措施的实施情况（内部重大体系或产品相关问题/环境事故/员工对体系、过程、产品所提出的预防性的建议）。 5.1.5以往管理评审所采取措施实施状况及效果评价。 5.1.6与质量管理体系有关的外部或内部事项的变更。 5.1.7改进的机会。 5.1.8可能影响体系的变更（顾客、标准、企业的发展）。 5.1.9内、外部质量分析报告（包括：产品对实际的和潜在的外部失效，以及其对质量、安全或环境影响的分析状况）。 5.1.10新产品设计与开发中，对质量风险、开发成本、投产期、关键路径等项目的汇总概要报告。	《部门评审总结报告》

续表

过程流程			内容描述	采用表单
相关部门	办公室	总经理		
	Ⓐ 评审资料的整理汇总		6.1办公室按规定时间收集所需管理评审的资料，并整理汇总。	
		召开评审会议	7.1总经理主持召开管理评审会议，最高管理者和各部门领导及其他指定人员参加。会上按照《管理评审计划》进行评审，并做《管理评审记录》。质量管理评审过程中采用“过程方法”对所有的过程进行有效性、充分性、适宜性评审，在评审的同时需针对每个过程的相关支持过程的绩效指标进行评价，以获得质量体系的有效性、充分性、适宜性的结论，也可针对重复发生的不符合的过程按照“过程方法”进行评审，以发现改进的机会，优化过程。 7.1.1查阅评审所需文件和记录； 7.1.2各部门汇报所负责工作或过程的结果报告； 7.1.3评审人员根据各部门的报告进行讨论、评价； 7.1.4必要时深入现场进行专题检查，如：查看工序控制、检验状态、产品标识等实施情况； 7.1.5会议结束时由总经理进行管理评审总结,对管理体系的适宜性、充分性和有效性做出评价。	《管理评审记录》
	编制评审报告 no	批准 yes	8.1办公室做好管理评审会议记录。 8.2管理评审的输出： 8.2.1对质量管理体系的改进（如：质量目标、过程绩效、管理流程等的更改）； 8.2.2对产品和服务的改进； 8.2.3过程的改进； 8.2.4对质量管理体系变更的需求； 8.2.5人员、基础设施、过程运行环境、企业知识方面资源的需求。 8.3办公室根据评审输出内容等撰写《管理评审报告》，报最高管理者审核、总经理批准。 8.4办公室负责发放《管理评审报告》。	《管理评审报告》
改进措施实施			9.1责任部门根据报告中提出的改进措施，填写《不合格和纠正措施单》制定改进方案，实施改进，并在规定期限完成。	《不合格和纠正措施单》
	验证 yes no		10.1办公室在措施完成期限内组织有关人员对措施的实施情况和效果进行跟踪验证。	
	资料归档		11.1管理评审中形成的记录由办公室按《形成文件的信息管理流程》进行保管。其保存期限至少为五年。	

表 3.28–1　管理评审计划

QR/9.3–01　　　　　　　　　　　　　　　　　　No：

评审目的					
评审范围					
评审内容					
评审时间		地点		主持人	
参加人员					

准备内容及要求			
序号	准备内容	要求	责任部门 / 人

注：1. 各部门在准备的评审资料中，必须包括过程绩效的实现统计及分析；
2. 评审资料于____月____日上午前交总经理。

编制 / 日期：　　　　　　　　审核 / 日期：

表 3.28-2　部门评审总结报告

QR/9.3-02　　　　　　　　　　　　　　　　　　　　No：

部门名称		负责人		日期	
评审主要项目：					
评审详细内容：					
评审输出要求（如：改进机会、资源需求、体系变更）：					

表 3.28-3　管理评审记录

QR/9.3-03　　　　　　　　　　　　　　　　　　　　　No：

会议时间		会议地点	
参加人员签到			
主持人			
评审内容记录			

评审项目	现状及评语	存在问题及改进措施

记录：　　　　　　　　　　总经理：

表 3.28-4　管理评审报告

QR/9.3-04　　　　　　　　　　　　　　　　　　No：

<table>
<tr><td>评审目的</td><td colspan="3"></td></tr>
<tr><td>评审范围</td><td colspan="3"></td></tr>
<tr><td>评审时间</td><td></td><td>会议主持</td><td></td></tr>
<tr><td>会议地点</td><td></td><td>会议记录</td><td></td></tr>
<tr><td>参加人员</td><td colspan="3"></td></tr>
<tr><td>发放范围</td><td colspan="3"></td></tr>
<tr><td colspan="4">评审综述：</td></tr>
<tr><td colspan="4">评审结论：</td></tr>
</table>

<table>
<tr><td colspan="5">改进机会</td></tr>
<tr><td>序号</td><td>不符合项内容</td><td>责任部门</td><td>完成日期</td><td>改进要求</td></tr>
<tr><td></td><td></td><td></td><td></td><td></td></tr>
<tr><td></td><td></td><td></td><td></td><td></td></tr>
<tr><td></td><td></td><td></td><td></td><td></td></tr>
<tr><td></td><td></td><td></td><td></td><td></td></tr>
<tr><td></td><td></td><td></td><td></td><td></td></tr>
<tr><td></td><td></td><td></td><td></td><td></td></tr>
<tr><td></td><td></td><td></td><td></td><td></td></tr>
</table>

编制 / 日期：　　　　　　　　　　　　　　审核 / 日期：

3.29 不合格和纠正措施管理流程

文件编号：QM/WI29 版本 / 改数：A/0 生效日期：20×× 年 ×× 月 ×× 日 第 × 页 / 共 × 页

过程流程				内容描述	采用表单
相关部门	质检部	质量小组	总经理		
不符合信息	no			出现不符合时进行信息反馈；属质量体系或管理方面不符合的信息，以及产品质量方面不符合的反馈给质检部。	
	确认			对反馈信息进行分析后，判断信息正确性和责任划分。	《不合格优先减少计划》
	yes 判定			严重性判定；当不合格具有重复性，涉及库存产品需要纠正，可疑产品流出或顾客提出抱怨为严重不合格，其他为一般不合格。	
一般 分析/措施		严重		一般不合格处理由提出人员填写《不合格和纠正措施单》，相关责任部门对不符合的进行原因分析，制定纠正措施，交质检部。	《不合格和纠正措施单》
no	确认			质检部对原因分析的正确性、纠正措施的可行性进行判断。	
实施	yes no			明确责任部门和具体实施人员，按期完成整改措施。	
	验证 yes			措施及实施的有效性验证；采取纠正措施的有关信息由不合格提出部门提交管理评审。	
	归档			措施解决方法标准化，更新相关文件。资料归档严重不合格处理，由问题提出人员填写《8D报告》。	
		成立小组		组织相关部门人员成立质量小组。	《8D报告》
		原因分析		相关部门对不符合的进行原因分析。	
		临时措施		根据分析结果和反应计划制定100%检验或遏制输出的措施。	
措施实施				相关责任部门实施临时措施。	
		根本原因分析		试验分析，进行根本原因分析。	
		永久措施		选择、制定永久性纠正和防错措施。	
措施实施				相关责任部门实施永久措施和防错措施。	
		验证 no yes		措施及实施的有效性评价。	
		归档		不合格的纠正措施、解决方法实行标准化，更新相关文件。必要时更新策划的风险和机遇或变更质量管理体系。	《不合格和纠正措施单》

表 3.29-1　不合格和纠正措施单

QR/10.2-01　　　　　　　　　　　　　　　　No：

申报部门		紧急程度	□ A □ B □ C
程度 A：必须马上改进； 程度 B：近期内（1 周内）改进； 程度 C：可进行长期改进			
质量信息描述： 填制 / 日期：			
原因分析： 填制 / 日期：			
纠正措施（责任部门）： 完成时间：　　　　填制 / 日期：			
完成情况（执行部门）： 填制 / 日期：			
效果验证： 填制 / 日期：			
审批意见： 填制 / 日期：			

表 3.29-2　不合格优先减少计划

QR/10.2-02　　　　　　　　　　　　　　　　No：

提出方式	不合格描述	原因分析	优先减少程度	改善计划	改善结果

制表：　　　　日期：　　　　审批：　　　　日期：

表 3.29–3　8D 报告

QR/10.2–03　　　　　　　　　　　　　　　　　　　No：

<table>
<tr><td>问题点</td><td></td><td colspan="2">发现日期</td><td></td><td>品名</td><td></td></tr>
<tr><td>地点 / 工序</td><td></td><td colspan="2">提出者</td><td></td><td>编号</td><td></td></tr>
<tr><td>1. 问题描述</td><td colspan="6"></td></tr>
<tr><td>2. 团队组成</td><td colspan="6"></td></tr>
<tr><td rowspan="4">3. 遏制措施</td><td colspan="4" rowspan="2"></td><td colspan="2">遏制措施效果验证</td></tr>
<tr><td colspan="2"></td></tr>
<tr><td colspan="2">责任人</td><td colspan="2">完成时间</td><td>验证人</td><td>时间</td></tr>
<tr><td colspan="2"></td><td colspan="2"></td><td></td><td></td></tr>
<tr><td>4. 根本原因
(考虑类似不合格)</td><td colspan="6"></td></tr>
<tr><td rowspan="2">5. 永久措施</td><td colspan="4" rowspan="2"></td><td>责任人</td><td>完成时间</td></tr>
<tr><td></td><td></td></tr>
<tr><td rowspan="2">6. 永久措施效果
验证</td><td colspan="4" rowspan="2"></td><td>验证人</td><td>时间</td></tr>
<tr><td></td><td></td></tr>
<tr><td rowspan="2">7. 避免再发措施</td><td colspan="4" rowspan="2"></td><td>责任人</td><td>完成时间</td></tr>
<tr><td></td><td></td></tr>
<tr><td rowspan="2">8. 效果验证</td><td colspan="4" rowspan="2"></td><td>验证人</td><td>时间</td></tr>
<tr><td></td><td></td></tr>
<tr><td colspan="4">证据清单</td><td colspan="3">核准人</td></tr>
<tr><td colspan="4"></td><td colspan="3"></td></tr>
</table>

3.30 持续改进管理流程

文件编号：QM/WI30 版本 / 改数：A/0 生效日期：20×× 年 ×× 月 ×× 日 第 × 页 / 共 × 页

过程流程			内容描述	采用表单
总经理	质检部	其他部门		
	持续改进的范围		持续改进须涉及产品、服务、过程质量、成本、技术、供货信誉等方面，包括制造过程改进行动计划，重点是减少过程变差和浪费。	
	持续改进的机会		1.当产品特性可预测且满足顾客要求，或过程统计显示出稳定性和达到可接受的制造能力时，相关部门可实施持续改进，使产品、过程不断完善和优化，改进质量管理体系的绩效和有效性。 2. 利用质量目标考核结果、审核结果、分析评价结果、纠正措施及管理评审输出，对现有过程和各项指标数据进行分析，寻找改进的机会。 3. 持续改进的机会还可以来自以下方面： 1）计划外的停机时间； 2）设备安装、模具更换及机器调整时间的缩减； 3）过长的生产作业周期； 4）报废、返工或返修（减少比例后降低成本）； 5）最大限度地利用生产、贮存空间； 6）控制和降低产品特性和制造过程参数的变化； 7）非质量因素的额外成本； 8）人力和材料的浪费； 9）过多的搬运和贮存； 10）顾客提出新的质量、技术、工艺及质量体系要求； 11）设备精度及生产能力需要提高； 12）工序/产品质量指标未达到预定目标； 13）检测手段不能满足工艺技术及检测技术的要求； 14）现有工艺影响生产效率、不能提升产品质量； 15）库存的不断优化； 16）采购成本的不断优化等。	
	持续改进的技术/方法		1. 相关部门应用适用的持续改进措施和方法，确保持续改进的实施。 2. 持续改进技术可应用的方法： 1）控制图（计数、计量）； 2）PPM 分析； 3）防错技术； 4）风险分析； 5）基准分析； 6）解决问题的技术（8D）； 7）QC工具等。	
	持续改进的实施方式		1.突破性的持续改进：指对现有过程需进行较大的修改和改进，或实施新过程的持续改进。各部门应于每年年底制订下一年度突破性持续改进计划，交总经理确定全公司的突破性持续改进目标和计划，下发各部门实施。 2.渐进的持续改进：指对过程需进行局部的修改和改进。由质检部制订《持续改进计划》，并组织实施。	《持续改进计划》
	确定改进对象和目标		责任部门应确定的改进对象/项目，及对相关过程的目前状况进行评价，在此基础上建立改进的目标，目标应量化，考虑能够实现，并方便考核。	《持续改进计划》
	分析原因/采取措施		各部门负责人组织寻找需要改进的各方面原因，确定导致现有问题的根本原因。制订相关改进方案，如纠正、纠正措施、突破、创新、重组等，报总经理审批后实施方案。总经理对方案实施提供相关资源支持与监督。	《持续改进计划》
	效果验证（No→分析原因/采取措施）		各部门负责人对持续改进措施的效果进行验证，包括产生问题的原因已经消除或减少，解决办法已经发生了作用，并实现了改进目标。验证结果记录于《持续改进成果反馈表》。	《持续改进成果反馈表》
	Yes 改进过程标准化		1. 对有效果的持续改进，各部门负责人应创建相关成文信息，或协调修改现有的相关文件。实施新的过程、方法，或代替原来的过程、方法，纳入公司日常的管理活动中。同时举一反三，将其推广到其他类似的项目。 2.质检部将已完成的计划登记于《持续改进清单》。将其作为其他改进项目及管理评审的输入。	《持续改进清单》

表 3.30-1　持续改进计划

QR/10.3-01　　　　　　　　　　　　　　　　　　No：

序号	责任部门	改进项目	改进目标	根本原因	改进方案	实施日期	完成日期

编制 / 日期：　　　　　　　　　　　　审批 / 日期：

表 3.30-2　持续改进成果反馈表

QR/10.3-02　　　　　　　　　　　　　　　　　　　　No：

<table>
<tr><td>改进项目</td><td></td><td>起止时间</td><td></td></tr>
<tr><td>责任部门</td><td></td><td>责任人</td><td></td></tr>
<tr><td colspan="4">改进前描述：

制表 / 日期：</td></tr>
<tr><td colspan="4">原因分析：

制表 / 日期：</td></tr>
<tr><td colspan="4">改进方案：

验证人 / 日期：</td></tr>
<tr><td colspan="4">改进后描述：

批准 / 日期：</td></tr>
<tr><td colspan="4">改进效果验证：

批准 / 日期：</td></tr>
<tr><td colspan="4">改进过程标准化：

批准 / 日期：</td></tr>
</table>

表 3.30–3　持续改进清单

QR/10.3–03　　　　　　　　　　　　　　　　No：

序号	责任部门	改进项目	改进目标	实际完成日期	改进效果验证	改进过程标准化	成果等级	奖励

编制 / 日期：　　　　　　　　　　　　　　审批 / 日期：

参考文献

[1]《GB/T 19001 质量管理体系》（要求）

[2]《GB/T 19000 质量管理体系》（基础和术语）

[3]《IATF16949 汽车生产件及相关服务件组织的质量管理体系要求》

[4]《GB/T 19004 追求组织的持续成功》（质量管理方法）

[5]《GB/T 19016 质量管理体系》（项目质量管理指南）

[6]《GB/T 19015 质量管理体系》（质量计划指南）

[7]《GB/T 19010 质量管理》（顾客满意、组织行为规范指南）

[8]《GB/T 19012 质量管理》（顾客满意、组织处理投诉指南）

[9]《GB/T 19023 质量管理体系文件指南》

[10]《GB/T 19025 质量管理》（培训指南）

[11]《ISO 10018 质量管理》（人员参与和能力指南）

[12]《GB/T 19011 管理体系审核指南》

[13]《ISO 31000 风险管理》（原则和指南）

[14]《GB/T 19017 质量管理体系》（技术状态管理指南）

[15]《 GB/T 19022 测量管理体系》（测量过程和测量设备要求）